高等教育学前教育专业实践应用型系列教材

幼儿园管理实务

主　编　时　松

副主编　全宏艳　刘慧敏

参　编　丁　丽　马丽君　许海英

李永霞　李春会　李　锋

辛琦媛　周义彬　赵　青

胡剑彬　凌晓俊　韩婉姝

东南大学出版社

·南京·

图书在版编目(CIP)数据

幼儿园管理实务 / 时松主编. —南京:东南大学
出版社,2016.3(2023.6 重印)
高等教育学前教育专业实践应用型系列教材
ISBN 978-7-5641-5863-7

Ⅰ.①幼…　Ⅱ.①时…　Ⅲ.①幼儿园—管理
Ⅳ.①G617

中国版本图书馆 CIP 数据核字(2016)第 013119 号

幼儿园管理实务

编　　者	时　松
出版发行	东南大学出版社
社　　址	南京市四牌楼 2 号　　**邮编**　210096
网　　址	http://www.seupress.com
电子邮箱	press@seupress.com
经　　销	全国各地新华书店
印　　刷	苏州市古得堡数码印刷有限公司
开　　本	787mm×1092mm　1/16
印　　张	16
字　　数	364 千
版　　次	2016 年 3 月第 1 版
印　　次	2023 年 6 月第 5 次印刷
书　　号	ISBN 978-7-5641-5863-7
定　　价	45.00 元

本社图书若有印装质量问题,请直接与营销部联系。电话(传真):025-83791830

前　言

　　《幼儿园管理实务》是高校学前教育专业的主干课程之一,学习幼儿园管理知识,有利于学生毕业后更快、更好地适应幼儿园工作,为以后的职业生涯发展奠定基础。同时,《幼儿园管理实务》也是一门与国家政策结合十分紧密的课程,2015年教育部新出台《幼儿园园长专业标准》等政策文件,本教材正是在此背景下编写而成的。综合来说,本教材具有如下特点:

　　一是强调知识实用性。本教材强调学科基础知识,结构脉络清晰,着重探讨幼儿园管理的基本问题,精简了一些无关紧要而又枯燥繁琐的艰深理论。本教材的编写团队中既有高校教师,又有一线优秀园长,强调理论与实践相结合,在系统讲述有关幼儿园管理理论知识的同时,融入了大量鲜活的幼儿园管理案例。除了告诉学生幼儿园管理的基本内容是什么,更重要的是引导学生利用所学的知识去解决现实存在的问题,突出强调了幼儿园管理中应该怎么做。

　　二是突出管理前瞻性。在坚持实用性和通俗性的同时,力求内容科学、严谨、规范,同时争取呈现更多的幼儿园先进管理理念,力图反映本学科领域的最新研究和实践改革成果。当代高校学前教育专业大学生是未来幼儿教育事业发展的中流砥柱,应该接触学习一些先进的管理知识,为未来的幼儿教育革新奠定人才基础。

　　三是引导学生多思考。本教材在讨论具体理论时都会辅以案例,希望借由大量案例及分析,鼓励学生运用理论思考问题、解决问题。再优秀的教材也很难涵盖幼儿园管理的全部知识,再完美的教材也不可能让学生掌握解决幼儿园管理所有问题的技巧,授人以鱼不如授之以渔。希望教师使用本教材时,在教育教学中能够突出学生学习的主体地位,引导学生自己去思考,使学生成为一个能发现问题、分析问题、解决问题的幼教工作者。教材只是学生学习的工具，不要仅仅为了考试而去死记硬背教材中的条条框框。

本教材的编写团队主要由各高校主讲幼儿园管理课程的骨干教师组成，为了突出实践指导性，还吸纳了一线的优秀园长及教师加入其中。大家为了共同的目标聚集在一起，商讨编写框架及大纲，确定编写指导思想，集智聚慧，最终成稿。参加本教材编写工作的有：扬州职业大学师范学院周义彬、衡水学院李永霞编写第一章；吉林师范大学辛琦媛和通化师范学院马丽君编写第二章；吉林师范大学时松编写第三章；厦门翔安区实验幼儿园丁丽和吉林华侨外国语学院胡剑彬编写第四章；大连甘井子区实验幼儿园李春会和石河子大学韩婉姝编写第五章；阜阳师范学院刘慧敏和邢台技师学院赵青编写第六章；张家口市幼儿园许海英和吉林师范大学时松、衡阳师范学院全宏艳编写第七章、第八章；大庆师范学院李锋编写第九章；吉林师范大学凌晓俊和大庆师范学院李锋编写第十章。全教材的统稿工作由时松负责。

本教材的编写得到沈阳教育学院朱璟老师、马鞍山师专邢林宁老师、安徽省机关幼儿园园长汤永红等人的大力帮助，在此表示衷心感谢。

特别感谢东南大学出版社张丽萍老师，从策划立项到付梓出版，张老师精益求精做出了很大的贡献，使得此教材得以进一步完善。

在编写过程中，我们参考了有关专著、期刊等资料，标注如有遗漏，还望见谅，谨此致谢。

由于编者水平有限，教材中难免存在不当之处，真诚希望广大读者提出宝贵意见，不胜感谢。

编者

2016 年 2 月

目　录

第一章

幼儿园管理概述

学习目标

1. 了解管理的概念、内涵与基本职能。
2. 理解幼儿园管理的概念与主要内容。
3. 掌握幼儿园管理应遵循的基本原则。

情景导入

七人分粥

有七个人住在一起，每天分一大桶粥。要命的是，粥每天都是不够的。一开始，他们抓阄决定谁来分粥，每天轮一个。于是每周下来，他们只有一天是饱的，就是自己分粥的那一天。后来他们开始推选出一个道德高尚的人出来分粥。强权就会产生腐败，大家开始挖空心思去讨好他，贿赂他，搞得整个小团体乌烟瘴气。然后大家开始组成三人的分粥委员会及四人的评选委会，互相攻击扯皮下来，粥吃到嘴里全是凉的。最后想出来一个方法：轮流分粥，但分粥的人要等其他人都挑完后拿剩下的最后一碗。为了不让自己吃到最少的，每人都尽量分得平均，就算不平，也只能认了。大家快快乐乐，和和气气，日子越过越好。同样是七个人，不同的分配制度，就会有不同的风气。

思考：

1. 上述案例给了您哪些启示？
2. 结合您自身的成长经验，谈谈您对管理的认识。

第一节　管理的概念、发展历程及职能

管理是一种普遍的社会现象，几乎与人类社会的文明同步发展。小到个人事务，大

到国家大事,管理几乎无处不在,无时不有。"己所不欲,勿施于人","能者上,庸者下,平者让"等等,这些都是管理思想的具体体现。

一、管理的概念

《辞海》中"管"原意为"细长的圆筒开物"。"理"为"玉石的纹路"。对"管理"的解释如下:①负责某项工作使顺利进行;②保管和料理;③照管并约束(人或动物)。"科学管理之父"泰罗认为:"管理就是确切地知道你要别人干什么,并使他用最好的方法去干。"张燕认为,管理就是管理者遵照一定的原则,使用各种管理手段,通过组织、指挥、领导和控制各个受分工制约的不同个人的活动,创造出一种远比个人活动力量总和要大的集体力量或社会力量,从而高效率地达到一个组织的预定目标所进行的活动。简单地说,管理就是通过协调不同个人的行为,以有效利用各种资源,去实现组织目标的活动。① 李玉柱等认为:"所谓管理,就是管理者按照一定的原则,采用一定的手段和方法,通过组织和协调他人的活动充分利用各种资源,以实现组织目标的一系列社会活动过程。"②

综上所述,管理是社会组织中,管理者为了实现预期的目标,以人为中心进行的协调活动。它包括四个含义:①管理是为了实现组织未来目标的活动;②管理的工作本质是协调;③管理工作存在于组织中;④管理工作的重点是对人进行管理。

二、管理的职能

职能是指人、事物或机构所具有的功能和引起的作用。现代商务管理对管理职能的定义为:"管理者所行使的计划、组织、领导和控制等职能的统称。"关于管理职能的争论一直没有停止,至今仍然没有一个明确的界定。总体来说,管理职能大体包括计划、组织、控制、领导、创新五个方面。

(一) 计划

计划指预定的目标和达到预定目标的详细途径、方法等。一个好的计划内容应该包括 5W,即:做什么(What)、为什么做(Why)、谁去做(Who)、何时做(When)、何地做(Where)。计划应该具有相对稳定性和灵活性。稳定性是指计划不能朝令夕改,灵活性是指当计划出现问题时需及时调整。

(二) 组织

组织是指根据工作的要求与人员的特点,设计岗位,通过授权与分工,将适应的人员安排在适当的岗位上,并用制度规定各个岗位的职责和上下左右的相互关系,形成一个有机的组织结构,使整个组织协调运转。简单地说,组织就是指人们为实现一定的目标,

---

① 张燕. 学前教育管理学[M]. 北京:北京师范大学出版社,2009:3
② 李玉柱,李清林. 教育管理理论教程(上)[M]. 南昌:江西高校出版社,2010:4

互相协作结合而成的集体或团体。

（三）领导

领导是指管理者利用组织所赋予的权力去指挥影响和激励组织成员为实现组织目标而努力工作的过程。领导工作包括五个必不可少的要素——领导者、被领导者、作用对象（即客观环境）、职权和领导行为。

（四）控制

控制是指保证组织各部门各环节能按预定要求运作而实现组织目标的一项管理活动，在管理中发现缺点和错误，分析原因，采取措施，进行及时的纠正和改善。复杂的管理活动，除了合理地计划、有效地执行，还需要反复修正控制，确保工作能按原定计划进行。① 控制是为了确保目标的实现。

（五）创新

创新是为适应组织内外变化而进行的局部与全局的调整，管理的创新职能与其他几项职能不同，创新本身并没有某种特有的表现形式，创新总是在与其他职能的结合中表现自身的存在与价值。

每项管理工作都从计划开始，经过组织、领导，到控制结束，控制的结果可能导致新一轮计划的开始。创新在管理各职能中处于轴心地位，它是推动管理循环的原动力。

学练结合1-1

厕所冲不干净引发的管理问题②

某日早上，某中型文具生产企业的行政部经理急匆匆地跑进总经理办公室，向总经理汇报厕所冲不干净，希望可以装配水箱加压装置。

总经理听后大怒："厕所冲不干净都来找我？"行政部陈经理赶忙解释说："我已经多次和集团工程总监反映水压不够的问题，但工程总监坚持认为是使用厕所的人没有冲水，而不是新办公楼的水压问题，反而埋怨我们行政部没有做好卫生宣传工作。"

听后，总经理立刻委派助理到厕所进行实地"考察"，并以"实战"测试厕所的水压。下午，总经理助理向总经理汇报，8个厕所共32个粪坑有8个存在水压问题，主要集中在办公楼第4层。于是，总经理立刻责成行政部经理进行协调。

翌日，行政部经理将书面报告呈交给了总经理，根据集团工程总监的意见，由于加压泵将耗费10万元投资，于是他建议增加2名后勤人员专门负责厕所卫生。总经理考虑

① 陈洪安.管理学原理[M].上海:华东理工大学出版社,2013:8
② 中国商业期刊网.厕所冲不干净引发的管理问题[EB/OL].http://www.cbmag.cn/news/43811.html,2015-01-30

到人员成本的问题,没有批准报告,于是该问题被暂时搁置。

一个月后,由于董事长办公室的厕所进行维修,董事长在光临4楼厕所时不幸目睹了"惨象"。董事长大怒并立刻找到陈经理当面怒斥。陈经理听后委屈地解释说:"一个月前,我已经将解决该问题的书面报告呈交总经理,但由于人员成本问题总经理没有批准。"

董事长困惑了:一个月的时间加三个部门共同努力,为什么厕所的冲水问题还没得到解决? 一个月后问题依然没有得到解决,责任应该由谁来承担? 如果连厕所问题都解决不了,那公司的务实、求真、高效的管理方略何年才可以实现? 是人的问题还是厕所的问题?

思考:

1. 一件小事牵动几个管理阶层,而且还没有解决,为什么?
2. 您有哪些好的建议,不妨提一提。

第二节　幼儿园管理的概念与内容

教育管理是管理中的一个分支,而幼儿园管理则是教育管理中的一个重要分支。管理的价值是要最大限度地发挥管理诸要素的作用,追求工作的高效率、高效益、高效能,同时将消耗或损耗降低到最小的限度。用通俗的说法就是追求$1+1>2$。[①] 幼儿园管理是在追求保教工作的高效能。

一、幼儿园管理的概念

幼儿园管理是以幼儿园管理活动为主要研究对象,研究如何实现对幼教事业和幼教机构的高效优质的管理。具体说,就是按照党的教育方针和教育规律,有效地组织幼儿园的人力、物力、财力、时间、信息等,积极开展教育教学活动,贯彻保教结合的原则,把幼儿培养成为体、智、德、美全面发展的一代新人。《幼儿园工作规程》从幼儿园人员和编班、卫生保健、教育、设备、工作人员、经费、家庭和社区的关系等方面对幼儿园科学管理给予了明确指导。各项工作既相互独立,又在相互联系、相互作用、相互制约、相互融合中有机地构成幼儿园管理系统。

二、幼儿园管理的内容

幼儿园管理的内容,按照幼儿教育的任务、内容、工作范围和工作规律,主要包括目

---

① 刘苏. 现代幼儿园管理[M]. 天津:天津社会科学院出版社,2003:22

标管理、计划管理、教养业务管理、科研管理、行政事务工作管理、规章制度管理、工作质量管理、保教队伍管理和园长自身建设以及幼儿园工作评价等。贯穿于上述管理内容中的所有客体，就是管理的要素。把这些要素提取出来并加以概括，主要有人、财、物、事、时空、信息、手段等。

（一）人

现代管理思想强调"人"是管理的核心，幼儿园管理的各个环节，都要由人来实施，离开了人，任何工作都无法开展。美国管理学者托马斯·彼得斯认为："企业或事业唯一真正的资源是人，管理就是充分开发人力资源以做好工作。"

任何管理都是通过人去指挥、协调、控制和监督，并同时实施对人的管理。幼儿园中"人"的管理包括幼儿园的管理者和被管理者。《幼儿园管理条例》中对于幼儿园保育、教育、医务和其他工作人员的资质提出了明确要求。幼儿园管理注重"人"的要素，就是要充分发挥保教人员工作的积极性、主动性和创造性，挖掘他们的工作潜能。

学练结合1-2

好事为什么变成了坏事①

某幼儿园的混合实验班配备了一套蒙台梭利教具，但是没有一位教师懂得正确的使用方法，所以，园长决定派两名教师到美国蒙台梭利训练班学习。这是一次难得的机会，不仅可以开开眼界，而且还可以学到一套技能，得到幼儿园的重视。所以消息一传开，教师们议论纷纷，究竟谁能成为其中的幸运儿呢？

最后由园领导决定，派大三班的陈老师和混合实验班的黄老师，加上园长三人同去美国。决定宣布后，许多老师感到不平衡，尤其是一些教龄较长的老教师，她们认为：论经验、论贡献、论其他任何方面，自己都比那两位教师强，园领导派她们去肯定是背后拿了她们的好处，要不就是这两位教师会溜须拍马。

其实，园领导选派这两位教师是有充分的理由的：她们年轻，有干劲，学习能力强。但由于没有做好细致的思想工作，使得一件好事变成了使幼儿园人心涣散的坏事。

思考：

1. 本案例中，为什么其他老师会有怨言？
2. 如果您是园领导，您怎么选派去美国的培训人员？

（二）财与物

"财"，指资金。幼儿园要把有限的资金合理使用，用在最重要并能最大限度地提高效益的地方，使财尽其用，保障管理机制运转。民主管理账务，做到账目清楚，要想方设

---

① 张燕，邢利娅. 幼儿园管理案例及评析[M]. 北京：北京师范大学出版社，2002：191

法开源节流,收与支皆要合法、合理、合情。

"物",指教学设施、仪器、教玩具、材料、能源等物质条件。对物的管理包括选择购置、科学保管、恰当运用、节约维护等,使物尽其用,充分发挥物质基础的效能。幼儿园在"财""物"管理上切忌盲目追风,不切实际地建设豪华园舍和购买豪华设施,造成财产浪费。

学练结合1-3

大型玩具的命运①

南方某园是一所部队幼儿园,经费来源广,园舍建设、设备添置等大型开支均由上级部门拨款供给,此园环境优美,物质条件在当地首屈一指,家长们争先恐后地送孩子来就读。

一次,为迎接省级一类园验收,幼儿园想进行一定的包装,于是向上级打报告要求拨款,上级马上作了同意的批示。园领导从拨款中花了一万六千余元购置了一张蹦蹦床和一个海洋球屋。新玩具一放进幼儿园的活动场所,马上吸引了教师和幼儿。户外活动时,大家都纷纷挤到这两件玩具旁。为了幼儿的安全,也为了延长玩具的使用寿命,园长让人在这两件玩具上加了锁,并挂上小木牌,牌上明文规定开放的时间和每次玩的人数,并由幼儿园的教玩具管理员每天负责开门、锁门。这样活动开展井井有条,再也没有出现拥挤现象。

但是,由于南方多雨,蹦蹦床长期日晒雨淋,管理人员只按时开门、锁门,并未及时检修,上面的螺丝一颗颗掉下来也没人负责拧上去。海洋屋虽有屋棚,但屋檐太浅,雨水经常飘进屋内,又没有人清扫,孩子们一进去玩就弄一身湿,这样,教师也就不愿意带孩子去玩了。半年后,蹦蹦床散了架,变成了一堆废品搁到了幼儿园的杂屋里,海洋球上粘满了水和土,屋门挂着大锁,成了幼儿园的"装饰品"。

思考:

1. 什么原因导致该幼儿园大型玩具的命运如此悲惨?
2. 请谈谈如何加强幼儿园大型玩具的管理。

(三) 事

"事"指育人活动和管理工作。如贯彻国家的法规、方针、政策和地方教育行政部门的指令;研究本园发展建设规划、重大事情的决策;实施"保教结合""教养并重""全面发展"的原则;对教养业务、思想教育、卫生保健、总务行政等工作进行合理计划、全面安排;建立常规制度,协调人际关系,控制管理活动过程;提高育人工作质量,开展工作评价等等。

---

① 张燕,邢利娅.幼儿园管理案例及评析[M].北京:北京师范大学出版社,2002:59-60

（四）时空

"时空"，指时间、空间。时间、空间分别指管理活动的持续性和广延性，强调要充分利用时间、空间。美国思科公司总裁约翰·钱伯斯曾说过，"在新经济时代，不是大鱼吃小鱼，而是快鱼吃慢鱼。"一切事物都在时空中运动，时空是运动着的管理形态的存在形式。管理者应抓住时机，珍惜时间，充分利用空间的多维立体特点，力求在有限的时空内获得最大的效益，创造出更多的价值。

（五）信息

"信息"，包括幼儿园内部教育管理信息和外部大环境信息及信息的贮存、筛选与运用等。当今是一个信息膨胀的时代，谁最先掌握了丰富的信息、运用了信息，谁就能走在行业发展的前列。信息和时空一样是一切活动不可缺少的特殊资源。信息流通要及时、迅速、准确并有针对性，以便更好地为决策、计划和调控服务。

（六）手段

"手段"，主要指工具、方法。例如运用计算机、投影、电视等多媒体现代教育技术，实行操作规程标准化、工作承包制、结构工资制以及采用系统方法进行教育活动、管理活动等等。

学练结合1-4

煮鸡蛋的学问[①]

有一家日本餐厅和一家中国餐厅都卖煮鸡蛋，两家餐厅的蛋都一样地受欢迎，价钱也一样。但是，日本餐厅赚的钱却比中国餐厅多得多，这让旁人大惑不解。成本控制专家对日本餐厅和中国餐厅煮蛋的过程进行比较后，终于找到了答案。

日本餐厅的煮蛋方式是：用一个长、宽、高各4厘米的特制容器煮蛋。放进鸡蛋后，加水（估计只能加50毫升左右），盖上盖子，打火，1分钟左右水开，再过3分钟关火，利用余热再煮鸡蛋3分钟。中国餐厅的煮蛋方式是：打开液化器，放上锅，添进一瓢凉水（大约250毫升），然后放进鸡蛋，盖上锅盖，3分钟左右水开，再煮大约10分钟，关火。

成本控制专家对此计算的结果是，日本餐厅比中国餐厅起码节约4/5的水、2/3以上的煤气和将近一半的时间，所以日本餐厅在水和煤气上就比中国餐厅节省了将近70%的成本，并且日本餐厅利用节省的一半时间提供了更快捷的服务。

思考：

1. 案例中日本和中国不同的做法，给我们什么启示？

---

① 林昭强. 精细化管理 节约成本创造更多价值[EB/OL]. http://epaper.idoican.com.cn/ckxb/html/2010-12/06/content_1863124.htm? div=-1,2015-01-30

2. 幼儿园管理工作如何做到高效、优质？

第三节 幼儿园管理的基本原则

"原则"就是指本质、基础,或基本的行动准则和规则、指导思想和基本要求等。管理原则是组织活动一般规律的体现,是人们在管理活动中为达到组织的基本目标,在处理人、财、物、时间、信息等管理基本要素及其相互关系时所遵循和依据的准绳。幼儿园管理原则是指导幼儿园管理工作的基本行动准则和指导思想。

一、幼儿至上原则

幼儿至上原则指的是幼儿园管理要遵循幼儿身心发展规律,将幼儿权益放在首位,将维护每一位幼儿的基本权益作为幼儿园管理的出发点和归宿。幼儿作为独立个体,也是权利主体,他们不是成人的附属品。幼儿园是专门从事幼儿教育工作的机构,是幼儿的乐园。幼儿园管理也应该以此为管理工作的准则,保护幼儿、尊重幼儿、热爱幼儿。

二、科学性原则

科学性原则指的是幼儿园管理的理论和方法应该建立在科学规律的基础上。这里的科学规律包括幼儿身心发展的客观规律和管理科学规律。幼儿园管理遵循幼儿身心发展规律才能保证保教质量。幼儿园管理遵循管理科学规律,才能在前人发现、探索、总结的管理理论基础上少走弯路。

三、方向性原则

方向性原则指的是幼儿园的经营与管理应坚持正确的办园方向,处理好经济效益和社会效益之间的关系。幼儿园的开办要坚持党的领导和社会主义教育方向。幼儿园管理的性质、任务体现这一点。《幼儿园管理条例》明确指出"幼儿园的保育和教育工作应当促进幼儿在体、智、德、美诸方面和谐发展"。[①] 总的来说,我国的幼儿园管理工作要与社会主义的国家性质相适应,幼儿园管理工作应该服务于国家建设的需要。

四、整体性原则

整体性原则是指幼儿园工作必须从系统的观点出发,全面辩证地处理幼儿园管理工

---

① 罗长国,胡玉智.幼儿园管理[M].北京:高等教育出版社,2011:18

作中各种事物的关系,从而实现整体最优化。整体性原则的具体要求如下:幼儿园管理者胸中要有整个幼儿园,统揽全局,将幼儿园方向性总目标逐步分解成本园管理工作的子目标,并能将各个子目标与具体的幼儿园管理工作相结合;科学分工,管理工作说到底就是管理"人"的工作,如何做到人尽其才是每个管理者都需要思考的问题。幼儿园中的"人"的组成比较复杂,因此,对幼儿园工作人员进行科学分工,固定工作岗位,明确岗位职责,但又要强调分工不分家,十分必要;加强协调,要发挥幼儿园管理的作用既需要调动每一位教职工的积极性,使他们认真地履行各项职责,又需要发挥团体的凝聚力量。要协调好人与人之间的利益关系,协调好各个部门之间的利益关系,使他们在各项工作之中相互支持形成合力,共同下好幼儿园整体利益这一盘棋,做到重点工作与全面工作有机结合。

五、服务性原则

幼儿园是为幼儿提供保育和教育同时兼为家庭服务的机构,幼儿园管理的服务性原则指的是幼儿园管理应该力所能及为幼儿及幼儿家长提供必要的帮助与支持,同时,幼儿园还要为社会提供服务。随着时代的发展,幼儿园的办园条件发生了巨大的变化,但是幼儿园服务幼儿、服务家长、服务社会的服务性却始终不会改变。我国幼儿园的服务性特点决定了我国幼儿园具有公益性。

检 测

一、思考题

1. 管理的基本职能。
2. 幼儿园管理的概念及其主要内容。
3. 幼儿园管理的基本原则。

二、实践题

请结合在幼儿园的见习、实习或工作经历,从幼儿园管理的多个方面,通过实际案例,阐述幼儿园管理中常见的问题。

第二章

幼儿园筹建

学习目标

1. 了解开办幼儿园的相关法律与政策,以及幼儿园的类型与等级划分。
2. 理解幼儿园合理定位的重要性,能够对幼儿园运营情况进行科学预测。
3. 掌握幼儿园选址与整体规划、幼儿园的建筑及设备等工作管理要点。
4. 掌握幼儿园人员配备的原则及其具体内容。
5. 理解幼儿园起名常见方法和宣传招生工作的要点,掌握入园与编班工作要点。

情景导入

建在废墟上的无证幼儿园①

2014 年 12 月 7 日,有网友发帖称陕西西安土门有一家幼儿园建在废墟上,记者 8 日来到该幼儿园发现,该园不但没有办学资质,属于无证幼儿园,而且土门街办于今年 9 月下发停园通知书,但未能奏效。土门街办和莲湖区教育局称,接下来会联合执法处理此事。

该幼儿园名叫西安莲湖华美童年幼儿园,位于沣镐西路友谊花园小区最南边地下停车场上,是一个四层建筑,操场教室等设施都很完备,但除了北面连接小区外,其他三面都是大范围拆迁后留下的建筑残骸,南面还有两栋住宅楼,而且小区入口处为一个斜坡,坡下就是小区地下停车场的出入口。

"我们是签了租房协议后这里才开始拆迁的,没想到会是这样子。"幼儿园园长江耿华说,他们幼儿园是租赁小区办公楼改造建的,今年四五月份签的租赁合同,租期 20 年,随后就开始装修布置,周围村子拆迁则是 8 月份开始的,9 月幼儿园开始运行,共招生 100 多人,大都是附近居民的孩子。

对于办园手续问题,江耿华称确实还没有办学许可证,目前只有餐饮服务许可证和卫

---

① 新华网. 西安建在废墟上的无证幼儿园[EB/OL]. http://www. cq. xinhuanet. com/2014 - 12/10/c_1113585488. htm,2015-03-12

生评价报告,手续还在办理之中。对于安全问题,江耿华称工地大都是晚上拆迁,而且相信后面施工也会有防扬尘等相关的安全设施,如果实在不行"我们会保护自己的家园"。

思考:

1. 请分析上述案例幼儿园在筹建过程中存在的不足。
2. 请谈谈开办幼儿园一般需要哪些条件。

第一节　幼儿园的筹建与申办

幼儿园的筹建与申办是开办幼儿园的前提。幼儿园的筹建与申办工作是一项系统工程,其过程比较复杂,需要经过全面深入的市场调查、充分的物质和人员准备、有力的资金支持、规范的申请注册和资格审查等过程。

一、开办幼儿园的相关法律与政策

(一)开办幼儿园的主体资格

开办幼儿园的主体资格是指依照相应的法律法规和行业规范,公民或者组织机构开办幼儿园时应当具备的资质。我国法律法规与相关政策对开办教育机构的主体资格做出了明确的规定。

《中华人民共和国民办教育促进法》第二章第九条规定:"举办民办学校的社会组织,应当具有法人资格。举办民办学校的个人应当具有政治权利和完全民事行为能力。民办学校应当具有法人条件。"

《中华人民共和国民办教育促进法实施条例》第二章第四条规定:"国家机构以外的组织或者个人可以单独或者联合举办民办学校。"

《中华人民共和国宪法》第十九条规定:"国家举办各级各类学校……鼓励集体经济组织、国家企事业组织和其他社会力量依照法律规定举办各种教育事业。"

以上法律规定对我国的教育办学条件、办学体制以及办学的主体资格进行了明确的规定。幼儿园教育是我国基础教育的重要组成部分,开办幼儿园的主体资格也必须遵循以上法律法规的相关规定。

《幼儿园管理条例》第一章第五条规定:"地方各级人民政府可以依据本条例举办幼儿园,并鼓励和支持企业事业单位、社会团体、居民委员会、村民委员会和公民举办幼儿园或捐资助园。"《幼儿园管理条例》明确了地方各级人民政府、企事业单位、社会团体、居民委员会、村民委员会和公民办的多渠道办学体制,并肯定了其办园的法律地位。

（二）不得开办幼儿园的主体

1. 限制民事行为能力或无民事行为能力者

公民的民事行为能力是指公民以自己的行为行使民事权利和承担民事义务的能力。限制民事行为能力和无民事行为能力的人不能独立享受民事权利、承担民事责任，因此他们不能举办幼儿园。

《中华人民共和国民法通则》第九章第十二条规定："十周岁以上的未成年人是限制民事行为能力人，可以进行与他的年龄、智力相适应的民事活动；其他民事活动由他的法定代理人，或者征得他的法定代理人的同意；不满十周岁的未成年人是无民事行为能力人，由他的法定代理人代理民事活动。"第九章第十三条规定："不能辨认自己行为的精神病人是无民事行为能力人，由他的法定代理人代理民事活动。不能完全辨认自己行为的精神病人是限制民事行为能力人，可以进行与他的精神健康状况相适应的民事活动；其他民事活动由他的法定代理人，或者征得他的法定代理人的同意。"

2. 不具有法人资格的社会组织

要开办幼儿园的社会组织必须具有法人资格。《中华人民共和国民办教育促进法》第二章第九条规定："举办民办学校的社会组织，应当具有法人资格。举办民办学校的个人，应当具有政治权利和完全民事行为能力。民办学校应当具备法人条件。"

根据《中华人民共和国民法通则》第三十七条规定，成为法人的条件是：依法成立、有一定的财产和经费、有自己独特的名称和组织机构以及适当的场地，还有最重要的是能够独立承担民事责任。因此，社会组织必须具有法人资格才可以开办幼儿园，并以法律主体的资格参与到各项事务中，享受权利和承担民事责任。

3. 其他不得开办幼儿园的主体

《中华人民共和国刑法》规定："被剥夺政治权利的人，不能担任国家机关工作人员中的任何职务，不能担任国有公司、企业、事业单位和人民团体领导职务。被判处徒刑以上的服刑者在服刑期间也不能担任国家机关工作人员中的任何职务，没有担任企事业单位、人民团体领导职务的权利。"因此，具有以上情形的主体不能开办幼儿园。

二、幼儿园的类型与等级划分

幼儿园的格局和类型直接体现了国家的办园体制和学前教育的供给模式。由于各地经济发展状况以及管理体制等因素不同，各地区各类幼儿园所占比例以及具体的幼儿园等级划分标准也不同。

（一）幼儿园的类型

我国的幼儿园按照办园主体、资金来源差异和是否赢利等因素，可以主要划分为公办幼儿园和民办幼儿园两大类。公办幼儿园，又称政府办园，主要是指由政府划拨办园经费，由政府部门、事业单位等国家机构主办的幼儿园。民办幼儿园是指由国家机构以外的社会组织或个人，利用国家非财政性经费，面向社会依法举办的幼儿园。2003—

2010 年,我国的办园格局已经从集体办园为主的格局发展成为民办园为主的格局。

我国幼儿园的基本类型还有其他的分类方式:按照幼儿园的服务时间的不同,可以划分为全日制幼儿园、半日制幼儿园和寄宿制幼儿园;按照幼儿园所在的地理位置不同,可以划分为城市幼儿园和农村幼儿园;从入托对象的角度,除了日常大家熟知的幼儿园,还有智障儿童教育机构、聋哑儿童康复中心、特殊学校等。

(二) 幼儿园的级别和类别

幼儿园的"级"反映幼儿园的环境、保教人员的专业素质以及设备等客观条件,具体内容包括幼儿园的室内外环境、房屋设备、场地规模、大型器械、教学设备等。

幼儿园的"类"反映幼儿园的管理、保育和教育水平等主观因素,包括园长、教师、保育员、医务保健人员、炊事后勤人员的安排,教育教学水平,儿童发展情况等。

由于中国幼儿教育事业主要采取统一领导、地方负责、分级管理的办法,而且各地的文化经济发展水平不同,因此,各地都有自己的幼儿园分级分类验收标准,由此产生的幼儿园等级结构也不同。

拓展阅读2-1 >>>

表 2-1 全国部分城市幼儿园分类等级结构图[1]

城市	等级								
北京	一级			二级			三级		
	一类	二类	三类	一类	二类	三类	一类	二类	三类
上海	市示范园			市一级			市二级		未定级
重庆	一级			二级			三级		未定级
成都	一级一等			一级二等			二级		三级
杭州	特级		甲级	乙级			丙级		丁级
广州	省一级园			市一级园			区一级园		未评定
青岛	实验、示范、特色			一类园			二类园		三类园
南京	省级示范园			市级示范园			市优质园	标准园	一般园
无锡	省示范园		市一类园	市二类园		农村一类园	市合格园	农村二类园	农村合格园
苏州	省示范园			市现代化			一类园	二类园	合格园
长沙	省示范			市示范			区示范	标准园	
石家庄	省级示范园			一类园			二类园	三类园	
南昌	省级示范园			一级园			二级园	三级园	
太原	五星级			四星级			三星级	二星级	一星级
厦门	省优质园			市优质园			普通园		

---

[1] 王坚红.全国部分城市幼儿园分类等级[J].早期教育(教师版),2008(7):7-8

以上海市幼儿园、托儿机构办学等级标准为例,上海市托幼园所的评定分一级、二级、三级三个等级。评估内容由基础性标准和发展性要求两大部分组成,其中基础性标准占85分,发展性要求占15分,总分值为100分。

拓展阅读2—2 >>>

呼唤面向大众的优质幼儿园①

一流的幼儿园有什么?在一般人看来。一流的幼儿园肯定有一流的设施。但事实上,一流的幼儿园并不在于是否有豪华的设施,而在于是否有一流的教师。一流的教师能识别儿童之间的差异并采取有效的教育方法,一流的教师能让每一位儿童享受适宜的教育。一流的教师能为每个儿童未来的发展打下良好的生理和心理基础。由此,我们可以看出,一流的教育质量主要体现在让每个儿童得到适宜的、和谐的发展。这一教育理念曾一度被等同于较低的师幼比例。

一流的幼儿园应该是怎么样的?幼儿教育工作者用实践作出了回答:幼儿园的面积并不大,但布局非常紧凑。教师通过有条不紊的组织,让环境发挥最大的效益。在这样的幼儿园里,玩具并不是从国外进口的,而是来自儿童的日常生活。一段橡皮筋、一根细绳、一个竹筒甚至一张硬纸片都成了孩子们的玩具。孩子们一起游戏,一起探索,为完成某项活动而努力,他们相互分享快乐,分享秘密。在这个过程中,他们的认知水平和意志品质获得了有效提升。在这样的幼儿园里,教师可能并不懂太多的英语,但他们勤于思考,乐意分享同事的智慧,为了让每个儿童接受良好的教育而通力合作。在这样的幼儿园里,园长营造了民主、和谐的氛围,合作、研究的幼儿园文化。在这样的幼儿园里。师幼之间、幼幼之间、教师之间关系良好:儿童理解教师的每一个眼神,教师理解儿童的每一个表情;儿童对教师充满信任,教师对儿童充满爱;儿童之间友好,教师之间合作。

三、幼儿园的定位与运营

"取法乎上,仅得乎中;取法乎中,仅得乎下"意思是取上等的为准则,也只能得到中等的;取中等的为准则,也只能得到下等的。一所幼儿园能否创办得成功,在很大程度上取决于最初幼儿园的定位是否恰当以及是否进行了合理的运营情况预测。

(一)幼儿园的定位

1. 幼儿园的服务定位

随着国家对学前教育的重视,幼儿园的种类和数量逐渐增多,家长有了更多为孩子选择幼儿园的空间。幼儿园之间的竞争日益激烈,为了在激烈的竞争中脱颖而出,幼儿园创办者需要对幼儿园合理定位。服务对象和层次的定位,要"寻找市场空间,瞄准目标

---

① 严仲连.呼唤面向大众的优质幼儿园[J].幼儿教育(教师版),2007(1):1

人群",要懂得错位发展,避开强势竞争。例如,您的幼儿园所在小区住户在当地属于比较富裕人群,那么您无论从硬件配备还是从软件建设,您的幼儿园都要争创一流。如果您的幼儿园所在小区住户都是普通工薪阶层,那么根据服务对象的经济状况,您的幼儿园定位收费则不能过高。如果幼儿园是公立幼儿园,无论幼儿园所住何处,该幼儿园都需要坚持普惠性办园方针。

2. 幼儿园的特色定位

有自己特色的幼儿园具有一定的竞争优势。而关于特色的定位,要以幼儿园开办者对自身、对教育对象及对家长需求等方面的全面了解为基础。有鲜明特色的幼儿园可以吸引家长的目光,也可以让一些民办幼儿园或地理位置在乡村的幼儿园充满生机和活力。

幼儿园的特色定位对幼儿园开办、运营起着重要的作用。广西幼儿师范学校莫源秋教授认为,特色幼儿园要素主要由主体思想、教育行为方式、环境氛围三者构成。[①] 幼儿园的个性化就是特色幼儿园的实质,幼儿园形成某种属于自己的特色,归根结底是幼儿园对某种办园理念的具体实践。这种办园理念的个性化更表现在教育行为方式上,也就是说教育行为是特色办园理念的外显形式。在幼儿园教育实践活动中,教育行为方式占主导地位。可以这么理解,如果教育行为方式是幼儿园特色的肉体,那么办园理念就是幼儿园特色的灵魂。

学练结合2-1

让人羡慕不已的农村幼儿园[②]

六团幼儿园,地处南汇和浦东的交界处,镇经济条件十分有限。如何在有限的条件下提升幼儿园的竞争力成为了园领导思考的问题。通过专家、学者的指导和建议,幼儿园组织多次办园特色研讨会,分析自身的优势和不足,决定开展乡土文化的课程研究。他们利用农村资源开展的课程是那么的有生命力和适合当地的孩子,搭灶头、炒黄豆、织老布……让我们这些城里人都羡慕不已。

思考:

1. 六团幼儿园是如何创建特色幼儿园的?
2. 请与大家分享你所知道的某幼儿园办园特色。

(二)幼儿园正常运营情况预测

要想顺利开办一所幼儿园并保证其正常运营,需要进行充分的前期市场调研。需要

---

① 莫源秋. 谈谈特色幼儿园的建设[EB/OL]. http://www.9ye.com/index/display～a～view～type～article～id～21910～icbid～.html,2014-02-04

② 凌捷. 现代宝贝幼儿园品牌建设的思考[EB/OL]. http://web.preschool.net.cn/html/2011-01-26/n-33311.html,2013-12-10

充分考虑幼儿园的规模、班级容量、人员配备、收费支出等问题。

1. 幼儿园的规模

幼儿园的开办者应根据规定规划其幼儿园可以容纳的幼儿数量、可以设置的班级与其他活动室的数量、寝室的数量、每个班级的活动空间大小、户外活动空间的大小以及户外大型玩具的设置等。《幼儿园工作规程》第二章规定："幼儿园规模以有利于幼儿身心健康,便于管理为原则,不宜过大。"除此之外,《幼儿园工作规程》和《托儿所、幼儿园建筑设计规范》都对幼儿园的办园规模和班额做出了规定:"大型幼儿园10～12个班,中型6～9个班,小型5个班以下,托儿所招收3岁以下幼儿的,以不超过5个班为宜。"幼儿园的规模是开办幼儿园之前首先要确定的,幼儿园的开办者要根据园舍实际情况和生源特点对幼儿园的规模有个事先的预测。

2. 入园编班及班级容量

幼儿园普遍以年龄编班,其要求是3岁以下为小小班,3～4岁为小班,4～5岁为中班,5～6岁为大班。还有部分民办幼儿园会开设托班,招收1岁半以上的幼儿,具体招生年龄并不固定,以保育为主。此外,幼儿园也可以采取混龄编班,多适用于小型规模的幼儿园,以营造家庭氛围作为幼儿园的办园特色。

幼儿园每班的人数不宜过多。由于我国人口较多,班级规模与欧美发达国家相比也相对较大。我国幼儿园常规班容的情况如下:小班(3～4岁)25人,中班(4～5岁)30人,大班(5～6或7岁)35人,混合班30人,学前幼儿班不超过40人。寄宿制幼儿园每班幼儿人数酌减。以上数据仅供参考,条件好的幼儿园班级规模可适当缩小。

3. 保教人员的配备

幼儿年龄越小,其师幼比越高。一般来讲,6个班级或者以上规模的幼儿园,需要配有专门的保教主任来主管保教工作,并且要负责各班级教育教学工作的指导。目前幼儿园班级保教人员配备通常采用"两教一保"的形式,即每班1名保育员与2名教学教师,其中1名教师作为负责人或班长。以特殊教育为主的幼儿园还要聘请专门的特殊教育教师来照顾幼儿。

4. 收费情况

进入市场经济以后,民办幼儿园实行自主收费自负盈亏的政策。充足的资金投入是开办幼儿园必备的条件,没有资金或资金不足往往影响幼儿园的正常运营。目前一般民办幼儿园的收费主要来自于两大部分,即管理费和伙食费。管理费主要是指保教费。伙食费用于幼儿的食品供应,它要求按照专款专用的原则进行开支,不能盈余或者挪用。由于各地区经济发展水平不同,幼儿园的收费标准也不同。民办幼儿园收费标准的确定要考虑满足幼儿园正常运转的需要,以及物价部门等行政部门的政策,也可以通过与周边的幼儿园相比较来确定。

5. 支出情况

幼儿园的支出主要是人员经费和公用经费两大部分,大体包括管理费、伙食费和其他费用。其中管理费里包括教职员工工资、燃料费、保养费、修缮费、车辆维修费、固定资产折旧费、暖气费、水电费、办公费等;伙食费包括幼儿伙食支出,如购买蔬菜、肉类、粮油、燃料等。伙食费必须花在幼儿身上,专款专用。幼儿园的管理者要对幼儿园经费的来源和支出有所掌握,做好经费预算的编制和实施工作,更加科学地经营幼儿园。

(三) 幼儿园的登记注册

幼儿园的登记注册是开办幼儿园必不可少的重要环节,是主管部门对申请者提交的办园申请进行审核,在一定期限内给予答复的过程,也是幼儿园取得合法身份,接受政府监管的必要途径和重要手段。《中华人民共和国教育法》规定:"学校及其他教育机构的设立、变更和终止,应当按照国家有关规定办理审核、批准、注册或者备案手续。"《幼儿园管理条例》第二章第十一条明确规定:"国家实行幼儿园登记注册制度,未经登记注册,任何单位和个人不得举办幼儿园。"第十二条规定:"城市幼儿园的举办、停办,由所在区、不设区的市的人民政府教育行政部门登记注册。"

1. 幼儿园登记注册的程序

(1) 筹设申请材料

筹设申请材料是幼儿园登记注册的准备环节,是申请开办幼儿园的单位或个人,向审批机关提出筹设申请并提交相关的材料。以湖北省为例,根据《湖北省学前教育机构审批管理办法(试行)》,申请办园的单位和个人,在筹建两个月前向审批机关提出筹建申请,并提交以下材料:

① 开办幼儿园的申请报告

申请报告的内容应当包括:开办者、开办目的和培养目标、学前教育机构名称与地址、机构性质、规模、形式(全日制、寄宿制等)、内部管理体制、条件、经费与管理使用等,开办单位负责人或开办者的签字、印签,以及所在乡镇政府(街道办事处)签署意见、盖章。

② 学前教育机构开办者的资质证明

开办者是个人的,需要提供身份证及简历,注明联系方式,现住址、户口所在地(居住地)派出所出具的无犯罪记录证明(原件)。

开办者是法人单位的,需要提供开办单位或政府部门的批准建立文件、组织机构代码证、单位营业执照(或单位法人证书)、税务登记证及法定代表人简历等(验原件,交复印件)。

③ 园产来源证明材料

属自建园舍的需载明产权。属租房办园的须提供经公证部门公证的租赁合同意向书(原件),租借园舍要有 10 年以上租借协议。属捐赠性质并提供产权证明材料的园产须提交捐赠协议,载明捐赠人的姓名、所捐资产数额、用途和管理方法及相关证明文件(原件)。

④ 学前教育机构资产及经费来源的有效证明文件

由会计师事务所提供的验资证明。开办者为两个及以上单位和个人的,需提供各自的出资数额、出资比例证明。各县(市、区)可根据申办学前教育机构的规模和园舍产权状况自行确定本地区的资金数额标准。

⑤ 学前教育机构章程

包括名称、地址、开办者、办园宗旨、培养目标、组织机构、决策机构及议事规则、拟建级别、招生范围、招生对象和规模、资产数额及来源、园所管理、出资人或单位是否要求取得合理回报、章程修改程序、幼儿园终止事由等内容。民办幼儿园须首届董事会全体成员签名(无董事会的独资开办者除外)。

⑥ 合作办园的须提供合作办园意向书

其中要有统一的办园思想、办园目标,明确各方权利和义务。

⑦ 审批机关要求提供的其他材料

(2) 正式设立申请材料

申请正式设立幼儿园时,申办者应向审批机关提交一些材料,不同地区提供的材料存在一定差异。以湖北省为例,根据《湖北省学前教育机构审批管理办法(试行)》,正式申请成立幼儿园时应提供以下材料:

① 筹设批准书(复印件)。

② 筹设情况报告(原件)。

③《湖北省开办学前教育机构审批登记表》。

④ 学前教育机构工作人员(拟任园长或主要行政负责人、拟聘教师以及其他工作人员)的身份证、专业资格证、县级以上医疗卫生机构出具的体检合格证明、工资、社会保险费用说明及聘任合同等(验原件、交复印件)。

⑤ 学前教育机构资产及经费来源的有效证明文件(验原件、交复印件)。

⑥ 提供房产证或经公证部门公证的租赁合同(验原件、交复印件);建筑质量检测合格证(原件);消防验收合格意见书(验原件、交复印件);食堂卫生许可证和卫生保健合格意见(验原件、交复印件)。

⑦ 合作办园的须提供正式合作办学协议书(原件)。协议书内容应包括:统一的办园思想、办园目标;明确各方权利和义务;合作各方签字、盖章。

⑧ 学前教育机构设施设备清单(原件)。

⑨ 审批机关按法律法规要求提供的其他材料。

对于具备办园条件,达到设置标准的,可以免去筹设申请,直接申请正式设立,并提交相应材料。

（3）审核验收

审批机关应在接受正式申请相关材料后的 3 个月内，与相关部门进行材料审核和实地验收，以书面形式决定是否同意批准，并送达申办人。对不予批准设立的，审批机关应当以书面形式说明理由。

2. 幼儿园审批、登记注册的机关

《幼儿园管理条例》指出："城市幼儿园的举办、停办，由所在区、不设区的市的人民政府教育行政部门登记注册。农村幼儿园的举办、停办，由所在乡、镇人民政府登记注册，并报县人民政府教育行政部门备案。"

根据规定，依据"谁审批，谁负责，谁管理"的管理原则，目前我国各类幼儿园大都归于县区一级不同政府部门审批与管理，涉及的部门或者组织主要包括：教育行政与业务部门、卫生部门、妇联、民政部门、县镇政府、街道社区和农村村委会等。不同类型的幼儿园其审批机关也不同，绝大部分幼儿园由教育部门进行审批。教育部门普教科主要负责教育部门和公办幼儿园的审批；成职教科或民政局负责民办幼儿园的审批；企事业单位办园和部队办园由其举办单位审批。街道办事处和乡镇人民政府配合教育行政部门做好学前教育机构审批工作，中外合作举办的学前教育机构按《中华人民共和国中外合作办学条例》及实施办法的规定，由省教育行政部门审批，颁发中外合作办学项目批准书，并报教育部备案。

第二节 幼儿园开办的物质准备

《中华人民共和国教育法》提出申请设立的幼儿教育机构，根据其准则、层次和规模的不同，必须具备相应的场地、园所、教学设施设备等硬件设施。《幼儿园管理条例》第二章第八条提出："举办幼儿园必须具有与保育、教育的要求相适应的园舍和设施。幼儿园的园舍和设施必须符合国家的卫生标准和安全标准。"

一、幼儿园的选址与园舍整体规划

选址是成功开办幼儿园的首要因素，幼儿园的开办者必须认真考虑幼儿园的周边环境、居民居住情况、交通情况等问题。幼儿园的选址关系到幼儿园的招收生源的数量和质量，也关系到幼儿园未来能否顺利运营。

（一）选择园址的基本条件

1. 园址选择的卫生要求

（1）环境干净、卫生

干净、卫生的环境不仅可以保障幼儿的身体健康，还可以使幼儿心情舒畅，因此幼儿园应该设在周边绿化好的地方。此外,幼儿园应当远离加工厂、垃圾厂、殡仪馆、皮革厂等污染较严重的地方。幼儿园内部的绿化面积也最好不低于用地面积的 30%。绿色环境有助于孩子健康成长。

（2）空气清新、纯净

因为幼儿的抵抗力较低,容易患呼吸道疾病,所以幼儿园活动室以及寝室等要经常开窗通风,保持空气的流通,做到空气应新鲜,并且要确保没有装修的异味。幼儿园的选址要考虑到幼儿园周围是否存在释放有害气体的工厂,远离这些污染源。如果幼儿园周边有绿化面积较大的公园或农场,可以加以利用,让幼儿有更多机会亲近大自然,呼吸到清新、纯净的空气。

（3）环境安静、低噪音

幼儿的神经比较脆弱,对噪声的反应很敏感。高噪音的环境不仅影响幼儿正常的生活与学习,而且会影响幼儿神经系统的发展。因此,幼儿园应该坐落在安静、低噪音的环境里,比如小区中央,远离主干道。噪音大的地方,如工地、车站、机场、大型娱乐场所附近,都不宜设立幼儿园。

（4）阳光照射充足

太阳光中的紫外线有杀菌作用,而且阳光有助于幼儿的成长。因此,幼儿园园址的选择应该考虑园所的采光问题。一般来说,布满高层建筑的地方周围不宜建幼儿园,因为高层建筑不仅影响采光,也会使幼儿感到紧张和有压迫感。此外,光线过暗也会影响幼儿的活动。

（5）排水系统通畅

通畅的排水系统是幼儿园卫生的重要保障。如,夏季雨水较多,如果雨后积水不能及时排出,就会滋生蚊蝇,甚至还会有恶臭的味道。这不仅影响幼儿园的环境卫生,而且会影响幼儿的身体健康。

（6）地势相对较高且平坦

地势低洼的地方容易形成雨后积水,造成安全隐患。地势相对较高的地方视野较好,阳光照射也比较充分。平坦宽阔的地面则方便幼儿奔跑和做游戏。

2. 园址选择的地理条件

（1）安全性良好

幼儿的安全是幼儿园最重视的问题之一。幼儿园周围环境的安全对幼儿影响很大。幼儿园的选址要充分考虑幼儿安全问题。因此,幼儿园的开办者在选址前要设法深入考察幼儿园周围环境的安全性,查看幼儿园附近是否有储存易燃易爆物品的车间、厂房、加油站等,尽量减少或避免火灾、地震、泥石流等自然灾害所带来的损失。幼儿园与干道或公路之间的距离不应少于 80 米。园门不宜直接开向城镇干道或机动车流量每小时超过 300 辆的道路,园门前庭应留出一定的缓冲距离（80～100 米为宜）。园区内不得有架空的高压输电线路穿越。

（2）人口密度高

人口密度越高的地方出生率相对越高，在一定程度上保障了幼儿园的生源。比如，新建的小区里居住的年轻人相对较多，孩子的出生率也相对较高，这样的地方生源相对较好。

（3）便利的交通

① 公共交通。幼儿园园址的地理位置应该考虑公共交通是否便利，周围是否有公交站点等，以方便家长接送幼儿。

② 停车。随着私家车的日益增多，幼儿园应该充分考虑家长如何停车问题。幼儿园可以根据幼儿园具体情况设置室内停车场或室外停车场。园方能否提供方便的停车位置以及停车费用的多少也会影响到招生和日常工作。如果幼儿园没有提供方便的停车空间，接送幼儿高峰期很容易发生交通混乱。

（二）幼儿园园舍的整体规划

1. 园舍的组成部分

（1）建筑用地

幼儿园的建筑首先要保证建筑的安全性，以平房为宜。如果以楼房作为幼儿园的建筑，则应以两层楼为宜，最多也不要超过三层。房舍的朝向以东南朝向为宜，保证有足够的阳光。幼儿园的建筑用地应该充分考虑到幼儿、教师、家长的需要，建筑用地包括以下几部分：幼儿园的主要使用空间，如生活用房；幼儿园的次要使用空间，如服务用房和供应用房；还有交通联系空间，如门厅、走道、楼梯等。

① 生活用房：生活用房是幼儿园日常活动的空间，比如活动室、寝室、卫生间、乳儿室、配乳室、喂奶室、衣帽贮藏室、音体活动室等。活动室和寝室可以根据幼儿园的具体情况合并使用。卫生间要专为幼儿设计，保证通风和清洁无味。盥洗设备要采用流动水，水龙头要适合幼儿的高度。

② 服务用房：医务保健室、晨检室、隔离室、保育员值班宿舍、会议室、教职工办公室、值班室及教职工厕所、浴室等用房。为了保证幼儿的安全和避免感染疾病，成人厨房、资料室、办公室应该与幼儿常用用房分开。

③ 供应用房：幼儿厨房、消毒室、烧水间、洗衣房及库房等。

④ 交通联系空间：比如，幼儿园的大厅、走廊、外来人员接待室等。幼儿园的大厅和走廊应该宽敞明亮，确保在接送幼儿时的正常出入。外来人员接待处要设置在明显的位置，最好在大门附近，方便接待家长。

（2）室外场地：室外场地包括室外大型玩具游戏场地、室外活动场地、种植区、饲养区等。室外场地可以种植蔬菜和饲养小动物，便于幼儿观察和亲近大自然。

（3）绿化用地：室外场地的绿化面积应该多一些，树木具有阻隔噪音、净化空气的作用。

（4）其他用地：杂物院、晾衣场地、垃圾存放、停车场等。

2. 园舍整体规划遵循的原则

（1）趣味性原则

在幼儿园的整体规划当中，幼儿园的建筑、活动设施的造型，墙饰、活动区的色彩搭配、图案选择等都要符合幼儿的兴趣，其造型应该是幼儿熟悉或喜欢的。比如，使用幼儿喜爱的城堡式建筑风格等。幼儿园的开办者要把握幼儿的心理和兴趣所在，要尊重幼儿的审美需求。

（2）创新性原则

不同地域、不同民族在生活条件、风俗习惯、文化传统等方面有很大差异，幼儿园可以利用这些差异体现特色。幼儿园不应该千篇一律，即便同一地区的幼儿园也应尽量体现自己的特色或风格。幼儿园的设计应该具有创新性、独特性。

（3）适宜性原则

幼儿园的整体规划需适应幼儿的身心特点。不同区域的划分要合理，线路清晰，园舍色彩的搭配要恰当，给人舒适感，尽量避免建筑物反光造成生理不适、心理压抑等弊端。

（4）益智性原则

园舍的规划应通过自身的形式美感和内容去启迪幼儿的智慧，开启幼儿的知识大门，培养幼儿具有良好的审美情趣。因而在幼儿园的整体布局中，应充分考虑益智因素，启发幼儿的想像力，拓展他们的思维，营造良好的成长环境。

3. 幼儿园整体规划的基本要求

（1）功能区分合理，符合使用要求

① 室外场地活动面积要足够大，全园公共室外活动场地面积不宜小于以下计算值：室外公共活动场地面积＝$180+20(N-1)$平方米。其中，180、20 为常数，N 为幼儿园的整个班级数。在条件允许的情况下除了设置公共的户外活动场地，还可以创建分班活动场地。

② 为了方便服务用房更好地为园所服务，服务用房最好设置在园所入口与幼儿生活用房之间。

③ 供应用房最好自成一区，设置明显的标识。并在常年主导风向的下方向。

（2）活动路线清晰，做到互不干扰

① 幼儿经常活动的路线应该与供应路线、垃圾处理路线明显区分开，明确标注幼儿禁止活动的区域，确保幼儿在园活动的安全。

② 生病幼儿的活动路线应单独设立。

（3）扩大绿化面积，种植多样植物

① 扩大绿化面积应该多种植一些能够迅速产生绿化效果的树木，比如乔木①，使幼儿在室外活动时可以遮阳和休息，还可以起到改善空气质量的目的。

---

① 乔木是指树身高大的树木，由根部发生独立的主干，树干和树冠有明显区分。有一个直立主干，且高达 6 米以上的木本植物称为乔木。

② 种植多样植物,可以多栽种一些果木,让幼儿更加亲近大自然,观察大自然,达到环境教育的效果。

(4) 合理规划道路,丰富幼儿体验

① 幼儿园的道路要做到合理规划,使幼儿能在安全畅通的环境下自由活动。

② 幼儿园可以设计一些风趣的地形,比如,弯道、小坡,会给幼儿带来不一样的运动体验。

(5) 正确选择出入口的位置

主体建筑占据用地的中心位置,主、次要出入口可以分设在南北两端。幼儿活动路线与供应路线、垃圾处理路线分开,应分设出入口。

二、幼儿园的建筑要求

幼儿园的建筑规划和建设应贯彻安全、适用、经济、美观、环保、节能的原则,园舍建筑设计应符合《幼儿园建设标准》的规定。

(一) 生活用房建筑要求

1. 活动室

活动室是幼儿在园日常生活和游戏的主要场所。寝室、盥洗室、衣帽间等应该围绕活动室设置。为保障幼儿游戏、生活、进餐等活动的顺利进行,活动室要有足够的使用面积、合理的形状和尺寸、最佳的朝向、充足的阳光、良好的通风条件。应保证有一半以上的活动场地面积在冬至时日照有效时间不少于两小时。另外,室内净高不应低于 2.8 米。每班活动室的最小使用面积应不低于 50 平方米,活动室的平面形状可以有多种:正方形、长方形、扇形、圆形等。环境色彩以明快淡雅为宜。

地面:可采用较深的暖色,不易脏,且产生稳定感。

天花板:可采用白色,增加室内漫射光①的反射效果,使空间无压抑感。

墙面:可采用偏亮色的暖色,产生空间扩大感。

门窗:可采用与墙面色彩接近的淡色。

2. 寝室

寝室的尺寸根据每班的床位数及其布置方式决定,原则上每个幼儿平均约占 3~4 平方米,床位间距不得小于 0.5 米,两行床间距不得小于 0.9 米。寝室的环境色彩选择明度不高的冷色,如浅绿、浅黄等,给幼儿以安定、清凉的感觉。另外,床可以选择双层床、组合床、折叠床等。全日制幼儿园如果条件较差,不必设置专门的寝室,可以在活动室内临时布置床铺组织幼儿午睡。寄宿制幼儿园要设立专门的寝室。寝室要求每班独立,有良好的通风,采光不必过量。

---

① 当一束平行的入射光线射到粗糙的表面时,因面上凹凸不平,所以入射线虽然互相平行,由于各点的法线方向不一致,造成反射光线向不同的方向无规则地反射,这种反射称之为"漫反射"或"漫射"。

3. 盥洗室和厕所

盥洗室应临近活动室和寝室。厕所和盥洗室应分间或分隔,并应有直接的自然通风。厕所应保证坑位够用,并确保排放通畅。盥洗池高度宜为 500~550 毫米,宽度宜为 400~450 毫米,水龙头的间距宜为 350~400 毫米。其他详细数据请参考《幼儿园建设标准》。

4. 衣帽间

衣帽间应该设在活动室或寝室附近,起到室内和外空间的过渡作用。存衣设施可以沿墙布置,并确保幼儿的衣服不能混杂。每个橱柜提供粘钩并标好幼儿姓名,方便幼儿取用。

(二)服务用房建筑要求

1. 医务保健室

医务保健用房一般分为医务保健室一间、隔离室一间或数间,还有一个厕位的幼儿园专用厕所,最小使用面积为 18 平方米。规模较小的全日制幼儿园可以只设一个大间的医务保健室。医务保健室应该与服务用房在一个区,最好设在服务用房端部,或与隔离室等房间合在一起。医务保健室也可以单独设置在一楼大厅附近,尽量和幼儿园大门入口相近,方便幼儿园医务人员晨检。

2. 隔离室

隔离室是医务保健室的补充,用作收容在托途中生病的幼儿。为避免交叉感染,患有传染病的幼儿要在隔离室进行观察和初步诊治,等待家长接幼儿去往医院做进一步诊治。规模小的幼儿园可在医务保健室内设一个单独的观察床位,作为观察幼儿病情及临时诊治的地方。隔离室和医务保健室设在一起,最好设有观察窗或玻璃隔断。

3. 晨检室

根据幼儿卫生保健要求,幼儿清晨入园所时要由医务保健人员检查幼儿是否有异常情况,以便及时发现病情,采取相应措施,避免病儿的病情蔓延。

晨检室的位置应靠近大门入口处,一般多设在主体建筑入口处。晨检室也可与传达室、收发室连在一起设在大门入口处,但应与传达室、收发室有分隔。

4. 办公室

(1)教学办公室

教学办公室是幼儿园教师进行教学准备和教学研究的办公室,由教学备课室、教具制作及陈列室、会议室等组成。教学办公室也可与行政办公室组合在一起,组成办公单元,集中设置于总平面入口区,或设在主体建筑内。

(2)行政办公室

行政办公室主要是指供行政人员和管理人员办公的用房,由园长室、接待室、财务、总务办公室及总务库房等组成。其位置应方便幼儿园与外部联系,应避免家长或外部人员过度深入幼儿园内部,因此一般设于入口附近。

(3)传达值班室

传达值班室是园区的门户,常与入口、大门、围墙相结合设于幼儿建筑入口处。

5. 档案资料室

档案资料室主要用来储存幼儿园建园以来的历史资料、幼儿的成长档案等相关资料,带有私密性,应严格控制进出档案资料室的人员。一般其可以设在幼儿园整体建筑的深处或顶层。

(三) 供应用房的建筑要求

幼儿园的供应用房是后勤工作用房,主要包括幼儿厨房、食堂、消毒室、烧水间、配电间、洗衣房及库房等。

1. 厨房的建筑要求

厨房的布置方式分为独立设置、毗邻设置及内部设置三种。

独立设置方式即厨房与主体建筑分离,多用于规模较大及寄宿制的幼儿园;毗邻设置方式,即厨房与主体建筑毗邻,此种布置方式是幼儿园最常用的方式;内部设置方式,即厨房设于主体建筑内,一般用于小型幼儿园。无论何种方式,厨房都应有良好的排气设置和风道,避免油烟和气味窜入幼儿园生活用房。厨房的位置应位于幼儿生活用房的下风侧,与幼儿生活用房保持一定距离,但运输饭菜要方便、快捷,避免与幼儿流线混淆、交叉。厨房宜单独设置次要出入口,直通厨房或杂物院。

厨房的地面应有排水坡度(1%～1.5%)和地漏,并设有排水沟,便于及时排除室内地面积水。厨房的墙裙、地面及清洗池、炉灶等应该采用便于清洗的瓷砖镶面或水磨石面层。另外为避蝇、防鼠,应加设纱门、纱窗。

2. 其他供应用房

洗衣房、库房、配电间等应该与厨房一起作为供应用房考虑,集中设置在杂物院附近,自成一区。同时,像库房、配电间这类有一定危险的房间要有明确的标识,防止幼儿闯入,避免安全事故。

三、幼儿园的设备要求

《幼儿园工作规程》提出:"幼儿园应配备适合幼儿特点的桌椅、玩具架、盥洗卫生用具,以及必要的教具、玩具、图书和乐器等。"幼儿园的各种设备是幼儿生活、游戏以及其他教育活动顺利开展的物质保障,对幼儿的健康成长有着重要影响。

(一) 幼儿园设备的配置标准

1. 适宜性

幼儿园设备的配置要符合幼儿身心发展特点,适应各年龄段幼儿的生活、学习需要,满足幼儿主动探索、自主构建的需求。比如,幼儿的椅子和桌子的高度应适宜,过高、过矮都会影响幼儿的健康成长。

2. 卫生性

对于一些幼儿经常接触的设备材料,幼儿园要选择便于清洗和消毒的,并且定期组织人员进行清洗和消毒,从而保障幼儿健康成长。

3. 安全性

确保安全是幼儿园重要工作之一。幼儿园设备,尤其是幼儿经常能接触的物体,其构造应该是表面平整、光滑,没有尖锐的棱角。设备要定期检查和维护,避免有松动、老化等不安全因素的发生。

4. 实用性

幼儿活动量较大,对物体又缺乏充分的保护意识,所以要优先选择一些耐用、结实的物质材料。比如,桌椅需要经常搬动,很容易摔坏,从节约经费和使用的角度考虑,应选择坚固耐用的。

5. 多功能性

从节能、环保、经济的角度,幼儿园的设备最好具有多功能性,这样既可以节省一部分经费和空间,还可以丰富幼儿的活动,发挥幼儿的主体性,激发幼儿的创造性、想象力和探索精神。比如墙壁边竖立的一排柜子,展开后能成为一排小床,一物多用。

(二)幼儿园主要设备的具体要求

幼儿园主要设备的构造、样式、数量、布局及使用方法都有一定的要求,要考虑幼儿的身心发展特点和年龄特点,同时要便于保教人员的整理和清洁。

1. 活动室内的设备要求

(1)桌椅

桌椅是活动室内幼儿经常使用的主要设备,幼儿用桌椅学习、进餐以及进行其他活动。幼儿园的桌椅应根据幼儿的年龄和身高比例进行设计。桌椅应采用正规的尺寸和比例,使幼儿保持正确的坐姿,起到保护视力和促进骨骼正常发育的作用。

活动室配备的桌椅应遵循《学校课桌椅功能尺寸标准》,幼儿桌面长度应保证每位幼儿占有 0.50~0.55 米,宽度为 0.35~0.50 米。一般来讲,身高相差 10 厘米以内的幼儿可以使用同一规格的桌椅。制作桌椅的材料应该使用环保材质,光滑且没有棱角,与幼儿的身高相适宜,每班不必强求同一标准,应根据实际情况而定,尤其需要考虑个别特殊情况,如身高过高或体重过胖的幼儿。

(2)玩具、教具

幼儿园的玩具、教具是幼儿认识世界、了解世界的重要工具,对幼儿的发展起着举足轻重的作用。幼儿园对玩具、教具的配备原则上要以"0~3 岁"和"3~6 岁"两个阶段分别呈现,具体配备要求和内容可以参考《幼儿园玩教具配备目录》,但不拘泥与该目录。玩具、教具的配备可以因地制宜,运用无污染、无毒的废旧材料自制玩具、教具,尤其要注重开发生态玩具,比如沙包、陀螺、毽子等。

幼儿园玩具、教具配备的注意事项:

a. 幼儿园玩具的配置要数量足够、种类多样。

b. 玩具、教具要便于消毒清理。

c. 玩具要无尖锐的棱角,如有缺损要及时修补。

d. 玩具、教具要适合儿童的年龄特点,注意发挥玩具、教具的教育功能,做到定期更换。如小班的玩具体积要相对大一点,而且数量要足够多。

e. 0～3岁婴幼儿使用的玩具有特别的要求:要具有攀、爬、滑、钻等单一功能的小运动器械。攀爬架和滑梯限定高度为2米,滑梯与地夹角也要有所限制。

f. 幼儿园教具的大小要使得全班幼儿看清楚,色彩调和,防止幼儿视觉疲劳。

(3)其他

教学区配备的除幼儿桌椅,还可以配备钢琴(或电子琴)、磁性黑板、钟表、电视机、DVD、录音机等。有条件的幼儿园可配备计算机、投影仪、数码照相机、摄像机等设备。

生活区应配备饮水设备、消毒设备。每班配备保温桶、水杯柜、消毒柜等。保温桶应具备锁定装置。每个孩子一个杯子(无毒、不易碎、耐高温),并有明显区分标记。

活动区的橱柜宜采用开放式,其尺寸规格和数量应与幼儿人数、身高相适应,以幼儿方便自由取放为准。活动区应根据幼儿发展的需要和认知水平创设游戏区、表演区、音乐区、建构区、美工区、木工区、图书区、益智区、科学区、自然观察区等,配备足够的操作材料,并随幼儿认知水平的提高、季节变换等及时更换材料。

2. 寝室内的设备要求

寝室内主要是配备供幼儿午休的单层或多层床或折叠床等。幼儿应使用木板床为宜。每名幼儿一张床。床的长度应符合儿童身高要求,如大班使用固定式双层床时,总高度不应高于120厘米,方便幼儿上下,四周设高度不低于30厘米的护栏,床体要沿墙体摆放,充分利用和节省空间。寄宿制幼儿园应设置专用寝室,配备固定式单层床、不同照度的灯具和幼儿专用衣橱、被褥等。被褥的规格要适合幼儿,便于幼儿自行整理。有条件的幼儿园要安装紫外线消毒灯,并且要有专门的负责人员严格控制消毒灯的使用。寝室内设有教师值班设施。

3. 盥洗室的设备要求

盥洗室要配备与儿童的身高、数量相适应的梳洗镜、洗手盆和防溅水龙头。儿童每人一条小毛巾,毛巾之间要有合理间隔,并以安全方式悬挂。清洁用具、消毒用品应存放在儿童无法直接接触到的地方,并有专用标志。盥洗室内要有热水器等设备,以便冬天时幼儿可以用温水洗手。

第三节 开办幼儿园的人员配备

幼儿园配备的工作人员要"数量足、质量高、职责明、合作好"。幼儿园工作人员是幼儿园筹建中最重要的因素,其业务能力决定着幼儿园的保教水平,幼儿园工作人员的素质是创办优质幼儿园的关键因素之一。《幼儿园工作规程》提出幼儿园应按照编制标准设园长、副园长、教师、保育员、医务人员、事务人员、炊事员和其他工作人员。

一、幼儿园人员配备的原则

（一）优势定位原则

优势定位原则是指"用人所长"，并使其弱点减少到最小。"全才"不常见，每个人都有自己的长处和短处，有其总体的能级水准，同时也有自己的专业特长及工作爱好。优势定位内容有两个方面：一是指人应根据自己的优势和岗位的要求，选择最有利于发挥自己优势的岗位；二是指管理者也应根据优势定位原则将员工安置到最有利于发挥其优势的岗位上。

（二）能级对等原则

合理的人员配置应使人力资源的整体功能强化，使人的能力与岗位要求相对应。幼儿园的岗位也有层次和种类之分，它们占据着不同的位置，处于不同的能级水平。每个人也都具有不同水平的能力，在纵向上处于不同的能级位置。岗位人员的配置要求每一个人所具有的能级水平与所处的层次和岗位的能级要求相对应，避免出现大材小用或小材大用等现象。

（三）动态调节原则

动态调节原则是指当人员或岗位要求发生变化的时候，要适时地对人员配备进行调整，以保证始终使合适的人工作在合适的岗位上。人对岗位的适应有一个实践与认识的过程，由于种种原因，使得能级不对应，用非所长等情形时常发生。因此，如果搞一次定位，一职定终身，既会影响工作又不利于人的成长。能级对应，优势定位只有在不断调整的动态过程中才能实现。

（四）内部为主原则

"千里马常有"，而"伯乐不常有"。幼儿园的管理者应该在内部建立起人才资源的开发机制，使用人才激励机制。如果只有人才开发机制，没有激励机制，幼儿园的人才就很可能外流。幼儿园的管理者应从幼儿园内部培养人才，给有能力的人提供机会和挑战。但这并不意味着排斥引入外部人才。当需要引入外部人才时，幼儿园的管理者切忌"画地为牢"死死的扣住单位内部不放。

（五）经济效益原则

幼儿园教职工等工作人员的配备要以实际工作需要为依据，以保证保教质量以及经济效益的提高为前提，人员的配备要适量。幼儿园不能盲目地扩大职工队伍，造成人浮于事的局面，当然也不能极力压缩人员，出现人手短缺的境地。

二、幼儿园的人员配备

2013年1月教育部颁发《幼儿园教职工配备标准（暂行）》，为幼儿园人员合理配备提供了参考依据。《幼儿园教职工配备标准（暂行）》提出幼儿园教职工包括专任教师、保育员、卫生保健人员、行政人员、教辅人员、工勤人员。幼儿园应当按照服务类型、教职工与幼儿的比例配备工作人员，满足保教工作的基本需要，具体见表2-2。

表2-2　不同服务类型幼儿园教职工与幼儿的配备比例

服务类型	全园教职工与幼儿比	全园保教人员与幼儿比
全日制	1:5~1:7	1:7~1:9
半日制	1:8~1:10	1:11~1:13

（一）保教人员

幼儿园保教人员包括专任教师、保育员以及医务人员。《幼儿园教职工配备标准（暂行）》规定幼儿园应根据服务类型、幼儿年龄和班级规模配备数量适宜的专任教师和保育员，使每位幼儿在一日生活、游戏和学习中都能得到成人适当的照顾、帮助和指导。

1. 专任教师

（1）专任教师应具备的任职条件

《幼儿园工作规程》规定："幼儿园教师应是具有幼儿师范学校（包括职业学校幼儿教育专业）毕业程度，或取得幼儿园教师专业合格证书者"。幼儿园可以参考《幼儿园教师专业标准》（试行）聘任幼儿教师。一支高质量的教师队伍是实现幼儿教育目标的重要保障。

（2）专任教师的数量要求

全日制幼儿园每班配备2名专任教师或3名专任教师；半日制幼儿园每班配备2名专任教师；寄宿制幼儿园至少应在全日制幼儿园基础上每班增配1名专任教师；单班学前教育机构，如农村学前教育教学点、幼儿班等，一般应配备2名专任教师。招收特殊需要儿童的幼儿园应根据特殊儿童的数量、类型及残疾程度，配备相应的特殊教育教师。专任教师的数量应相对稳定。

2. 保育员

（1）保育员应具备的任职条件

保育员是在幼儿园里主要负责幼儿的生活管理、卫生保健的人员。国家要求保育员具备初中毕业以上的学历，受过幼儿保育的职业培训，能履行幼儿保育员的职责。把保育员的学历定在初中毕业以上，保证了保育员的基本文化素质。同时，保育员需要接受幼儿保育的职业培训，需具有爱心、耐心、细心、责任心等专业素质。

（2）保育员的数量要求

全日制幼儿园每班应配备1名保育员；半日制幼儿园有条件的可配备1名保育员；寄宿制幼儿园至少应在全日制幼儿园基础上每班增配1名保育员。保育人员的数量应相对稳定，见表2-3。

由于各地教育发展存在巨大差异,幼儿园应根据当地学前教育发展的实际情况,设置教师岗位类别和数量,满足保教工作的需要和本园发展,确保在教师进修、支教、病产假等情况下有可供临时顶岗的保教人员。

表 2-3　幼儿园班级规模及专任教师和保育员配备标准

年龄班	班级规模(人)	全日制		半日制	
		专任教师	保育员	专任教师	保育员
小班(3~4 岁)	20~25	2	1	2	有条件的应配备 1 名保育员
中班(4~5 岁)	25~30	2	1	2	
大班(5~6 岁)	30~35	2	1	2	
混龄班	< 30	2	1	2 或 3	

3. 卫生保健人员

(1) 卫生保健人员应具备的任职条件

托幼机构应当聘用符合国家规定的卫生保健人员。卫生保健人员包括医师、护士和保健员。在卫生室工作的医师应当取得卫生行政部门颁发的《医师执业证书》,护士应当取得《护士执业证书》。在保健室工作的保健员应当具有高中以上学历,具有托幼机构卫生保健基础知识,经过卫生保健专业知识培训,掌握营养膳食管理、传染病管理和卫生消毒等技能。托幼机构卫生保健人员应当定期接受当地妇幼保健机构组织的卫生保健专业知识培训,并对机构内的工作人员进行卫生知识宣传教育、疾病预防、卫生消毒、膳食营养、食品卫生、饮用水卫生等方面的具体指导。

(2) 卫生保健人员的数量要求

托幼机构聘用卫生保健人员应当按照收托 150 名幼儿至少设 1 名专职卫生保健人员的比例配备卫生保健人员。收托 150 名以下幼儿的托幼机构,应当配备专职或者兼职卫生保健人员。

(二) 办公人员

1. 幼儿园园长

《幼儿园教职工配备标准(暂行)》提出 6 个班以下的幼儿园配备 1 名园长,6~9 个班级的幼儿园不超过 2 名园长,10 个班级及以上的幼儿园可配备 3 名园长,其中园长 1 名,副园长两名。

2. 财务人员

幼儿园的财务人员需要有会计从业资格证书以及相关的经验,遵纪守法,严格执行幼儿园的规章制度,认真工作,有提高财会工作质量的责任心和严谨工作态度,正确核算各项费用。小型幼儿园可配备 1 名会计和 1 名兼职出纳,大型幼儿园可配备 1 名会计和 1 名出纳。

（三）其他配备人员

1. 炊事人员

幼儿园的炊事人员要求个人卫生干净整洁、身体健康、无疾病、有健康证明。具备初中以上学历，具有厨师资格证者为佳。幼儿园应根据就餐幼儿人数配备适宜的炊事人员。每日三餐一点的幼儿园每 40～45 名幼儿配 1 名炊事人员；少于三餐一点的幼儿园酌减；在园幼儿人数少于 40 名的幼儿园应配备 1 名专职炊事员。

2. 保洁人员

幼儿园的保洁人员要求身体健康、爱岗敬业、尊重幼儿、勤俭节约、有良好的团队意识等。幼儿园的保洁人员需根据幼儿园实际需求配备。

3. 安保人员

幼儿园的安保人员应配备警用防暴头盔、对讲机、防刺服以及警棍等设备。安保人员在幼儿离园和入园的前一小时穿戴上述装备进行安全巡逻，每次负责巡逻的保安不得少于 2 名，并且要明确责任人和任务分工。小型幼儿园至少每园配备 1 名专职保安，大型幼儿园至少配备 2 名保安。

第四节　开办幼儿园的其他准备

一、幼儿园的命名

古人云："赐子千金，不如教子一艺；教子一艺，不如赐子一名。"全国民办幼儿园优秀园长吕英曾对幼儿园的命名问题做过概述，参照其观点，给幼儿园命名的方式一般有以下几种。① 幼儿园的名字伴随着幼儿园的发展，是一所幼儿园的符号和象征，幼儿园名字有时能够反应幼儿园的特色和办园理念。开办一所幼儿园需要给幼儿园起一个好的名字。

（一）以教育特色命名

幼儿园的名称直接突出了幼儿园的办园特色。比如有的幼儿园以艺术为特色，叫"×××艺术幼儿园"；有的幼儿园以双语为特色，叫"×××双语幼儿园"；有的幼儿园以蒙台梭利教育为特色，叫"×××蒙台梭利幼儿园"等。

（二）以企业名字命名

有些企业为了扩大自己的经营领域，或服务员工及社会，树立自己的企业形象，也会涉足幼教领域。借助企业公司的名字命名比较容易打造品牌。也有很多事业单位建立自己的附属幼儿园，幼儿园的命名借助单位名称。

---

① 吕英.民办幼儿园的创办与管理[M].北京:学苑出版社,2010:14

（三）以社区名字命名

房地产商在开发社区时，为社区起了寓意较好的名字，这种名字一般会比较好听而且响亮大气。因此，以社区名字命名幼儿园，最直接、最省力，会起到相辅相成、事半功倍的效果。比如"金宇和园幼儿园"、"大禹加州湾幼儿园"、"西苑幼儿园"等等。

（四）以字母或数字命名

以字母和数字来命名显得既简练又独特，令人记忆深刻。除了便于记忆以外，还有深刻的寓意在里面，比如三之三幼儿园。三之三代表幼儿教育划分为 0～3 岁和 4～6 岁两个不同的教育阶段。两个数字表达了教育一体化特点，可谓简洁明快、耐人寻味。

（五）以体现童真童趣命名

幼儿园的名称中体现了鲜明的儿童特点或者有幼儿非常喜欢的卡通形象，比如：阳光宝贝幼儿园、大风车幼儿园、长颈鹿幼儿园等。

综上所述，给幼儿园起名字要遵循一个原则：形象生动、好听好记，避免使用生僻字、多音字、易读错音的字或难以辨认的字，也要避免侵权的问题。幼儿园的管理者应该早一点为自己的幼儿园命名，方便交流、形象宣传和信息发布。

二、宣传与招生

如果把幼儿园的基础行政管理看作是剑把，把教学软硬件的建设看作是剑身，那么宣传与招生工作就是剑刃。剑把不扎实牢靠则挥之无力，剑身不丰厚则难成气势，剑刃不锋利则难有成效，三者紧密结合，又相互独立。可口可乐公司总裁曾表示：即使可口可乐的办公楼瞬间化为灰烬，只要可口可乐的品牌商标在，我就能在最短的时间内恢复生产和销售。宣传与招生工作并非一日一事之功，只有做好了"十年磨一剑"的准备，招生宣传才会更容易。幼儿园的招生，尤其是公立幼儿园，应坚持"信息公开，操作公正；相对就近，免试入园；规范管理，严格监督"的原则。

（一）招生宣传与招生简章

幼儿园成功的招生有赖于宣传的内容和方式，在宣传工作中，园长要面临宣传地点的确定、材料的制作、公共关系的建立以及广告招生的费用等诸多问题。

1. 宣传对象

幼儿园在决定宣传方式和地点之前，必须明确哪些家长是宣传的对象。如果一个幼儿园的生存主要依靠学费，那么幼儿园的宣传对象应定位在能够承受学费的家庭。宣传具有针对性能使宣传工作事半功倍。

2. 宣传方式

幼儿园的宣传方式有多种，主要包括报纸、杂志、期刊广告、电视广告、电台、网络、海报以及传单等。幼儿园的宣传工作既要考虑成本问题，也要考虑到宣传的覆盖面，一般来讲，网络、电台、电视广告的涉及面较广，适合大型幼儿园的宣传招生；直接邮递宣传手册、信函,或者在橱窗展示布告,在社区的公告栏粘贴宣传信息或在街道口拉横幅的方式则涉及面相对较窄,但针对性更强些,适合小区内的小型幼儿园就近招生。

3. 招生简章

招生简章是幼儿园招收婴幼儿计划工作以简要的文字表述成文,并上报上一级行政主管部门批准备案,在幼儿园外公开粘贴,使适龄婴幼儿家长见到简章后及时按简章规定到幼儿园报名办理子女入园登记手续的宣传性提纲,是幼儿园每年一次的定期大规模招生工作的开端。婴幼儿招生简章的内容包括报名条件、时间、地点、手续、招生婴幼儿入园的规模、注意事项等内容。招生简章既是婴幼儿家长为其子女入园报名的指南,也是幼儿园招生工作顺利开展的保障。

(二) 招生范围与方法

1. 招生范围

每个幼儿园基于自己的规模、发展规划和影响力都有一个基本的地理辐射范围,所以幼儿园的经营有很强的地域性。一般处在城镇的幼儿园应以幼儿园为中心 3～5 公里为自然半径。根据人口密集度和竞争者的情况不同,可以灵活扩大这个范围。这个范围的形成取决于两个基本要素——家长的偏好和管理的难度。家长为了方便一般就近选择,所以幼儿园为了降低接送等管理成本通常就近招生。幼儿园经营者应对这个范围所处的地理位置、住宅与企业分布、人口数量组成和流动情况、配套设施(如公立小学)、居民经济收入状况、文化教育水平、教育观念和价格敏感度等方面尽量有一个较全面的认识。

2. 招生方法

(1) 挖掘卖点

卖点可以源于自身,也可以来自外部。比如来自自身的卖点,幼儿园有着科学的教育理念、优质的师资队伍、优越的硬件设施等。幼儿园周边有一个免费对外开放的公园,幼儿可以经常去该公园做户外活动等,都可以作为幼儿园招生宣传的卖点。

(2) 有效的传播

有效的传播方式未必是高成本的传播。"多、快、好、省"永远是传播的终极追求。基于幼教不同于一般商业领域的独特性,过分的商业化包装反而会引起家长的抵触。幼儿园应该努力提升保教质量,进而获得家长的信赖。家长的宣传才是最好的宣传。

学练结合2-2

民办园 PK 公办园[①]

李女士准备送 3 岁的儿子入园,她家附近有一所大型的公办幼儿园,有一所规模稍

---

① 陈迁.幼儿园管理的 50 个细节[M].福州:福建教育出版社,2011:49-50

小的民办幼儿园和两所低收费的小园。她在征求了很多邻居、同事的意见后，首先将两所小园排除，可是对另外两所幼儿园大家的说法却莫衷一是，有的说公办园硬件设施好、伙食好、师资水平高，建议上公办园；有的说民办园服务态度好、教学质量好，建议上民办园。李女士决定亲自到两所幼儿园去考察一番。

她首先来到离家较近的公办幼儿园，收发室的值班员一听说要送孩子入园，二话没说就让她进了大门。确如大家所言，这所幼儿园环境优美，户外场地宽阔，活动设施一应俱全，给李女士留下了良好的第一印象。李女士信心满怀地来到了楼内，从一楼到三楼连班看了一遍，李女士越看心越凉，七八个班级，除了个别老师在组织幼儿活动外，其余班级的老师，有的在厉声训斥幼儿；有的在聊天，幼儿坐在旁边哭，老师好像根本没看见；有的班幼儿围在桌边玩玩具，老师坐在一边聚精会神地玩手机……直到她在楼内看完一遍出来，竟然没有一个人理睬过她。走出大门时，她向值班员简单了解了幼儿园的情况，值班员请她在报名簿上留下了姓名和联系电话。李女士有些郁闷，这所公办幼儿园怎么这样呢？

带着满腹疑问，李女士又来到了另一所离家稍远些的民办幼儿园，没想到，刚到大门口，即遭遇了不快，收发室值班员不让她进。当李女士表明来意后，值班员还是不让她进，先请她在来访人员登记簿上登记，并给幼儿园的招生负责人打了电话。一会儿工夫，一位姓张的老师跑了过来，简单询问了李女士的情况后，把李女士领进了幼儿园，看到李女士有些不快的表情，张老师边走边向李女士解释："进门登记，安排专人接待，这是我们的规章制度，值班员必须遵守，我们这么做不是为难您，是为了孩子的安全着想，希望您多多谅解！"张老师领着李女士楼上楼下、楼内楼外转了一圈，边走边为她介绍幼儿园各方面的情况，还讲解了一些孩子入园时需要注意的问题，让人感觉既专业又贴心。这所幼儿园的条件虽然比不上公办园，但整个幼儿园干净整洁，班级老师都在认真组织幼儿活动。李女士每到一班，老师和幼儿都会主动向她问好，各项工作看起来井井有条。

在实地考察和比较后，李女士将儿子送到了民办幼儿园。

大约过了一周，李女士接到了那所公办园园长的电话，通知李女士孩子入园的事宜，当李女士告诉她孩子已经送到民办园了，园长一个劲儿地劝她，反复向李女士陈述自己幼儿园的办园条件是如何优越，自己的师资队伍是如何优秀。可是，任凭这位园长怎样介绍，都无法打动李女士，面对李女士执意不变的选择，这位园长疑惑不解："家长为什么会这样选择呢？民办园各方面条件都不如我们啊！"

思考：

1. 李女士放弃公办园选择民办园的原因是什么？
2. 请谈谈如何做好幼儿园的宣传与招生工作。

三、入园与编班

幼儿入园与编班工作是幼儿园管理的首要任务。入园与编班工作没有统一要求,做好入园与编班工作要注意以下要点。

（一）幼儿入园工作的特点

1. 入园工作服务性

《幼儿园工作规程》提出幼儿园工作的任务之一是为家长参加工作和学习提供便利的条件,因此,幼儿入园工作首先应该为家长提供服务,其形式也应体现服务性特点。如热情接待家长,耐心回答家长的咨询问题,依据家长的需求延长幼儿在园时间等。

2. 入园检查制度性

《幼儿园工作规程》提出:"婴幼儿入园前必须按照卫生部门制订的卫生保健制度进行体格检查,合格者方可入园。"幼儿园是幼儿集体生活、游戏的主要场所。幼儿年龄较小,机体免疫力差,为了防止传染病的传入和蔓延,保证幼儿身体健康,幼儿入园必须进行身体检查。

（二）幼儿入园手续的办理

1. 幼儿入园登记

幼儿园在招生报名工作结束后,批准录取的幼儿随家长来幼儿园报到,并进行相关的注册手续。它是建立幼儿入园档案的基础,是新入园幼儿建立花名册的重要依据,也是幼儿园科学管理工作的体现。幼儿入园登记手续的内容包括:家长填写入园登记表,幼儿健康登记卡片,预交幼儿伙食、管理、保育等费用,领取物品登记,幼儿安全保险登记,填写班级幼儿家庭情况登记表等。

幼儿园办理入园登记手续的一般程序:

（1）填写入园登记表

家长持录取通知及体检报告单前来登记,经审核体检报告为健康者,发放入园登记表请家长填写。

（2）缴纳各种费用

家长持一份入园登记表到财务室交费,财务人员凭登记表为幼儿家长办理入园费用。

（3）领取物品

家长凭缴费收据及用品费收据领取幼儿用品,包括幼儿个人被褥、毛巾、水杯、文具等。除了文具,其他用品需要家长标明幼儿姓名,以便班级保教人员对幼儿物品的保管和整理,同时也方便幼儿认领自己的物品。

（4）医务室填写幼儿健康登记卡

家长要在医务室或者保健室填写幼儿出生后的健康、防病卡片以及注射各种药物的时间、地点等,以便幼儿入园后统一进行定期免疫、防病注射。

幼儿入园登记手续是入园工作的重要环节,登记手续应该做到耐心服务、详细周到、认真审核,以确保幼儿入园后的正常生活和游戏活动的开展,便于幼儿园管理以及保教工作的顺利进行。

2. 体检

体检是幼儿入园工作的关键环节。幼儿入园体检是指由本地区幼儿保健所指定的医院对申请入园的幼儿进行规定项目的身体健康检查,其检查结果是幼儿园收托幼儿入园的依据。

幼儿入园体检一般包括身高、体重、血色素、视力、心脏功能、身体发育、智力、肺功能、传染病、骨骼、营养状况检查等内容。

幼儿入园体检工作由保健医生负责组织,保健医生收集体检报告,将体检结果如实上报园长,并建立幼儿入园体检档案。档案作为每一位入园幼儿成长健康材料,应统一保管,不合格的报告单独存放备案。

(三)幼儿园编班

幼儿园编班是指幼儿园从促进幼儿身心发展的角度出发,为使幼儿入园后更好的生活、游戏、学习,按照规定将幼儿编入不同的班级。幼儿入园编班依据《幼儿园工作规程》中关于招生编班的规定以及幼儿园自身的实际,可按年龄分别编班,也可进行混合编班。合理的幼儿性别比例有利于保教人员对幼儿开展教育教学活动,有利于幼儿身心全面发展。幼儿园应根据全体新入园幼儿性别比例来确定每个班级的性别比例。如某所幼儿园招生录取的小班幼儿共 40 名,其中男孩 16 名,女孩 24 名,男孩与女孩的比例是1∶1.5,那么保教人员在编班时各小班幼儿性别比例大约也应为 1∶1.5。为了保证幼儿身心健康全面发展,在编班时要综合考虑幼儿的身高、体质、智力发展水平、性格、家庭背景等方面内容,鼓励幼儿之间的多元交流。

检 测

一、思考题

1. 哪些主体不具有开办幼儿园的资格?
2. 如何做好幼儿园的定位?
3. 幼儿园运营预测要从哪些方面进行考虑?
4. 幼儿园选址应具备哪些基本条件?
5. 幼儿园玩教具的配备要符合哪些要求?
6. 幼儿园人员配备的原则。

二、实践题

通过本章内容的学习,对本章的知识点做个系统的梳理。请全班同学每人构思一所自己理想中的幼儿园。从幼儿园的资金来源、选址、建筑设计、命名、人员配备、玩教具配备、幼儿园课程设置等角度撰写一篇创业计划,并与大家一起交流分享。

第三章

幼儿园管理体制

学习目标

1. 了解幼儿园组织机构的含义和模式，掌握幼儿园组织机构设置的原则。
2. 理解幼儿园制度的意义和类型，掌握幼儿园制度制定和实施的要点。
3. 理解幼儿园的领导体制和园长专业标准，掌握幼儿园园长的领导艺术。

情景导入

懂得取舍[①]

刚当园长时，我一般是只懂得"取"，不懂得"舍"，喜欢抓住权力不放，大事小事事必躬亲，结果是自己陷于各种各样的琐碎事务中不能自拔，每天似乎时间不够用，事情处理不完，但管理也未必有多大的起色。后来慢慢体悟到，作为一园之长，重要的不是自己能做多少具体的事情，而是既要会取，又要懂得舍。

"取"——重在宏观决策，及时做好调控；注重建章立制，注重计划和责任的落实。"舍"——学会放权，其实就是落实岗位职责，不越俎代庖，同时学会借力用力，给予中层干部、教师自主思考和作为的空间，充分发挥每个教师的能动作用。如采用层级管理，明确规定各层级的岗位职责，一方面树立对园长负责的观念，大事要汇报，同时，把该下放的职责权力让副园长、中层干部分担起来，让她们在职权范围内敢于承担责任。当中层干部工作中出现问题或有差错时，园长并不是一味求全责备，而是帮助其分析原因和改进，这样，就能建立起协调、配合、沟通的机制。

园长懂得了"舍"，大家才能相互信任，立足自己的岗位，明确责任所在，心情舒畅地工作，许多问题就能在过程中解决，园长也就能从琐事中解脱出来，有更多时间和精力去学习，去思考幼儿园如何发展的大事。

---

① 姚莉娜.幼儿园管理中的三点智慧[J].早期教育,2012(1):32

思考：

1. 园长"大事小事事必躬亲"有什么不妥之处？
2. 园长的"取"与"舍"对幼儿园管理体制的建立有何启示？

第一节 幼儿园的组织机构设置

管理是社会组织中，管理者为了实现预期的目标，以人为中心进行的协调活动。管理是为了实现组织未来目标的活动，其工作本质是协调，存在于组织当中，重点是对人进行管理。由此可见幼儿园管理中组织建设的作用。

一、幼儿园组织机构的特点

组织是指人们为实现一定的目标，互相协作结合而成的集体或团体，如党团组织、工会组织、企业组织、军事组织等。组织机构是指把人力、物力和智力等按一定的形式和结构，为实现共同的目标、任务或利益有秩序有成效地组合起来而开展活动的社会单位。幼儿园组织机构是指，幼儿园通过建立适宜的机构及工作规则，确定领导关系和职权分工，将幼儿园拥有的人、财、物等组织起来，形成组织结构系统，进而有效地开展保教等服务工作。幼儿园组织机构具有以下特点。

（一）整体性

组织具有整体性，将分散的人、财、物结合在一起。整体是由事物的各内在要素相互联系构成的有机统一体及其发展的全过程。幼儿园组织的整体性是指幼儿园由很多人力、物力组成，下属保育组、教研组、后勤组等部门，各个部门有着内在的联系，密切合作。幼儿园的发展处于一个动态的变化过程，是各个部门共同努力的结果。

（二）目的性

组织具有目的性，在共同目标的指引下，统一指挥，分工协作。目的通常是指行为主体根据自身的需要，借助意识、观念的中介作用，预先设想的行为目标和结果。作为观念形态，目的反映了人对客观事物的实践关系。幼儿园组织的目的性是指幼儿园通过各部门的共同努力为社会提供幼儿教育、保育等服务，进而获得一定的社会效益和经济效益。

（三）纪律性

组织具有纪律性，没有纪律的组织只是一群人的聚集。纪律是在一定社会条件下形成的、一种集体成员必须遵守的条例总和，是要求人们在集体生活中遵守秩序、执行命令和履行职责的一种行为规则。幼儿园组织的纪律性是指幼儿园通过一定的制度来约束成员的思想与行为，并伴随一定的奖惩。

（四）合作性

组织具有合作性，能达成一个人无法完成的目标。一个篱笆三个桩，一个好汉三个帮。众人拾柴火焰高，一个人的力量是有限的。园长不能单打独斗，需要建立良好地组织结构，才能完成艰巨繁琐的保教任务。幼儿园只有团结一心，充分发挥各个部门的力量，才能形成合力，合作共赢。

（五）稳定性

组织具有相对的稳定性。稳定是一种状态，指所处的环境或者心境在一定时间之内不轻易变化。幼儿园组织的稳定性是指幼儿园的组织结构、人员构成以及制度具有一定的稳定性。领导者不能频繁更换，制度不能朝令夕改。幼儿园组织的稳定性是相对的，组织的领导者、成员、组织结构以及制度是可以进行调整的，但不要过于频繁。

二、幼儿园组织机构设置的原则

幼儿园组织是一个实体机构，是发挥管理效能的工具，其本身建设就是幼儿园管理的重要活动。幼儿园在组织机构的建设上要最大限度发挥人力资源作用，提高组织的效能。设置合理的组织机构是幼儿园有效管理的基础，要注意以下原则的应用。

（一）任务需要原则

创设组织的目的是为了完成一定的任务。幼儿园性质不同、规模各异，因此，幼儿园组织的创设要因地制宜，根据任务的需要创设组织。幼儿园的组织设置，首先要全面深入分析幼儿园有哪些"事"、有多少"事"、需要多少人来完成。可以将幼儿园的任务分门别类，分解为若干具体内容。坚持以"事"为中心，因"事"设职，因"职"设岗，争取做到"人人有事干，事事有人干"。

工作效率的高低与人员多寡不成正比。人多并不意味着效率高，人太多反而会成为工作的阻力。组织建设需要精简机构，不能出现人浮于事的现象，能与其他岗位合并的就不单独设岗。组织设置也不能过于精简，需要设职的必须设立，不能出现有岗无人的现象，导致某岗位事务无人负责或者人手不够的混乱局面。

（二）分工协作原则

人"力不若牛，走不若马，而牛马为用，何也？曰：人能群，彼不能群也。人何以能群？曰：分。……以分则和，和则一，一则多力，多力则强，强则胜物"[①]。这里，荀子所说的"群"，显然不是乌合之众，而是一个有秩序的结构体。另外，荀子还指出，这个结构体的形成前提在于"分"，在于"分"中有"和"。由于有了"分"与"和"，众多的人就形成了一个有序程度更高的系统。从而产生出较无序状态要强大得多的能力。幼儿园组织建设也应该运用荀子的管理学理论，合理分配任务，共同协作。

---

① 向佐春. 论中国古代有关人力资源管理的耗散观[J]. 系统辩证学学报，2002(7)：80

幼儿园按照任务的不同将组织分为若干部分,使各级各类部门和人员各自有任务目标。如幼儿园分设教研组、保健组、财务组、膳食组等部门,并配备相应人员。但各部门不是单打独斗的。比如校车接送迟到,孩子就不能按时来园,教师只能翘首以盼;如果食堂拖延开饭时间,孩子就只能饥肠辘辘。部门之间应密切配合,做到既有专业分工,又能相互协作。

(三)有效跨度原则

组织建设有效跨度原则需要考虑两个问题,一是管理幅度问题,二是管理层次问题。管理幅度是指一个领导者能直接高效地领导下属人数的限度。如一家企业总共有300人,总经理下面直接管理10个部门经理,则该总经理的管理幅度为10人。一个人能力再超强,受精力、体力、时间和知识的限制,他也很难做到面面俱到地管理成千上百的员工。因此管理者需要适当放权,不能集权力于一身。管理层次是指在职权等级链上所设置的管理职位的级数。比如一所高校教学系列从上到下有校长、院长、系主任、普通教师等层次。

管理幅度和管理层次是两个相对的概念。管理幅度大,则管理层次少;管理幅度小,则管理层次多。比如一个幼儿园园长没有下设各个部门主任,事必躬亲,忙得焦头烂额,会很辛苦。她管理的幅度大,而管理层次少。如果一个园长懂得放权,下设保教业务副园长、行政副园长、保健组长,她的工作就相对轻松很多。和前一位园长相比,她的管理幅度要小一些,前者要管理几十个员工,后者重点管理几位中层领导。但后者比前者的管理层次要多一些,后者除了有行政园长、业务园长,下面还要设教研组、膳食组、财务组等基层组织。

幼儿园要集中领导,分层管理,提高管理效率。管理需要宽度适当,层次合理。管理层次太多,会造成人力物力的增加,沟通的难度和复杂性也将加大。一道命令在自上而下传达时,不可避免地会产生曲解、遗漏和失真,由下往上的信息流动同样也困难,也存在扭曲和速度慢等问题。因此,管理层次太多需要精简。管理层次太少,管理效率也会降低,加大管理者的难度和工作量。

(四)责权益一致原则

责、权、益一致原则:责指的是责任,权指的是权力,益指的是利益。责任、权利、利益一致原则是指在幼儿园管理组织设计时应明确划分不同岗位的职责权力范围,同时赋予该岗位与其职能相匹配的权力和利益,做到责任、权力、利益相一致。每个人在一定的岗位上,有一定的权力,负一定的责任,得一定的利益。即,职务要实在,责任要明确,权力要恰当,利益要合理。

责任文化研究专家唐渊指出,责任是一个完整的体系,包含五个方面的基本内涵:责任意识,是"想干事";责任能力,是"能干事";责任行为,是"真干事";责任制度,是"可干事";责任成果,是"干成事"。幼儿园岗位责任一是指每个人要知道自己分内应做的事,二是指如果没有做好自己的本职工作,甚至带来不良后果,应承担损失。权力,是指主体以威胁或惩罚的方式强制影响和制约自己或其他主体价值和资源的能力。帕森斯认为,权力是一种保证集体组织系统中各单位履行有约束力的义务的普遍化能力。幼儿园组織設置的權力，是指組織要通過委職授權，賦予各部門各崗位相應的權力，有了權力才能更好地履行職責。如果一個幼兒園副園長雖有副園長之名，但沒有下命令的權力，沒有對下屬進行獎勵與懲罰的權力，而一個比她級別小的辦公室主任卻擁有副園長的權力，則副園長就被"架空了"，因此，這位副園長也很難再開展工作。利益是指工資、獎金等。組織的設置應體現多勞多得的分配方式，干什麼活得什麼利益，職責、權力與利益掛鉤，激發教職工的工作積極性。

（五）統一指揮原則

統一指揮原則，最早是由法約爾提出來的。他認為，無論什麼工作，一個下級只能接受一個上級的指揮，如果兩個或者兩個以上領導人同時對一個下級或一件工作行使權力，就會出現混亂局面。幼兒園往往有正園長、副園長、保教主任等數名領導，領導班子之間需要先協商，統一意見後，再下達命令。幼兒園組織建設的指揮線路要清晰，確保每一個部門或個人只對一個領導負責，避免多頭領導。一個下級只對一個上級負責，不越級指揮和管理。多頭領導的方式容易導致領導意見不一致時下級部門和人員感覺無所適從。

學練結合3-1

究竟誰說了算①

某幼兒園決定在暑期期間進行房屋裝修。臨施工前，園長召集中層幹部說明了工作計劃及安排。會上強調為了避免停課施工，將施工安排在周末，因此，周五孩子們離園後各班要把本班物品歸置到教室外以備施工。

周五孩子們離園前，園長巡視時發現許多班級在幼兒未被接走前就將物品歸置到走道上，而有的班級並未整理，室內室外混亂不堪。有的班級組織孩子們到門廳等候家長，有的班級仍讓孩子們在凌亂的教室內等候。

園長很生氣，責問已經整理好班級物品的教師："開會時不是多次強調要等孩子離園以後再整理物品嗎？為什麼孩子還沒接完就開始整理？"教師稱是教務主任允許其整理的，且讓教師們組織孩子到門廳等候。未整理班級物品的教師說："保健主任要求先在班裡把物品整理好，因為將孩子們留在門廳等候不方便，要等孩子們全被接走後再搬運東西。"園長又找到了教務主任和保健主任詢問原因，兩人把各自的理由陳述了一遍，聽起來都很有道理，然而各班教師們卻被指揮得團團轉，不知該聽誰的。

事後園長在園領導會上向大家通報了此次事件產生的原因以及造成的不良影響，明確了類似情況再次發生時應該由哪些部門全權負責，其他部門不應干預，出現任何問題都要追究負責人的責任。會上同時就各職能部門的權責範圍、各崗位的職責以及部門與部門、崗位與崗位之間的銜接和工作流程重新進行了討論，並將討論結果以制度的方式確定下來。

---

① 程鳳春.幼兒園管理的50個典型案例[M].上海：華東師範大學出版社，2011：42

思考：

1. 为什么会出现离园时的混乱局面？
2. 从上述案例中,我们可以获得哪些启示？

三、幼儿园组织机构设置的模式

(一) 幼儿园的组织层次

任何组织都必须由决策、执行、监督、操作和反馈等系统有机组合而成。幼儿园的组织分为以下三个层次:决策指挥层、执行管理层、具体工作层。[①] 幼儿园组织的三个层次都十分重要,各层级之间要逐级授权。

1. 决策指挥层

决策指挥层处于组织的顶端,也是管理的高层。决策指挥层由组织的最高管理人员组成,把握组织的方向和大政方针,负责组织的决策。通常幼儿园的决策层由园长、书记和副园长组成。幼儿园主要实施园长负责制,园长是幼儿园的最高行政领导。

2. 执行管理层

执行管理层在组织中处于承上启下的位置,其职责是布置和执行决策,将决策转化为可操作性的行动。如保教主任、总务主任、教研组长、保健主任等,他们就是将已做出的决策,分别布置下去,使决策能成为行动。执行管理层是连接园长与基层人员的纽带,一方面要接受园长的指挥领导,同时又要负责本部门教职工的管理,将本部门的各项工作进行总结,并向决策层汇报。

3. 具体工作层

具体工作层是幼儿园管理的基层,是幼儿园的主体层,占组织的绝大部分。任何好的决策,总是离不开具体操作,没有操作和行为,就只能是纸上谈兵,不能转化为现实。具体工作层是指在幼儿园一线工作的教师、保育员以及负责各类具体工作的其他人员。这个层次人员的主要职责是动手做。

各层次之间既要有分工又要有合作,才能上下管理层次分明,权责相应,各司其职,各负其员。下级部门要领会上级部门的意图、听从上级部门的指挥,执行管理层要组织好下一层次的人力、物力完成本部门任务。同时,各平行部门之间也要协调配合。

学练结合3—2

园长该站在谁的一边[②]

自 A 园被授予某市"以园为本教研制度建设"实验基地以来,A 园就加大了园本教研

① 王普华.幼儿园管理[M].北京:高等教育出版社,2005:117-118
② 程凤春.幼儿园管理的 50 个典型案例[M].上海:华东师范大学出版社,2011:52

力度。一个周二的上午,园本教研活动刚刚结束。突然间,会议室传来一阵喧闹声,万老师情绪激动地推门而入,园长急忙请她坐下,静静地听她的牢骚和抱怨。原来,为了确定一个公开活动的内容,她与副园长产生了分歧。万老师是 A 园的骨干老师,教学能力强,遇事爱较真,是个一根筋到底不拐弯的人,要她改变主意比较困难。副园长办事也很认真,是园长的得力助手。现在两人争执不下,园长该支持谁呢?园长先请万老师仔细地谈了自己的想法,听完她的陈述后,觉得有道理,比副园长的考虑要周全一些,所以园长当即表示支持,并关切询问还有什么困难需要帮助,最后万老师心平气和地离开了。安抚了一方,却引起另一方的不满,因为园长没有和副园长沟通就同意了万老师的做法,否定了副园长的决定。面对这种情况,园长不禁为难了:究竟该支持谁呢?

思考:

1. 请您评价园长的做法有何不妥之处?

2. 如果您是园长,如何处理这种情况?

(二)幼儿园的组织模式

由于每个幼儿园存在差异:幼儿园性质不同,有公办园和民办园;幼儿园规模不同,有的幼儿园四五十个孩子,有的幼儿园四五百个孩子;幼儿园服务项目不同,有的幼儿园提供全日制服务,有的提供半日制服务,有的提供寄宿制服务等。幼儿园组织管理机构的管理层次与职能部门划分、人员的安排配备等需从实际出发,适合的才是最好的。

拓展阅读3-1 >>>

幼儿园组织结构图示例

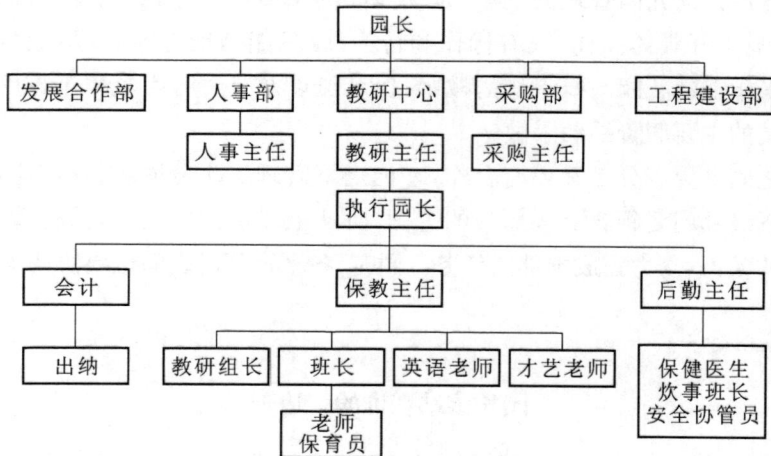

图 3-1　北京某幼儿园组织结构图①

---

① 二十一世纪幼儿园. 北京二十一世纪幼儿园组织结构图[EB/OL]. http://www. bjkid. com/zzjg. asp,2014-12-01

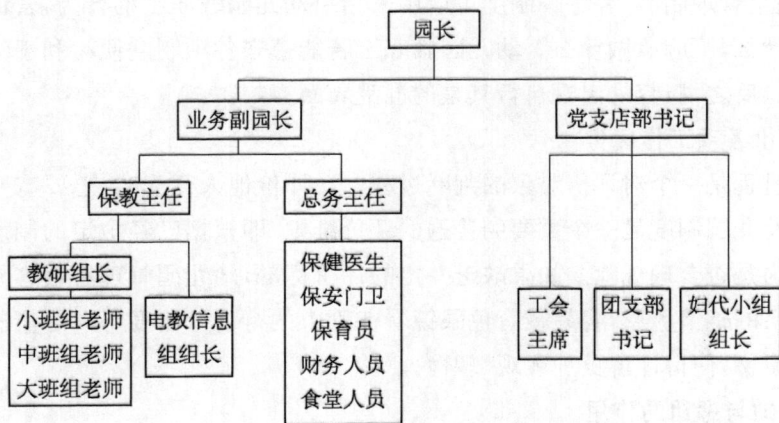

图 3-2　黄山某幼儿园组织结构图①

　　幼儿园组织结构既要严谨又不能规定得过死,应该具有一定的弹性,尤其是要适应幼儿园工作发展需要的变化。任务决定组织架构,有什么样的战略就有什么样的组织架构。另一方面,组织架构又支持幼儿园战略的发展,是实现战略的一项重要工具。

第二节　幼儿园的管理制度

　　制度是指用人单位制定的组织劳动过程和进行劳动管理的规则和制度的总和。幼儿园制度指的是为了实现组织机构的目标,幼儿园根据国家的法律法规以及幼儿园的实际工作环境,采用条文的形式,对幼儿园各项工作和各类人员的要求加以条理化、系统化,规定出员工必须遵守的具有一定约束力和强制性的行为准则和工作规程。

一、制定幼儿园管理制度的作用

　　制度是幼儿园的"法",通过制度的建立和执行,使得幼儿园管理工作常规化、程序化、规范化、科学化,保证保教任务的完成。幼儿园制度是幼儿园管理的重要手段,它能够引领各项工作的开展,给各个岗位的人员明确的工作要求。幼儿园管理人员也可以利用制度对教职工的工作行为展开评价,并对不符合规范的行为给予教育或惩罚。

(一)指引各项工作开展

　　制度是幼儿园各项工作的凝固和外化。幼儿园制度包括的内容丰富,涉及到各个部门,大大小小制度约几十种,如"保育员考核制度"、"厨房管理制度"、"门卫岗位制度"、

---

　　① 黄山阳光幼儿园.组织结构图[EB/OL]. http://www.hsygyj.com/Article.asp? id=242,2014-12-01

"食品仓库卫生管理制度"等等。制度可以用来指引幼儿园教职工的行为,告诉每个岗位的人应该做什么,不应该做什么。幼儿园教职工若能遵守各项制度便有利于幼儿园各项工作的开展。反之,极容易出现自行其是的混乱局面。

(二)评价各项工作优劣

评价的过程是一个对评价对象的判断过程。在评价他人行为时,总要有一定的客观评价准则。幼儿园制度是一个重要的普遍的评价准则,即根据已经拟定的制度来判断某教职工的行为是否合理规范。如果缺乏一定的评价标准,幼儿园管理者很容易在评价的时候加入自己的感情色彩,容易戴有色眼镜看待别人的行为。制度可以尽量避免评价者的个人主观意愿,使得评价更加客观、理性。

(三)激励与惩罚的作用

工作要有条文约束,不能仅仅靠自觉。如果说思想教育是软约束,那么制度就是硬规定。在制度面前人人平等,都必须严格按照其规定行事,不得有任何的逾越行为发生,否则就会违规,受到相应惩罚或处理。工作要有奖励和惩罚才能起到调动教职工积极性的作用。如果干的好坏没有任何区分,大家工作难免会出现得过且过,敷衍了事的现象。任何制度往往都具有一定的强制性,告诉教职工哪些行为可以做,是积极鼓励的,哪些行为是明令禁止的,若触犯必遭惩罚。若制度起不到奖励和惩罚的作用,制度的威力会大大降低,甚至成为一张废纸。

学练结合3—3

受伤的青青①

在某幼儿园的离园时间,一位家长到幼儿园来接4岁的女儿青青回家。可是,他来到班级后,却并未见到女儿青青的身影。这位家长连忙询问当时带班的老师,而带班老师竟然一脸茫然,说不清楚青青到底被谁接走了。这件事当然惊动了包括园长在内的幼儿园所有教职工,不在值班的教职工分头四处去找青青,可是仍然一无所获。这时,青青所在班级的带班王老师经过仔细回忆,终于想起有一位自称为"叔叔"的男子,早在离园前的一段时间就将青青接走了。于是,幼儿园和青青的家长马上向当地派出所报了案。当天晚上七点多,青青的家长才在医院中见到了伤痕累累的女儿。青青的背部、脸上、手上有多达十余处的挫伤和擦伤。青青是在幼儿园后面的施工工地上被路人发现的,并被送进了医院,但凶手至今尚未落网,警方仍在追查之中。看到女儿惨遭伤害,青青的父母痛心疾首,他们将幼儿园告上了法庭,要求幼儿园赔偿医疗费和精神损失费等共计八万余元。面对青青家长的诉状,该园园长觉得委屈,她认为,给青青造成伤害的是歹徒,而非幼儿园,所以园方不应负责任。而青青的家长则认为,女儿之所以失踪并遭到伤害,完

---

① 程凤春.幼儿园管理的50个典型案例[M].上海:华东师范大学出版社,2011:12

全是由于幼儿园教师玩忽职守、未能尽职尽责造成的,因此,幼儿园和带班教师必须承担自己应负的法律责任。

思考:

1. 青青为什么会随便被一个陌生人接走?
2. 请谈谈应该如何做好幼儿离园工作。

二、幼儿园管理制度的类型

"不以规矩,不能成方圆",比喻做事要遵循一定的法则。完善的制度对一个国家的发展至关重要。依法治国的基本要求是:有法可依、有法必依、执法必严、违法必究。国家的健康发展需要有法可依,幼儿园日常工作有序开展,也需要完善的制度。做到事事有章可循,人人职责明确。

幼儿园内部的制度主要有全园性制度、部门性制度、各类人员岗位责任制以及考核奖惩制度等四大类型,构成了幼儿园制度化的管理体系。

(一) 全园性制度

全园性制度不是针对某部门,也不是针对某一个人的。比如,教职工职业道德规范,教职工从业行为规范等制度,是全园性质的,面向幼儿园所有教职工,包括园长、主任、教师、保育员、后勤人员等。全园性制度能够指导集体的共同活动,统一各类人员行为,有利于幼儿园良好园风的建立。比如,某幼儿园规定,所有园内教职工面对来访的家长或其他客人,应该保持微笑,态度亲切,给人宾至如归的感觉。

拓展阅读3-2 >>>

杭州西湖区九莲幼儿园教职工从教行为规范①

一、全面贯彻国家的教育方针,遵守园内各项制度,严禁参与赌博、迷信、邪教活动。

二、上班不迟到、早退,不做私事。不随意审班、聊天,不使用孩子物品,不将集体财物归为己有。上课时严禁使用手机或接听私人电话,无特殊情况不坐着讲课。严禁上班期间网聊、网购、玩电脑游戏、炒股。

三、仪表端庄自然,服饰大方整洁,符合职业要求。上班时不披发,带班时不穿高跟鞋、拖鞋,不穿袒胸露背的服装,不化浓妆,不戴影响工作的首饰;不留长指甲;不在幼儿面前吃东西。

四、举止文明、语言文雅、说话和气、待人热情有礼貌,能主动问候各类人员。为人

---

① 杭州西湖九莲幼儿园. 教职工从教行为规范[EB/OL]. http://zj.520wawa.com/schools/school027/notice/notice_center_money_content.jsp? infoId=2597669,2014-01-21

师表、以身作则,在孩子面前行为严谨,话不俗,语不高。不随意议论、评价幼儿及其家庭。

五、客观公正对待幼儿。热爱幼儿、尊重幼儿、关注幼儿,对幼儿态度和蔼可亲,把幼儿看作学习、生活的主人,师生关系平等和谐。严禁侮辱、体罚与变相体罚幼儿。

六、团结同事,心胸开阔,同事间友好交往,正确对待竞争,不恶意中伤、诽谤他人或集体。有意见通过正当渠道提出,不在背后议论。

七、树立多元化为家长服务意识,主动与家长配合,及时向家长汇报孩子身心发展情况,及时交流沟通,不断改进工作,在工作上有创新、有干劲。

八、发扬奉献精神,坚守高尚情操,廉洁从教。不得从事有偿家教,不得接受幼儿家长的宴请、有价赠券和礼金,不准要求幼儿家长为自己或亲友办私事,严禁向幼儿、家长索要或变相索要财物。

九、严谨治学,自觉提高自身业务素质,树立终生学习理念,拓宽知识视野,更新知识结构。潜心钻研业务,勇于探索创新,不断提高专业素养和教育教学水平。认真及时、创新优质地完成本职工作。

十、勤俭节约、爱护公物、爱园如家。维护公德,遵纪守法,积极参加社会公益活动。

(二)部门性制度

建立和完善幼儿园各部门的制度,可以起到明确各层次、各部门的工作任务和职责,加强科学管理的作用。部门性制度主要有行政会议制度、卫生保健制度、保教制度、门卫制度、档案管理制度等。

拓展阅读3—3 >>>

济宁市幼儿园班级日常安全制度①

1. 幼儿安全教育"五不"。不触摸各种电器开关;不乱食花、草、种子、药物、食品;不把小物件含在口中;不放脏东西和危险品在口袋里;不离开老师。

2. 带班时间不得与人聊天,不得离开幼儿;不允许幼儿离开老师的视野;一般情况下,不接电话、短信和会见客人。

3. 活动前做"三检查"(即检查场地与设备、幼儿情绪、衣着);"一交代"(向幼儿交代纪律与玩法);活动时注意观察幼儿活动内容和方式;活动后清点幼儿人数并讲评。

4. 拿饭、拿水时要打招呼,要躲开幼儿走;刚煮沸的汤和水要加盖放在幼儿碰不着的地方;开饭时,饭菜、汤不烫手才能让幼儿端,饭、菜、汤不能从幼儿头上过;不随便倒开水。

5. 幼儿进食时不得谈笑,不得含饭在口中就去做其他事。

6. 药品和洗涤水(粉)的保管:①写好名(幼儿的药品要写好药名和人名,洗衣粉和清

---

① 济宁市机关幼儿园.幼儿园安全制度[EB/OL]. http://jnsjgyeyw.zgyey.com/183648.html,2014-12-10

厕剂要写好物品名称置幼儿拿不到的地方);②大人的无论什么药都不能放在外面。

7. 不让幼儿接触电源开关、刀器、开水和火。

8. 下班前要仔细核对幼儿人数;关好门窗;关掉电器、开关;锁好贵重物品。

9. 幼儿受伤后,当班老师要冷静沉着,耐心询问、仔细查看伤口。如果是烫伤要迅速离开热源,是骨折要固定好伤口位置,再迅速护送到医务室处理。

10. 发生事故后,要立即报告医生和园长。

(三) 岗位责任制度

岗位责任制是幼儿园各项制度的核心,是指根据工作岗位的性质和业务特点,明确规定其职责、权限,并按照规定的岗位绩效标准进行考核及奖惩而建立起来的制度。岗位责任制使每个工作岗位的职责明晰化,起着明确职责,调整和处理各个岗位之间的职务、责任、权力关系的作用,使组织的各类人员能够在其位、行其事、尽其责。幼儿园的岗位职责涉及到每一个岗位中的每一个人,园长有园长岗位责任制度,门卫有门卫岗位责任制度。岗位责任制度应该遵循以下原则:才能与岗位相统一的原则;职责与权利相统一的原则;考核与奖惩相一致的原则。

拓展阅读3-4 >>>

东方红幼儿园门卫岗位职责①

一、职责描述

东方红幼儿园门卫的主要职责是负责幼儿园的安全保卫,园区绿化维护、卫生清洁等工作。

二、个人要求

1. 上班时间穿戴整齐干净,头发保持洁净;胡须刮干净;不留长指甲,指甲缝不可有灰;不穿拖鞋,不穿背心短裤;不穿脏、破的衣服上岗。

2. 上班时间不可擅自离岗,不可随意离开幼儿园,如有特殊情况,向园长请假方可离开。

3. 对家长态度和气,遇到有意见的家长要耐心接待,不可与家长发生争执。如有解决不了的问题交给园长处理。

4. 上班时间不抽烟、不喝酒、不聊天、不做私事。

5. 上班时间不可睡觉。

三、安全保卫工作

1. 严格遵守幼儿园安全制度,有责任心。

2. 严格遵守幼儿园作息制度,按时开关大门,早上7:30～9:00,下午4:40～6:00期间不离开前院。

———————————————

① 材料由安徽省阜阳市东方红幼儿园吴超杰副园长提供。

3. 密切关注家长接送幼儿情况,所有进出幼儿园的孩子必须有大人陪同,及时发现并制止幼儿单独离园。

4. 严格控制外来人员,禁止外人随意进园,来访者必须经过通报园长,获得同意方可进园。

5. 如有外来人员来园办事,直接带其找到相关人员,禁止外来人员在园内随意乱逛,禁止拍照、录像。

6. 周末及非上班时间,除园长外,任何人不允许出入幼儿园。如有老师需要来园取用物品,须打电话向园长请示。

7. 放学后检查门窗、水管等是否关好;电器是否断电。晚间巡查整个院子,注意防火、防盗。

8. 能熟练操作消火栓,定期检查,确保使用。

9. 刮风下雨时要注意门窗有无刮开,有无漏雨,下水道是否畅通。

10. 定期检查大型玩具、围墙栏杆、窗户、天花板、电器电路的安全问题,发现问题及时解决或报修。

四、全园公共区域的卫生工作

1. 院子除班级卫生责任区以外的草坪,树木,随时清扫院内散落的纸屑、树叶等杂物,园内始终保持整洁卫生、不留卫生死角。

2. 停车区、楼道的卫生清扫。要求地面无灰尘泥巴。

3. 水池定期清理、换水。

4. 塑胶操场要求每天清扫一次,大型玩具及滑梯每天擦一次。塑胶地面每周彻底冲洗一次。每天保持地面无碎屑、脚印、泥巴、树叶等。

5. 院内卫生日常保持由门卫负责。要求发现脏污随时清扫,保持地面整洁干燥。

6. 及时对大型玩具进行养护,雨雪后要及时清除玩具上的积水,以防生锈。

7. 周末要保持园区整洁卫生。

8. 负责门卫室的卫生工作,要求门卫室台面、地面、门窗整洁。

9. 周五对自己的卫生责任区进行大扫除。

10. 每天在幼儿园居住,关好门窗,关注园区安全,如有需要回家探亲不能在园,需提前告知园长,办理请假手续。

11. 认真完成领导临时交办的任务。

五、环境维护及绿化工作

1. 负责园区内树木的养护工作,定期清除枯枝、落叶,定期修剪树木。

2. 负责园区内公共区域内盆栽花草的养护工作。

六、考核

考核制度:要求门卫认真执行以上职责和工作要求,听从园领导分配。园长有责任对其工作进行考评,定期抽查工作范围,如有执行不到之处,按制度扣分,与考核奖金挂钩。

1. 以上各项,违反一次扣1分。5元/分。

2. 每月扣分30分以上或出现重大安全事故,予以辞退。

(四) 奖励与惩罚制度

奖励是对人的某种思想或行为给予肯定与表扬,使人保持这种行为。奖励分为物质奖励和精神奖励。反之,惩罚是对人的某种思想或行为的否定,目的是预防或者消灭这种思想或行为。有了健全的制度,还需要奖惩制度与之配套,赏功罚过、功过分明,从而保证制度的贯彻落实。如果没有奖惩制度,即便有了制度,也会造成有章不循的现象。奖惩制度往往与很多制度是配套的,很多制度本身往往就包含一定的奖惩条例。也有专门的奖惩制度,如幼儿园晚婚晚育奖励制度等。

三、制定幼儿园管理制度的基本要求

制度是"依法治园"的重要手段,幼儿园管理工作需要"有法可依"。"有法可依"的下一步是"有法必依",因此,幼儿园需要制定完善的制度。如果幼儿园的制度本身存在诸多问题,"有法必依"所依的"法"出现了问题,势必会影响幼儿园管理工作的开展。"制度好可以使坏人无法任意横行,制度不好可以使好人无法充分做好事,甚至走向反面。"幼儿园制度的制定是一项严肃严谨的工作,不能主观臆断或草率从事。制定科学的幼儿园制度应遵循以下原则。

(一) 合法性原则

幼儿园制度的合法性是指幼儿园的各项制度的制定应以遵循国家的法律法规为前提,不得违背《劳动法》《教师法》《未成年人保护法》《消防法》等国家的法律法规。已经制定的制度,若与国家的法律法规相冲突,则是无效的,甚至是违法的。

(二) 可行性原则

幼儿园具有很大的差异性,同样的制度不一定适合所有的幼儿园。所以在制定制度的时候不能盲目采用"拿来主义",照搬照抄其他幼儿园的管理制度。要结合本园的实际情况,考虑到师资水平、经济条件等客观因素,考虑到教职工的可接受性,进而制定出适合本园的制度。构思再美好的制度,如果脱离了幼儿园的实际情况,可能会成为镜中花、水中月,甚至有时会事与愿违,造成不良的后果。因此,制度的制定,幼儿园管理者不能闭门造车、草率从事,制度的制定要具有可行性。

(三) 民主性原则

民主性原则是指幼儿园在拟定管理制度的时候应适当考虑教职工的意见,调动教职工参与幼儿园管理的积极性与创造性,坚持精心研究与广泛征求群众意见相结合。制定制度不能搞一言堂的家长制,不是管理者单方面的一厢情愿。制度的拟定若有教职工的参与,换个角度思考问题,集思广益,会让制度更加完善,提高制度的可行性。不能将幼儿园制度变为压制、束缚教职工的手段,这容易引起教职工的不满。由被管理者参与制定的幼儿园管理制度,能更好地得到教职工的认可,有利于制度的推广实施,避免教职工对制度的逆反心理。

(四) 稳定性原则

制度具有一定的严肃性,一旦写成条文公布,就应该保持一定的稳定性,不能朝令夕改。因此,这就要求在制定制度的时候一定要反复斟酌,多次论证,使之成熟完善,而且具有可行性。如是制度经常变动,会让教职工无所适从,质疑制度的权威性。制度的稳定性有利于形成良好的园所文化,习惯成自然,自觉遵守长期形成的行为规范。当然,制度不是一成不变的,随着制度本身生存条件的改变,制度也需要与时俱进。但是制度的废止与变更需要履行一定的程序,需要科学论证,是一个严肃的过程,不是谁信口开河,随便决定的。

(五) 精炼性原则

制度的精炼性是指制度条文应该简洁明了,言简意赅。制度不同于论文报告,不需要太多的分析和论证,只要在条文中说明应该怎么做就行了。条理清晰,内容明确,语言不哕哕嗦嗦,方便教职工记忆和操作。

学练结合3—4

"减员增效",减员是否就能增效①

某幼儿园属于中等规模的民办幼儿园,在各种学前教育机构如雨后春笋般不断涌现的社会形势下,该幼儿园面临着巨大的生存压力。为此,该园园长重新制定了一些制度,准备实施一系列减员增效、增收节支的新措施。该幼儿园拟实施的这些新措施包括:在岗人员全部增加工作量,有的身兼数职,有的一个人干原来两个人干的活。以每个班级的人员配备为例,该幼儿园不再像原来那样每班配两名教师和1名保育员,现在每班只配备1名教师和1名保育员。二是工作人员在节假日和双休日加班时,没有加班费等额外的报酬,权当义务奉献。三是幼儿园根据多劳多得、重职多得的收入分配原则,拉开收入分配档次,鼓励全体教职工多贡献、多收入。可是,该幼儿园的这些新制度和新措施一经公布,就在全体教职工中引起轩然大波,很多教师纷纷要求解除劳动合同,那些没有辞职的教职工也不断指责园方违反了《劳动法》等国家法律……该园园长非但没有达到减员增效的目的,反而使整个幼儿园陷入了半瘫痪状态。

思考:

1. 幼儿园实施新的制度后,为什么没有达到预期效果?

---

① 陈迁.幼儿园管理的50个细节[M].福州:福建教育出版社,2011:3

2. 谈谈制定幼儿园管理制度应该把握哪些原则。

四、执行幼儿园管理制度的基本要点

哲人卢梭曾言,一切法律中最重要的法律,既不是刻在大理石上,也不是刻在铜表上,而是铭刻在公民的内心里。国家治国需依法,幼儿园治园需制度。制度的价值不在于"写在纸上,挂在墙上,念在嘴上",而在于实施。再完善的制度如果不贯彻落实都将成为摆设。因此,幼儿园制度建设的落脚点在于是否得到很好的贯彻落实。

(一) 实施前做好宣传工作

内化于心,方能外化于行。幼儿园各项制度的实施需要做好宣传工作,目的是让教职工知道制度的价值以及内容。制度的实施会对教职工的工作行为产生一定的影响,需要教职工调整甚至是改变已形成的工作习惯。因为制度的强制性,教职工又不得不对当前工作状态做出改变,往往会导致教职工出现逆反心理,无意识甚至有意识去抵制制度的实施,使得制度在实施中大打折扣。幼儿园制度的实施前提是让教职工了解规章制度的意义,知道制度的具体内容,做好实施前的宣传工作。如果教职工不知道制度的意义,认为制度只是领导对下属的约束,可能会有抵触情绪;如果教职工不熟悉制度的内容,可能会无意识违反制度,遭到处罚,引来不愉快的争执。

制度不应该是外在的一种约束,应该是一种大家自觉遵守的行为规范,从"要我做"到自觉的"我需要做"的过程。因此,制度的实施,首先的工作是让大家知道制度的意义、内容,使制度广为人知,使制度深入人心,不能对制度一知半解。有了前期的宣传工作,制度的实施才不会太突然,教职工才能心悦诚服地接纳,才能更好地形成自觉遵守的良好氛围。

(二) 加强监督检查,"有法必依,执法必严"

幼儿园制度的实施要做到"有法必依",也就是指工作的开展必须按照制度的要求实施。制度的主要内容是告诉大家应该做什么以及不应该做什么,但是如果大家没有按照制度的内容去做,或者即便做了不应该做的事情也无人管理的话,制度久而久之会成为摆设。因此,实施制度时应加强监管,管理者要加强指导,加强检查,严格要求制度的执行,做到凡事讲"制度",工作有章可循。制度的实施也不要龙头蛇尾,前紧后松的管理方式也会影响制度的执行力。

(三) 制度面前人人平等

"其身正,不令而行;其身不正,虽令不从"意思是指管理者应该做出表率,以身作则,身体力行各项要求。只有管理者自己做到了遵守制度,下属才有可能心甘情愿地遵守制度。否则,如果管理者本身践踏制度,即便再三令五申,制度的执行力也会大大降低。幼儿园制度的实施不仅仅是针对一线教职工的,在制度面前人人平等,不能"因人而异"。

凡是制度涉及到的所有人,都不应该搞特殊,无人置身"法外",方能增强制度的严肃性和约束力。

(四)奖励与惩罚相结合,"违法必究"

制度的实施往往需要奖励惩罚与之相伴。对模范遵守幼儿园制度者要及时表扬、奖励,利于调动教职工遵守制度的积极性。惩罚也是提高制度执行力的重要手段。如果制度执行过程中,不管做的好坏,结果都一样,制度势必会流于形式。缺乏严格的奖惩机制,处罚失之于软,失之于宽,违反制度的成本太低,难以树立制度的权威。因此制度的实施要"违法必究",奖惩结合,真正发挥制度的约束力和强制性。

学练结合3-5

园长的苦恼①

某单位所属幼儿园的陈老师,在日常工作中不能很好地遵守劳动纪律,时有迟到、早退、串班聊天等违章情况的发生。在年底奖金发放时,园长根据奖罚制度扣发其年终奖金作为处罚,并奖给出满勤、工作积极认真负责的李老师,以期起到奖优罚劣、奖勤罚懒、调动职工积极性的作用。

陈老师感到心理很不平衡,认为幼儿园工作量大,放松一下没什么了不起,况且也没出现什么意外情况,要求园长退还扣发的奖金。园长认为,既然制定了制度,就该认真贯彻执行,否则会挫伤本园职工的积极性,拒绝了陈老师的要求。陈老师很愤怒,认为园长对自己有看法,是打击报复她,对园长进行人身攻击,并让家里人和她一起到园里大吵大闹,看到园长没有让步的意思,又找到单位主管的幼儿园上级领导哭闹,歪曲事实。而此领导在没有调查清楚的情况下,轻率地表态,认为批评一下就可以了,让园长把扣发的奖金还给陈老师,这样就使园长处于被动地位和两难境地。

思考:

1. 如果您是园长,您该怎么办?
2. 该案例反映了哪些管理问题?

第三节 幼儿园的领导体制

欲带兵,先选将。人们常说有一个好的经理,就有一个好的企业。他可以率领全员搏奔群雄,使企业独占鳌头。企业处于危难之中,也可以被他盘活使其重新焕发生机。

任何组织都需要有一个好领导,团队的向心力与凝聚力源于一个好领导。

一、园长的任职条件和主要职责

幼儿园的领导体制是指,幼儿园的工作由谁决策、指挥,以及领导者的地位和作用。《中共中央关于教育体制改革的决定》明确指出,"学校逐步实行校长负责制,有条件的学校要设立由校长主持的人数不多的、有威信的校务委员会,作为审议机构。要建立健全以教师为主体的教职工代表大会制度,加强民主管理与民主监督。"

园长负责制是指幼儿园在上级宏观领导下,园长对人事、财务、保教等工作全面负责,同党支部监督、教职工民主管理有机结合,为实现幼儿园的工作目标,充分发挥领导职能的三位一体的管理格局。

《幼儿园工作规程》与《幼儿园管理条例》对幼儿园的领导关系与结构也以法规的形式作出了具体规定。1996年颁布的《幼儿园工作规程》对幼儿园园长任职做出以下要求。

"第三十五条 幼儿园工作人员应拥护党的基本路线,热爱幼儿教育事业,爱护幼儿,努力学习专业知识和技能,提高文化和专业水平,品德良好、为人师表,忠于职责。身体健康。

第三十六条 幼儿园园长除符合本规程第三十五条要求外,应具备幼儿师范学校(包括职业学校幼儿教育专业)毕业及其以上学历。"

幼儿园园长还应有一定的教育工作经验和组织管理能力,并获得幼儿园园长岗位培训合格证书。幼儿园园长由举办者任命或聘任。非地方人民政府设置的幼儿园园长应报当地教育行政部门备案。

幼儿园园长负责幼儿园的全面工作,其主要职责如下:

1. 贯彻执行国家的有关法律、法规、方针、政策和上级主管部门的规定;

2. 领导教育、卫生保健、安全保卫工作;

3. 负责建立并组织执行各种规章制度;

4. 负责聘任、调配工作人员。指导、检查和评估教师以及其他工作人员的工作,并给予奖惩;

5. 负责工作人员的思想工作,组织文化、业务学习,并为他们的政治和文化、业务进修创造必要的条件;关心和逐步改善工作人员的生活、工作条件,维护他们的合法权益;

6. 组织管理园舍、设备和经费;

7. 组织和指导家长工作;

8. 负责与社区的联系和合作。

《幼儿园管理条例》第二十三条规定:幼儿园园长负责幼儿园的工作。园长负责制明确了园长对幼儿园工作具有最高行政权,在幼儿园处于中心地位,为最高决策层。园长具有决策指挥权、人事管理权、财物管理权、奖惩权等,园长是幼儿园管理的核心。

学练结合3-6

教师纠纷祸及无辜幼儿①

胡老师工作二十多个年头,但控制班级能力较弱。一次例会上,园长感叹说有的老教师值班时午睡室总是乱哄哄的,还不如年轻教师。虽然没点名,但大家心知肚明。园长轻描淡写的一句话,其实大有来头:最近园长感到教师不像过去那样"听话"了,因为园里进来几个年轻教师,初生牛犊不怕虎,遇到不同意见直接说,而且还挺有理。教师们在一起挺团结。园长办公室清闲了许多。以前幼儿园员工之间都有矛盾,教师之间人心不齐,遇到事情人人必定寻求领导支持,自己很有权威感。现在园长却感到了危机。园长深知胡老师嫉妒心强,心眼小,就有了上面一番话,目的是想引发其和年轻教师的矛盾。

果然,胡老师因此陷入深深的失落中并产生强烈嫉妒心,想出个自认为绝妙且神不知鬼不觉的点子来。几天后午睡起床,大班的美美老师发现班上有十来个孩子尿床。正值冬天,美美帮助尿床的孩子们脱下裤子,送湿裤子至已经生了炉子的几个班级去烘烤,让孩子们就坐在被窝里。班上孩子分在两处,没有老师在场,再加上出了这样一件孩子们眼中的"大事",一个个兴奋过度,乱成一团!而美美老师既要照顾那些分在四处的裤子,还要管理两处的孩子,班级一片混乱,她累得不行了!

类似情况后来又发生了好几次。班上有家长开始抱怨,年轻老师就是不行!美美感到不安和委屈。她开始疑心,并和几位关系好的老师说了此事,大家一起讨论。焦点很快集中到了和美美配班的胡老师身上,并很快发现了问题:胡老师早晨十点带孩子到外面疯玩,直到快开饭才回来,紧接着让孩子们大量饮水。不仅把保温桶里的水喝干,她还亲自跑到厨房去提一大壶水添上,让孩子继续喝。午餐时,胡老师还把保温桶中剩下的水倒进汤里,不断鼓励孩子喝。孩子们长时间疯玩,又大量饮水,不尿床才怪呢!

真相大白后,老师们告诉美美,别人怎么对你,你就要怎样对她,否则要吃亏。美美决定以其人之道还治其人之身。果然没几天胡老师带班也遇到了类似事件,也只得跑前跑后。两个人从此结下冤仇,相互间不太说话,并找机会互相拆台。

思考:

1. 上述案例园长的做法有何不妥之处,请逐一指出。
2. 结合案例,请分析园长应该具备哪些职责?

二、幼儿园园长专业标准

为促进幼儿园园长专业发展,建设高素质幼儿园园长队伍,深入推进学前教育改革

---

① 陈群.幼儿园危机管理实务[M].北京:中国轻工业出版社,2013:175-176

与发展,根据《中华人民共和国教育法》等有关法律法规,2015 年教育部颁布了《幼儿园园长专业标准》。① 《幼儿园园长专业标准》提出园长是履行幼儿园领导与管理工作职责的专业人员,其办学理念包括五个方面:以德为先、幼儿为本、引领发展、能力为重、终身学习。专业要求包括六个方面:规划幼儿园发展、营造育人文化、领导保育教育、引领教师成长、优化内部管理、调适外部环境,共提出了 60 条具体要求,具体内容如下:

(一)办学理念

1. 以德为先

坚持社会主义办园方向和党对教育的领导,贯彻党和国家的教育方针政策,将社会主义核心价值观融入幼儿园工作,履行法律赋予园长的权利和义务,主动维护儿童合法权益;热爱学前教育事业和幼儿园管理工作,具有服务国家、服务人民的社会责任感和使命感;践行职业道德规范,立德树人,关爱幼儿,尊重教职工,为人师表,勤勉敬业,公正廉洁。

2. 幼儿为本

坚持幼儿为本的办园理念,把促进幼儿快乐健康成长作为幼儿园工作的出发点和落脚点,让幼儿度过快乐而有意义的童年;面向全体幼儿,平等对待不同民族、种族、性别、身体状况及家庭状况的幼儿;尊重个体差异,提供适宜教育,促进幼儿富有个性地全面发展;树立科学的儿童观与教育观,使每个幼儿都能接受有质量的教育。

3. 引领发展

园长作为幼儿园改革与发展的带头人,担负引领幼儿园和教师发展的重任。把握正确办园方向,坚持依法办园,建立健全幼儿园各项规章制度,实施科学管理、民主管理,推动幼儿园可持续发展;尊重教师专业发展规律,激发教师自主成长的内在动力。

4. 能力为重

秉承先进教育理念和管理理念,突出园长的领导力和执行力。不断提高规划幼儿园发展、营造育人文化、领导保育教育、引领教师成长、优化内部管理和调适外部环境等方面的能力;坚持在不断的实践与反思过程中,提升自身的专业能力。

5. 终身学习

牢固树立终身学习的观念,将学习作为园长专业发展、改进工作的重要途径;优化专业知识结构,提高科学文化艺术素养;与时俱进,及时了解国内外学前教育改革与发展的趋势;注重学习型组织建设,使幼儿园成为园长、教师、家长与幼儿共同成长的家园。

---

① 教育部. 教育部关于印发《普通高中校长专业标准》《中等职业学校校长专业标准》《幼儿园园长专业标准》的通知 [EB/OL]. http://www. moe. gov. cn/publicfiles/business/htmlfiles/moe/s248/201412/182153. html, 2015-04-13

（二）专业要求

专业职责		专业要求
一 规划幼儿园发展	专业理解与认识	1. 坚持学前教育的公益性、普惠性，充分认识学前教育对幼儿身心健康、习惯养成、智力发展具有重要意义。 2. 重视幼儿园发展规划的制定和实施，凝聚教职工智慧，建立共同发展愿景，明确发展目标，形成办园合力。 3. 尊重幼儿教育规律，继承优良办园传统，立足幼儿园实际，因地制宜办好幼儿园。
	专业知识与方法	4. 掌握国家的教育方针和相关的法律法规，熟悉《幼儿园工作规程》《幼儿园教育指导纲要（试行）》《3～6岁儿童学习与发展指南》等学前教育的相关政策。 5. 了解国内外学前教育改革发展的基本趋势，学习优质幼儿园的成功经验。 6. 掌握幼儿园发展规划制定、实施与测评的理论、方法与技术。
	专业能力与行为	7. 把握幼儿园发展现状，分析幼儿园发展面临的问题和挑战，形成幼儿园发展思路。 8. 组织专家、教职工、家长、社区人士等多方力量参与制定幼儿园发展规划。 9. 依据发展规划指导教职工制订并落实学年、学期工作计划，提供人、财、物等条件支持。 10. 监测幼儿园发展规划实施过程与成效，根据实施情况修正幼儿园发展规划，调整工作计划，完善行动方案。

专业职责		专业要求
二 营造育人文化	专业理解与认识	11. 把文化育人作为办园的重要内容与途径，促进幼儿体、智、德、美各方面的协调发展。 12. 重视幼儿园文化潜移默化的教育功能，将中华优秀传统文化融入幼儿园文化建设。 13. 将尊重和关爱师幼、体现人格尊严、感受和谐快乐作为幼儿园育人文化建设的核心，陶冶幼儿情操、启迪幼儿智慧。
	专业知识与方法	14. 具备一定的自然科学、人文社会科学知识，具有良好的品德和艺术修养。 15. 了解幼儿园文化建设的基本理论，掌握促进优秀文化融入幼儿园教育的方法和途径。 16. 掌握幼儿身心发展特点，理解和欣赏幼儿的特有表达方式。
	专业能力与行为	17. 营造体现办园理念的自然环境和人文环境，形成积极向上、宽容友善、充满爱心、健康活泼的园风园貌。 18. 营造陶冶教师和幼儿情操的育人氛围，向教师推荐优秀的精神文化作品和幼儿经典读物，防范不良文化的负面影响。 19. 根据幼儿身心发展特点和接受能力，将爱学习、爱劳动、爱祖国教育融入幼儿园一日生活和游戏活动之中。 20. 凝聚幼儿园文化建设力量，鼓励幼儿积极参与，发挥教师的主导作用，鼓励社会（社区）和家庭参与幼儿园文化建设。

（续　表）

专业职责		专业要求
三 领导保育教育	专业理解与认识	21. 坚持保教结合的基本原则，把幼儿的安全与健康放在首位，对幼儿发展有合理期望。 22. 珍视游戏和生活的独特价值，尊重和保护幼儿的好奇心和学习兴趣，重视幼儿良好的学习品质培养。将人际交往和社会适应作为幼儿良好社会性发展的重要内容。不得以任何形式提前教授小学内容，防止和克服幼儿园教育"小学化"倾向。 23. 尊重教师的保育教育经验和智慧，积极推进保育教育改革。
	专业知识与方法	24. 掌握国家关于幼儿不同年龄阶段的发展目标和幼儿园保育教育目标。 25. 熟悉幼儿园环境创设、幼儿园一日生活、游戏活动等教育活动组织与实施的知识和方法。 26. 了解国内外幼儿园保育教育的发展动态和改革经验，了解教育信息技术在幼儿园管理和保育教育活动中应用的一般原理和方法。
	专业能力与行为	27. 落实国家关于保育教育的相关规定，立足本园实际，组织制定并科学实施保育教育活动方案。 28. 具备较强的课程领导和管理能力，指导幼儿园教师根据每个幼儿的发展需要，制定个性化的教育方案，组织开展灵活多样的教育活动。 29. 建立园长深入班级指导保育教育活动制度，利用日常观察、观摩活动等方式，及时了解、评价保育教育状况并给予建设性反馈。 30. 领导和保障保育教育研究活动的开展，提升保育教育水平。

专业职责		专业要求
四 引领教师成长	专业理解与认识	31. 尊重、信任、团结和赏识每一位保教人员，促进保教人员的团结合作。 32. 重视园长在教师专业发展过程中的引领作用，积极创设条件，激励教师的专业发展。 33. 具有明确的建立教师专业发展共同体的意识。
	专业知识与方法	34. 把握保教人员的职业素养要求，明确幼儿园教师的权利和义务。 35. 熟悉幼儿园教师专业发展各阶段的规律和特点，掌握指导教师开展保育教育实践与研究的方法。 36. 掌握园本教研、合作学习等学习型组织建设的方法以及激励教师主动发展的策略。
	专业能力与行为	37. 了解教师专业发展的需求，鼓励支持教师积极参加在职能力提升培训，为教师创造并提供专业发展的条件和环境。 38. 建立健全教师专业发展激励和评价制度，构建教研训一体的机制，落实每位教师五年一周期不少于360学时的培训要求。 39. 培养优良的师德师风，落实教师职业道德规范要求和违反职业道德行为处理办法，引导支持教师坚定理想信念、提高道德情操、掌握扎实学识、秉持仁爱之心，不断提升教师的精神境界。增强保教人员法治意识，严禁歧视、虐待、体罚和变相体罚等损害幼儿身心健康的行为。 40. 维护和保障教职工合法权益和待遇，关爱教职工身心健康，建立优教优酬的激励制度。

专 业 职 责		专 业 要 求
五　优化内部管理	专业理解与认识	41. 坚持依法办园,自觉接受教职工、家长和社会的监督。 42. 崇尚以德治园,注重园长榜样示范、人格魅力、专业引领在管理中的积极作用。 43. 尊重幼儿园管理规律,实行科学管理与民主管理。
	专业知识与方法	44. 掌握国家对幼儿园管理的法律法规、政策要求和园长的职责定位。 45. 熟悉幼儿园管理的基本知识,了解国内外幼儿园管理的先进经验。 46. 掌握幼儿园园舍规划、卫生保健、安全保卫、教职工管理、财务资产等管理方法与实务。
	专业能力与行为	47. 形成幼儿园领导班子的凝聚力,认真听取党组织对幼儿园重大决策的意见,充分发挥党组织的政治核心作用。 48. 建立健全幼儿园管理的各项规章制度,严格落实教师、保育员、保健医、保安、厨师等岗位职责,提高幼儿园管理规范化、科学化水平。 49. 建立教职工大会或教职工代表会议制度,推行园务公开,尊重和保障教职工参与幼儿园管理的民主权利,有条件具备的幼儿园可根据需要建立园务委员会。 50. 建立和完善幼儿园应急机制,制定相应预案,定期实施安全演练,指导教职工正确应对和妥善处置各类自然灾害、公共卫生、意外伤害等突发事件。
专 业 职 责		专 业 要 求
六　调适外部环境	专业理解与认识	51. 充分认识家庭是幼儿园重要的合作伙伴,积极争取家长的理解、支持和主动参与,促进家园共育。 52. 重视利用自然环境和社会(社区)的教育资源,扩展幼儿生活和学习的空间。 53. 注重引导幼儿适当参与社会生活,丰富生活经验,发展社会性。
	专业知识与方法	54. 掌握幼儿园与家长、相关社会机构及部门有效沟通的策略与方法。 55. 熟悉社会(社区)教育资源的功能与特点。 56. 指导教师了解幼儿家庭教育的基本情况,掌握家园共育的知识与方法。
	专业能力与行为	57. 建立幼儿园对外合作与交流机制,开放办园,形成幼儿园与家庭、社会(社区)及园际间的良性互动。 58. 面向家庭和社会(社区)开展公益性科学育儿的指导和宣传,利用家长学校、家长会、家长开放日等形式,帮助家长了解幼儿园保教情况。开展家庭教育指导,注重通过多种途径,转变家长教育观念,提高家长科学育儿能力。 59. 加强幼儿园与社会(社区)的联系,利用文化、交通、消防等部门的社会教育资源,丰富幼儿园的教育活动。 60. 引导家长委员会及社会有关人士参与幼儿园教育、管理工作,吸纳合理建议。

学练结合3-7

一个园所，两种风貌①

某幼儿园新上任的常园长接下的是个"烂摊子"。没来幼儿园报到之前，她就听说这个园教职工人心涣散，保教质量日趋下降，家长的意见很大。原来，前任园长不大懂幼儿园业务，在管理过程中常有胡乱指挥、出现失误的时候，因而失去了老师们的信任。而她为了维持幼儿园正常运转和自己的权威，不得不使用一些强制手段（如扣发工资奖金、延迟转正晋级、不考虑分房等），使得一些本来工作认真的教师也失去了原有的工作积极性，因而幼儿园发展每况愈下。

为了从根本上扭转局面，常园长决定从调动教职工的积极性入手，将幼儿园的工作转到正常轨道上来。她首先解决了一些棘手的遗留问题。如，将本应分给一名先进教师的住房（房子因这位老师"不服从管理"而被原来的园长扣下）重新向上级申请了下来，分给了这位教师。接着，召开了教职工大会，集体讨论、制定园内的各项制度，并带头严格执行。同时，建立了一些激励教师的机制。改革后，教职工的工作热情被调动了起来，教师们都说："和常园长一起工作有奔头！"整个幼儿园的保教工作面貌焕然一新，家长的意见也越来越少了。

思考：

1. 幼儿园成为"烂摊子"的原因有哪些？
2. 常园长哪些做法是值得借鉴的？

三、园长的影响力

园长的影响力是幼儿园管理的重要因素。园长的影响力从权力的角度可以划分为权力影响力和非权力影响力。权力影响力指由幼儿园园长掌握合法职权并加以运用而产生的影响力。幼儿园园长在其位，掌握合法职权，并不意味着园长能够合法、合理运用职权。园长负责制给予幼儿园发展一定的自主权，园长对外代表幼儿园，对内统一领导全园工作。但是园长作为"一把手"，手握人事、财务等大权，不代表幼儿园管理实行"家长制"，园长的管理工作必须接受党组织和教职工代表大会的监督，即三位一体的管理格局。权力影响力是每一位园长必备的，是上级所赋予的职权，具有强制力，但也是一把双刃剑，需要园长合法合理的使用。

非权力影响力是领导者的高尚品格、卓越才能、渊博知识、真挚情感等因素构成的影响力。实践证明，并不是所有具有权力影响力的园长都能很好的管理幼儿园，除了权力

---

① 张燕，邢利娅.幼儿园管理案例及评析[M].北京:北京师范大学出版社,2002:66

影响力，园长还需要具备非权力影响力，只有两者兼备，一个能力强、素质好、威信高的园长才能够很好的引导幼儿园的发展。

《孟子·公孙丑上》：以力服人者，非心服也，力不赡也。以德服人者，中心悦而诚服也。如七十子之服孔子也。一般权力影响力和非权力影响力是成正比的，但不是绝对的。权力影响力是外在力，犹如"以力服人者，非心服也"。非权力影响力直接影响着园长威信的高低，是内在力，犹如"以德服人者，中心悦而诚服也"。没有权力影响力，开展工作名不正则言不顺，所以领导者的权力影响力很重要。有了权力影响力，再具备良好的非权力影响力，领导者自然而然地受到人们敬重，员工心悦诚服地服从其领导。

学练结合3-8

人非圣贤孰能无过[①]

一天，我一上班就看见一位家长带着几个人对着 C 老师大吵大闹，说 C 老师昨天体罚他家孩子，不给孩子午饭吃。我马上走了过去，经询问，原来昨天 C 老师让小组长帮助端饭给小朋友，结果小组长把那个孩子给漏了，孩子胆小没有说，C 老师又大意没有检查，导致孩子中午没吃饭。很明显虽然 C 老师并不是故意伤害孩子，但在班级管理上存在不够规范的问题。我当即诚恳地向家长道了歉，请求家长原谅。然后当着家长的面严肃地批评了 C 老师，最终获得了家长的谅解。

晚上我又和 C 老师一起带着礼物去了那个孩子的家，再一次表示歉意心，今后一定不断改进工作，让每个孩子在幼儿园都能过得健康、快乐。第二天，我跟 C 老师进行了一次长谈，让她明白孩子的事不能有半点马虎，细节最能体现教师的态度和素养。最后 C 老师主动提出要在下周的全体教师会议上作检查。

C 老师平时工作认真，也很好强，这次事件让她的精神压力很大，她整天不思茶饭，觉得自己在幼儿园抬不起头。看着她憔悴的面容，我觉得应该帮助她迈过这个坎。在全体教职工大会上，C 老师含着泪作完检查。其他老师都看着我，静静地等待我宣布对 C 老师的处理结果。这时，我拿出一张中间画了一个黑点的白纸，问老师们看到了什么，老师们都说看到了黑点。我大声地说：不！别忘了还有白纸！黑点就像人犯下的过错，但是不能因为一次过错就否定一个人的全部。人非圣贤，孰能无过，每个人在成长道路上都会遭遇挫折，但相信大家不会因此而嫌弃她。今天我要送给 C 老师一首歌：生活经常也会时落时起，每一次胜利从来没有开始就很如意……剑，只会越磨越利。歌声越来越响，大家边唱边鼓掌。C 老师已是泪流满面，激动地站起来向大家深深地鞠躬。这时，不少教师起身来到 C 老师身边，轮流拥抱她、安慰她。只见 C 老师边

---

① 吴益斐. 宽容，让笑容在教师脸上绽放[J]. 幼儿教育，2012(6)：45

哭边笑……

　　思考：

　　1. 园长应如何处理教师的失当行为？

　　2. 如何发挥园长的影响力，提高幼儿园管理效率？

检　测

一、思考题

　　1. 幼儿园组织机构的特点。

　　2. 幼儿园组织机构设置的原则。

　　3. 幼儿园制度的作用。

　　4. 制定幼儿园制度的基本原则。

　　5. 如何执行幼儿园制度？

　　6. 幼儿园园长应该具备什么样的领导力？

二、实践题

　　请班级每位同学选择一所幼儿园，幼儿园最好不相同。每位同学针对所选择的幼儿园，勾画出该幼儿园的组织机构设置图，收集、整理该幼儿园的所有管理制度。同时收集该幼儿园 2～3 个有关园长管理方面的案例，结合案例分析园长的领导力，撰写调研报告。

第四章

幼儿园环境创设与管理

学习目标

1. 理解幼儿园环境的概念及创设价值,掌握幼儿园环境创设与管理的原则。
2. 掌握室内主题墙、区角活动、专用活动室、多功能室环境创设的基本要求。
3. 掌握园门、户外绿地等幼儿园室外环境创设与管理的基本要点。
4. 理解幼儿园良好精神环境创设的意义,掌握幼儿园精神环境创设的要点。

情景导入

积木引发疙瘩①

某民办幼儿园9月份新开园,为了节省资金,一些结构游戏材料都是从批发市场买来的。开学后,孩子们顺利地入园,家长也对新开办幼儿园的设备感到满意。但两天过后,陆续发现一些孩子身上起了很多红疙瘩,又痒又痛。一开始有些家长反馈至幼儿园,但老师看只是个别孩子,也没在意。一位孩子的家长是医生,很快就判断这是过敏。于是到幼儿园一观察,发现活动室里的新买积木有很浓的油漆味。劣质积木是导致这些孩子过敏的罪魁祸首。园方赶紧撤换了玩具,并积极向家长道歉以取得谅解,投资方也觉得省了小钱坏了大事。

思考:

1. 结合上述案例,谈谈幼儿园购买玩教具时应注意哪些问题。
2. 谈谈,你理想中的幼儿园应该具备什么样的环境?

第一节　幼儿园环境概述

"孟母三迁"的历史佳话,体现了环境与幼儿成长之间的关系。陈鹤琴认为"小孩子

---

① 陈群.幼儿园危机管理实务[M].北京:中国轻工业出版社,2013:26-27

生来大概都是好的。到了后来,或者是好,或者变坏,这是环境的关系。环境好,小孩子就容易变好;环境坏,小孩子就容易变坏。"①《幼儿园指导纲要(试行)》明确指出:"环境是重要的教育资源,应通过环境的创设和利用,有效地促进幼儿的发展。"《3～6岁儿童学习与发展指南》提出:"要理解幼儿的学习方式和特点,珍视幼儿的游戏和生活的独特价值,要为幼儿创设丰富多彩的教育环境。"

一、幼儿园环境概念

对于人来说,环境就是人生活在其中,并能影响人的一切外部条件的综合因素。不仅包括人们赖以生存的自然条件综合,也包括人在社会中的条件与社会关系的综合。《教育大辞典》中对环境的解释有两种:"一是直接或间接影响个体的形成和发展的全部外在因素,包括先天环境(胎内环境)和后天环境(自然环境、社会环境);二是以人的主体为中心,围绕自我的事物,包括外部环境和个体内部环境。外部环境包括先天环境和后天环境,而内部环境包括生理环境和个体的心理环境。"②

幼儿园环境作为一种特殊的环境存在,它有广义与狭义之分。广义的幼儿园环境是指幼儿园教育赖以进行的一切条件的总和。它不仅包括幼儿园的内部环境,还包括与幼儿园教育有关的家庭、社区、自然、文化等外部环境,即幼儿园内外部环境。狭义的幼儿园环境是指在幼儿园内部幼儿身心发展所必备的一切物质条件和精神条件的总和。它包括幼儿园所有的室内外活动设施设备,如房舍、走廊、活动室、绿化等物质环境,也包括幼儿园的文化、幼儿园的传统、幼儿园的人际关系以及情感氛围等精神环境。本章主要从幼儿园内部环境角度讲述幼儿园环境创设与管理的基本知识要点。

二、幼儿园环境构成

幼儿园环境依据不同的分类标准,其构成也不同。

(一)按主体建筑的存在形式来分

从主体建筑的存在形式角度来划分,幼儿园环境可以分为室内环境和室外环境。其中室内环境包括教室、走廊、功能活动室等;室外环境包括操场、园门、围墙、门厅等。

(二)按幼儿活动的类型来分

从幼儿活动的类型角度来划分,幼儿园环境可以分为生活活动环境、游戏活动环境和学习活动环境等。其中游戏活动环境又可以分为户外游戏环境和室内游戏环境等。

(三)按环境的组成性质来分

从环境的组成性质角度来划分,幼儿园环境可以分为物质环境和精神环境。其中物

---

① 北京市教育科学研究所. 陈鹤琴文集[M]. 北京:北京出版社,1983:743
② 顾明远. 教育大辞典. 增订合编本[M]. 上海:上海教育出版社,1998:604

质环境包括园舍建筑、设施设备、活动场地、教玩具等有形的物质;精神环境包括师生关系、活动氛围、园风、人际关系等无形的物质。

三、幼儿园环境创设原则

幼儿园环境创设需要因地制宜,因园所而异。因此,园所之间的环境创设具有较大差异性。但幼儿园环境创设的根本目的,是要为幼儿提供良好的生活环境和学习环境,所以,尽管幼儿园环境创设内容存在一定的地域性和差异性,但其创设过程中却遵循着一定的基本原则。

(一)安全性原则

安全性原则是指幼儿园的园舍建筑、活动场所、设施设备、玩教具材料等有形物质环境必须要符合国家颁布的相关卫生标准和安全标准,不会对幼儿的安全和身心发展造成不良影响。"安全不保,谈何教育",因此,安全性原则是幼儿园环境创设中最为基本的原则。

幼儿园建筑物要求坚固、安全,建材必须要经久耐用,以达到防火、防震、防风、防水的功能,便于安全疏散。建筑物的楼高、楼梯、扶手、栏杆、走廊、过道等都应该符合国家建筑设计规范的相关要求。幼儿园活动场地以及幼儿所需的设施设备、玩教具材料等也应该符合安全标准。同时应有专人负责检查与维修,做到防患于未然。

学练结合4—1

可避免的伤害[①]

某幼儿园大型玩具转椅使用多年,中轴下沉,园方未予修理,只是强调"幼儿活动时要小心,手不要伸入中轴"。一天,某班老师组织幼儿到转椅处活动,活动前也再三强调要注意安全,不料活动进行了10分钟,只听到"哇"的一声,一个小男孩哭了起来。原来,他无意中把手伸到转椅中轴处,手指被压住了。老师急忙过来,小心翼翼地把幼儿的手指"解救"出来,可是手指已经严重被压伤了。

思考:

1. 案例中反映了幼儿园管理中存在什么问题?
2. 请谈谈如何杜绝此类问题的发生。

(二)全面性原则

幼儿园环境创设包括物质环境和精神环境两方面。然而,很多幼儿园在进行环境创设时,往往把环境创设等同于物质环境创设,忽略精神环境创设。物质环境固然重要,如

---

① 陈群.幼儿园危机管理实务[M].北京:中国轻工业出版社,2013:20

果幼儿园及活动室里四壁空空,游戏材料匮乏,孩子来到幼儿园无所事事,则会产生强烈的厌园情绪。幼儿园在加强物质环境创设的同时,也应该强调精神环境的创设。缺乏良好的精神环境会导致幼儿的被动学习以及无法在幼儿园获得安全感与归属感,不利于幼儿心理的健康发展,更不利于幼儿后续的全面发展。物质环境是幼儿园进行保教活动的基础,而精神环境则是幼儿保教质量提升的关键。

学练结合4-2

佳佳变了[①]

小班有位叫佳佳的的小女孩。入学后,她给人的印象是:文静、干净,很少和小朋友说话,别人活动时她静静地站在一边。班里就好像没有她一样,虽然省心,却不容易接近。有一次,教师抱她在腿上,夸奖她能干,会看书,还会把故事讲给老师听。她听了,两眼望着教师,很乖的样子。老师凑到她耳朵边,轻声地问她:"你知道老师最喜欢哪个小朋友吗?"她摇摇头。老师又问:"你觉得老师喜欢不喜欢你?"她好半天才小声地说:"不知道。"老师告诉她,老师其实最喜欢她,因为她讲卫生,懂礼貌,还会看书讲故事。刹那间孩子的笑容写在了脸上。一个学期过去后,佳佳有了很大的变化:喜欢笑,喜欢和大家一起玩,喜欢告诉老师很多事情,喜欢举手回答问题。她很自豪地告诉妈妈,老师最喜欢她。

思考:

1. 教师的态度会对幼儿有什么影响?
2. 请谈谈如何构建良好的师幼关系。

(三)教育性原则

很多幼儿园往往主要从色彩搭配、空间格局以及材料的质量等方面去评价幼儿园环境创设的好坏,强调环境创设的装饰功能,忽略环境的教育功能。环境作为重要的隐性课程,对幼儿的身心发展起着非常重要的教育作用。因此,幼儿园在进行环境创设时,除了关注环境的装饰美,更要关注环境的教育作用。幼儿园可以根据幼儿教育的任务和内容来设计幼儿园环境,将环境创设与课程实施有效结合。比如,某班级正在开展有关"大蒜"的科学探究活动,教师就可以带领幼儿在幼儿园户外某一区域或者班级的植物角种植大蒜,方便幼儿长期观察。

(四)适宜性原则

适宜性原则是指幼儿园的环境创设应该符合幼儿的身心发展需要及其年龄特征。比如,某幼儿园中班四月份在开展关于"春天"的主题活动,户外阳光明媚,春暖花开,然

---

① 陈幗眉.幼儿教育心理学[M].北京:北京师范大学出版社,2007:204

而教室的装饰却是以"冬天"为主题,显然该教室的环境创设不合时宜。此外,环境创设中也要关注幼儿的年龄特征。游戏材料要随着年龄阶段的不同而有所改变。比如:小班的游戏材料要求结实耐用、结构简单、色彩明快、富有刺激感官等特点;中班在小班的基础上突出材料的操作性特点;大班更强调游戏材料的丰富性和探索性,与小班相比,大班孩子对色彩的要求有所降低,但是对材料的难度要求上有所提高。适宜性原则还体现在环境的创设应该具有儿童特点,比如幼儿园外部整体墙壁的粉刷以及室内装修应该具有童趣,体现真善美。

学练结合4-3

涛涛和小雨打架了①

今天的语言活动室早期阅读,张老师特地制作了精美的 PPT 帮助幼儿更好地观察文本中的一些细节部分。大部分幼儿都很专注,可是坐在半圆形座位最边上的涛涛和小雨却从一开始就动个不停。张老师走过去拍了拍他们的身体作为提醒,可刚过一会儿两人又开始动起来。张老师又点了小雨的名,可没安静多久两人竟然在课堂上打了起来⋯⋯下课后,张老师找来两人谈心,他俩支吾了半天也说不出真正的原因。张老师认为他俩肯定是故意捣乱,作为惩罚,剥夺了他俩玩角色游戏的权利。

李老师是上午的配班老师。角色游戏时,看着坐在图书区心不在焉的两个幼儿,李老师决定再试着问问真正原因。

李老师:"今天上午活动的时候你们为什么没有注意听呢?"

涛涛:"是小雨老要和我说话的,他还用脚踩我,我才打他的。"

李老师:"小雨平时学本领很认真啊,今天怎么了? 是不是这个故事你已经读过?"(小雨摇头)

李老师:"那你们俩想参加角色游戏吗?"(两人拼命点头)

小雨:"可是张老师不让我们玩了。"

李老师:"其实张老师只是想帮助你们记住以后学本领的时候应该专心,要不自己什么也没学到还影响了别人,对不对?"

小雨:"老师,不是我不学的,我根本看不见电视(投影仪)。"

涛涛:"我也看不见,我只能看到电视(投影仪)的一个边边。"

听了他们的话,李老师走到他们早上坐的位置,蹲下来,以他们的高度和角度看投影仪,顿时明白了他们不专心上课的原因。

思考:

1. 请思考环境与幼儿行为之间的关系。

---

① 虞永平.幼儿园规则教育与幼儿发展[M].合肥:安徽少儿出版社,2011:65

2. 案例中两位老师的做法有何不同,会对幼儿产生什么样的影响?

(五) 幼儿参与性原则

参与性原则是指幼儿园环境创设应该以儿童为中心,尊重幼儿在环境创设中的参与权。很多幼儿园环境创设往往是教师在孤军奋战,从设计到布置,再到评价,都是由教师独立完成。教师是环境创设的总策划师,体现的是教师的主导作用。虽然有时候教师也让幼儿参与环境创设,但象征性较强,主要是配合教师完成预设任务。比如,某幼儿园要开展环境创设评比活动,教师要求每位幼儿从家里带来一盆植物。为什么带植物?幼儿只是听从教师命令而已。至于带来的众多植物如何摆放等问题,幼儿更是无权过问。幼儿只是环境的被动参与者和适应者,因此,对环境的改变也没有太大的热情和关注。幼儿园环境的创设需要给予幼儿充分的参与权,尊重幼儿在保教工作中的主体地位。

学练结合4-4

到底谁在创设环境①

幼儿园开展美工创意活动,优秀的作品将被陈列在门厅两侧。A老师特别喜欢美人鱼,在没和幼儿讨论的情况下,立马确立了此次创意活动的主题——"美人鱼"。A老师很快也敲定了主题所需要的其他辅助材料:水草、石头、章鱼、热带鱼、漂流瓶、贝壳、沙子等。接下来,A老师分配任务,一些小朋友回家带贝壳、一些小朋友制作章鱼、一些小朋友用颜料装饰瓶子。最后,最为重要的"美人鱼"A老师请了自己会裁缝的妈妈去制作。作品很快完成了。A老师看着自己的构想成为现实,非常激动。作品展示在门厅,老师带着孩子参观一圈后,没过几天,便无人问津了。

思考:

1. 为什么老师精心创设的环境后来无人问津了?
2. 如果您是案例中的老师,您会怎么做?

(六) 经济性原则

经济性原则是指创设幼儿园环境的时候应该考虑不同地区、不同幼儿园的实际情况,做到因地制宜,尽力做到少花钱多办事。早在30年代,我国著名幼儿教育家陶行知先生就对幼儿教育存在的"花钱病""富贵病"提出严厉的批评。他认为,幼儿园环境好坏的关键在于是否促进幼儿的发展而不是在于花钱多少、外国货有多少。幼儿园环境的创设不用过度追求硬件的奢侈与豪华,教育部原副部长王湛在一次全国幼儿教育工作会上

---

① 案例由厦门市翔安区实验幼儿园丁丽老师提供。

指出："幼儿园的办园条件要坚持安全、够用和适用的原则。"不仅如此，国外幼儿园环境创设也一贯执行经济性原则，有的幼儿园充分利用废旧材料，有的幼儿园充分利用当地的自然优势。

学练结合4-5

环境创设中的家园合作①

镜头一

王老师需要大量的废旧材料进行环境布置，列举了诸如瓶瓶罐罐、纸盒、碎布等材料目录，发动家长一起帮助收集，几天过去了，响应的人很少，即使带来的材料也有许多不符合要求，王老师正慨叹："现在的家长工作真难做呀！"却听到有家长抱怨："幼儿园也真是的，舍不得花钱，让我们找这些破烂，既不美观又不卫生，不是瞎折腾吗？"

镜头二

放学了，君君的爷爷拿着陈老师发的一张小纸条直犯愁：到哪儿去找轮胎呢？原来幼儿园要开展自制晨间游戏器具比赛，陈老师请家长带各式废旧的轮胎到班级。君君在一旁直嚷嚷："老师说了，必须完成任务。"爷爷也没辙。第二天，君君爷爷将历经波折，辛辛苦苦找到的几个轮胎运到了幼儿园，累得满头是汗。陈老师见了君君爷爷点点头说："谢谢了，放那吧。"就转身忙自己的事去了。君君爷爷心想：为了完成任务可把我这老头累坏了，这么不冷不热的，架子倒不小。结果招来一些急性子的家长非要和陈老师理论。

思考：

1. 上述两个案例反应了什么问题？
2. 请谈谈环境创设中的家园合作。

（七）美观性原则

英国诗人济慈说，美是一种永恒的愉快。幼儿园的环境创设需要有美感。线条、形状、色彩、构图、空间要具有一定审美价值和艺术性，能给幼儿带来愉悦感，能陶冶幼儿心灵。当前多数幼儿园的环境创设是由本园老师完成的，老师在环境创设的过程中付出了辛苦的努力，但是往往由于自己能力水平以及资金、物质条件等因素的限制，导致环境的创设不能达到预期的效果，甚至事与愿违。以至于环境的创设不但没有美感，反而显得很粗糙、杂乱。条件允许的情况下，幼儿园的环境创设需要精细化设计，必要时可以找一些专业水平高的人做下指导，争取在美感上下功夫，提高艺术境界。

---

① 彭玲玲.幼儿园环境创设中的家园合作例谈[J].早期教育,2010(10):20-21

第二节　幼儿园室外环境创设

幼儿园室外环境是幼儿走进幼儿园的第一感觉,同时也是幼儿园办园理念、教育理念的外在体现。《幼儿园工作规程》中也明确提出"幼儿园应有与其规模相适应的户外活动场地,配备必要的游戏和体育活动设施,并创造条件开辟沙地、动物饲养角和种植园地,应根据幼儿园的特点,绿化、美化园地。"因此,幼儿园需要高度重视室外环境的创设,为幼儿创设一个明朗、愉快、富有教育意义的室外环境。

一、集体游戏场地

室外集体游戏是幼儿比较喜爱的活动,也是课程的重要组成部分。室外集体游戏的开展,不仅可以锻炼幼儿的体质,还可以提高幼儿的团队合作意识。安全开阔的室外集体游戏场地为丰富多彩的集体游戏创造了空间条件。集体游戏活动场地作为幼儿进行体育游戏、竞技性游戏等集体游戏时的活动场地,需要考虑场地的安全性。集体活动场地应该设置在日照、通风良好的位置,有着良好的卫生条件。场地要避开园内的道路,避开植被对场地的干扰。场地要与大型活动器械保持一定的安全距离。集体活动场地的大小应该因地制宜。如果幼儿园用地紧张,室外活动空间狭小,幼儿园应该尽可能拓宽幼儿园的室外活动场地。

二、游戏器材

对幼儿而言,游戏是最自然、最快乐、最自由的活动。而游戏器材最为直接地激发幼儿的游戏动机和行为。因此,幼儿园在创设室外环境时,首先要配备相应的游戏器材。根据器材的功能不同,室外大型器材可以分成以下几类:

1. 滑行类:如滑梯和滑竿,以促进幼儿四肢、肌肉群力量以及身体平衡能力、协调能力的发展。滑行类器械的下方需要用松软的材质做铺垫,起到缓冲的作用,以防止幼儿摔倒时受到伤害。

2. 钻爬类:如钻筒,促进儿童四肢、肌肉群和身体控制能力的发展。钻爬类的器械忌使用封闭的通道。

3. 攀爬类:如阶梯、攀爬架、爬网、绳梯、攀岩,促进幼儿手眼协调能力及手臂力量的发展。攀登物踩点的大小应该便于幼儿将脚踩在上面。

4. 平衡类:如平衡台、独木桥、荡桥,促进幼儿平衡能力、四肢协调能力的发展。在使用此类器械时,需要控制人数和间距,以免碰撞和跌倒。

5. 摇荡类:如秋千,以促进幼儿四肢、肌肉群力量以及身体平衡能力、协调能力的发展。在玩秋千之前,教师需要检查秋千的绳索。

6. 旋转类:如转椅,促进幼儿平衡能力的发展。旋转类的活动不适宜速度过快。

三、户外绿地

蒙台梭利指出,儿童是自然的一部分,因此必须设法让儿童有机会接触自然的环境,借此让儿童来认识与欣赏自然的秩序、和谐与美。幼儿处在一个运动能力快速发展的时期,草地成为他们跑来跑去的理想场所。鲁迅先生笔下的百草园就是这样一个名符其实的儿童乐园。在这样的环境中,孩子们可以自由自在地做游戏、追逐,跑来跑去地采野花、捉蝴蝶、找蚂蚁,探索草地里的一切。因此,幼儿园需要充分利用户外空间,为幼儿开辟一块绿地,让天真的孩子能够享受这大自然的野趣,欣赏大自然的丰富多彩。

四、玩沙区

玩沙游戏是指幼儿借助玩沙的工具和材料,对沙子进行操作的游戏活动。可以说,玩沙是幼儿最喜欢的活动之一。英国一家报纸曾经举办了一次有奖竞猜的活动,题目是:在这个世界上谁最快乐?获得大奖的四个答案之一就是:正在用沙子建筑城堡的儿童。玩沙给幼儿带来快乐的同时,也促进其认知和社会性的发展。

上海市教委 2006 年颁布的《上海市学前教育机构装备规范(试行)》中提出:"户外自然游戏区要开辟玩沙玩水区,以确保儿童玩沙玩水活动的展开。"同时,文件中也对沙池的创建提出了要求:

(1)沙池位置尽可能选择向阳背风处,有利于幼儿玩沙时候进行日光浴,并对沙土起到消毒作用。

(2)沙池深为 0.3～0.5 米,其大小面积应与机构办学规模相协调。

(3)沙池应该使用细软天然黄沙,避免使用白沙以及轻工业加工的有色沙,禁止使用石英砂等工业用沙。

(4)沙池确保良好的管理状态。

(5)沙池应有良好的排水性能。

(6)为增加儿童玩沙的兴趣,可在沙池中设置活动区,并提供相应的玩沙设备。

(7)尽可能在沙池的附近设置玩水区。

五、玩水区

很多幼儿都喜欢玩水,水是自然界中较容易获取的廉价教育资源,是大自然送给幼儿最好的游戏礼物。幼儿进行玩水活动时,可训练感官能力发展,了解水的特性,体会物质世界的变化。与此同时,幼儿玩水的过程中也能够得到最为真实的、原始的快乐。

六、种植区

幼儿天生具有和大自然亲近的本能,他们能够和大自然亲密地进行对话,并能够以自身的感受体验大自然的喜怒哀乐。种植区就像是一本孩子们亲近自然、融入自然的"活教材",不仅可以丰富孩子们的生活,还能够开阔孩子们的视野,培养其科学探究意识和能力,提高其动手实践能力。因此,幼儿园需要选择合适的地点设置一块或者多块土地,供幼儿种植蔬菜、花卉等作物,便于幼儿观察、学习。

七、饲养区

日本惠恩幼儿园是一所以饲养动物为课程特色的幼儿园。其园长说:"饲养动物给孩子们最大的好处是让孩子们养成了亲善的品格。动物的本能让它们可以分辨出人们的行为是好是坏,所以孩子们也很快知道了自己的一些行为是动物喜欢的还是讨厌的,进一步的,孩子们也就知道了对于他人来说,自己的行为是好的还是不好的。"①因此,饲养区也是幼儿园室外环境中一个重要的组成部分,通常设置一些小木屋或者小棚子,供幼儿饲养动物所用。幼儿园的饲养区可以选择适合在室外饲养的动物,比如,小鸡、小鸭、小兔子、鸽子、刺猬等。

拓展阅读4-1 >>>

国外特色幼儿园环境设计示例

崇尚自然的德国幼儿园②

德国幼儿园的环境朴素而自然,园内有大片活动场地,草坪沙地、水沟以及花草树木保持原生态。户外玩具如秋千、独木桥、摇马、跷跷板等都由原木做成,木屑地、草地和沙池都是真实自然的。活动场地上放置了任由孩子们搬动的废旧材料和自然物,如旧轮胎、木板、梯子等。在这里,孩子们显得自由、放松、充满探究欲望。他们即使玩得浑身沙泥,也不会受到教师的训斥和限制。他们从中获得的不仅仅是知识,更多的是与自然亲近的感受与体验。室内有种淳朴自然的清新感,简简单单的原木家具,不止有绿色植物、树根、干草编织而成的艺术造型……活动室墙上贴的、挂的都是幼儿的作品,幼儿园里每一个角落都体现了孩子们独具匠心的构思和设计,落叶、枯枝、坚果、贝壳灯成为他们进行艺术想象与创造的素材。

---

① [韩]赵惠庆.奇迹幼儿园[M];赵妍译.北京:新世界出版社,2013:199
② 王盈盈.感受德国幼儿园的环境教育[J].幼儿教育,2007(4):19

自然朴实的新西兰幼儿园①

新西兰是一个崇尚自然的国家,这种文化传统也渗透在幼儿园的教育环境中。幼儿园的户外游戏器材和运动设置具有自然、简易的特点,主要以木制材料为主。这些本色原木看上去朴实无华,有的还显得有些陈旧,但幼儿在和这些木制材料的接触中,获得了与大自然接触的机会。幼儿园的活动室,空间并不是很大,墙面的色彩以粉色、浅黄色调为主。幼儿在幼儿园参与各项活动的照片、在家中同父母一起活动的照片,有的被悬挂于墙,有的被放置于柜上。活动室设有各种活动区角。在这温馨、舒适的家庭式环境里,幼儿成了真正的主人。

富有特色的瑞典幼儿园②

Utsiktens 是位于瑞典首都斯德哥尔摩市郊的一所私立幼儿园,坐落在一个小树林边北高南低的缓坡上。幼儿园的西北依山势有一片小树林,林中有一座木制的"城堡",那是男孩子们瞭望"敌情"的窗口。"城堡"四周借树林和木桩之便设置了多处秋千。幼儿园的东边设有鸡舍,鸡舍的前面就是孩子们的球场。顺着球场往南,靠近篱笆的斜坡上是一丛灌木。夏天,灌木茂密丛生,里面是孩子们乘凉、捉迷藏、说悄悄话或者观察小昆虫的"神秘小屋"。幼儿园的西南最远处有几个不起眼却对环保有着重要作用的大木箱,分别存放可直接利用和回收后可循环利用的各类废弃物。幼儿园中央的几颗大树为夏天的院子撑起了一片绿色的大伞,伞下是孩子们的乐园。幼儿园里的几棵果树带给孩子们一个蜂飞蝶舞的春天。楼前的空地上、篱笆边的斜坡上开出了几片错落的菜地和花圃。幼儿园的四周还有几处树桩围成的座位,那是各班的教师和孩子们聚会、午间餐的场所。

第三节　幼儿园室内环境创设

幼儿园室内环境是幼儿园环境的重要组成部分,主要是指幼儿园主体建筑物的内部环境,如活动室主题墙、区角环境、卧室环境、盥洗室环境等。室内环境的创设对幼儿的成长与发展有着举足轻重的作用。

一、室内主题墙的创设

室内主题墙是指幼儿园每个班级根据某一个主题以教室内的墙面为主所开展的环境创设。墙面的主题涉及的内容较为广泛,可以季节"春""夏""秋""冬"为主题,也可以

---

① 张其龙. 自然朴实的新西兰幼儿园环境[J]. 早期教育,2008(11):22
② 袁爱玲. 国外幼儿教育考察[M]. 福州:福建教育出版社,2013:114-115

以"教师节""重阳节""圣诞节"等节日为主题、也可以某一童话故事为主题,也可以植物、动物、或者人物为主题等。主题墙可以营造出浓厚的情景氛围,让幼儿有一种"身临其境"的感受。在创设主题墙时教师需要把握以下几个要点:

(一)注意色彩、色调的运用

色彩简单地说,是指当光线照射到物体后使视觉神经产生的感受,可分为无彩色和有彩色两大类。色调指的是一幅画中画面色彩的总体倾向,是大的色彩效果。主题墙在色彩上,应该给幼儿以美的视觉享受,要避免大面积地使用过纯,过鲜艳的颜色。图画色泽宜单纯,接近自然的主题墙更容易被幼儿接受。幼儿喜爱明快的色彩对比,让幼儿可以从中感受到色彩的变化。主题墙还需要考虑画面的整体美,色调需要与主题相符合,使环境更艺术化。

(二)合理利用室内空间

在布置主题墙时,需要整体考虑教室内原有的空间设计,考虑墙柱、墙面、窗户、夹角等因素,并加以创造性的利用。比如,在中班"动物世界"的主题墙环境创设中,阅读区榻榻米附近竖立着一根墙柱,教师可以把墙柱和大树联想在一起。经过师幼共同努力,"森林书吧"应运而生,把墙柱装饰成大树,与主题墙相得益彰,即符合主题,又使得环境立马富有立体感,让阅读环境更加温馨、自然。再比如,在大班"我是中国人"的主题环境创设中,主题墙和美工区环境中间有一个大窗户。如果在窗户上"不作为",就会显得整个环境有些脱节。这时,可以在窗户周边贴一些窗花边或者在玻璃上贴一些剪纸,既能凸显中国的传统文化,与主题相吻合,又可以让整个主题环境变得饱满。

(三)主题内容丰富、统一,形式多样

很多幼儿园的主题墙内容非常丰富,但是也显得较为杂乱无章。主题墙的创设应该紧紧围绕主题而进行,不能将太多无关紧要的元素放进来导致"喧宾夺主",也不能出现眼花缭乱的墙面不知是何主题的现象。主题墙一般是由好几块墙面组成,也包括头顶上的墙面。主题墙的创设要确保环境的整体性,要求主题内容丰富统一、形式多样。比如,"动物世界"主题墙环境创设:一面墙创设了一个丛林环境,里面有树木、小草、小白兔等;一面墙创设了丰富的海底世界环境,里面有海草、小鱼等;头顶上的墙面创设了一个湛蓝的天空环境,里面有蓝天、白云和小鸟等。各个区域独立分开,又浑然一体。

(四)强调幼儿的参与性

进行主题墙环境创设时,教师需要与幼儿共同努力。从主题的确定、空间的设计、色彩的运用、材料的选择、墙面布置等环节,都应该调动幼儿参与的积极性。努力将主题墙的布置变成幼儿园课程的一个环节。教师在主题墙的布置中起着引导者和支持者的作用。比如,在布置主题墙时,需要处理墙柱,教师不知所措。在与幼儿讨论中,有的幼儿提出将墙柱装饰成大树,得到了广泛的认可。围绕着"如何把柱子变成大树",教师与幼儿共同协商,收集材料。在教师的指导和支持下,师生分工合作完成任务。

二、区角活动的创设

教室常设的区域活动一般包括美工区、阅读区、科学区、数学区、角色区、语言区、积木区等。这种划分并不固定,每个幼儿园"因园而异"。

学练结合4-6

美劳区的"怪现象"①

王老师精心设置了美劳区,放上了各种颜色的橡皮泥和模具,让幼儿用橡皮泥做出不同的形状。开始,幼儿很喜欢美劳区,大家争先恐后地争着要进去,造成美劳区"僧多粥少",每个幼儿分到的橡皮泥都很少,捏不出自己喜欢的形状。后来,愿意进美劳区的幼儿越来越少,最后变得"人烟稀少"。王老师脑筋一动放上了各种各样的贝壳,让幼儿在贝壳上画上各种漂亮的花纹,幼儿的参与热情又来了,但没多久,美劳区又受到冷落了。旁边的音乐区经常敲锣打鼓,热闹非常,幼儿的心思就跑到音乐区去了,有些幼儿还放下没做好的手工,偷偷溜到音乐区去。

思考:

1. 为什么会出现美劳区这样的"怪现象"?
2. 幼儿园区角活动的创设需要注意哪些要点?

(一)区角活动的创设要点

1. 动静区、干湿区分开

相对吵闹或需要较大活动量的区角活动主要有表演区、音乐区以及积木建构区等。相对安静的区角活动主要有阅读区、美工区、数学区、益智区等。在进行区角设置时,需要将相对热闹的区角和安静的区角分开,这样就可以把区角间的相互干扰降到最低。与此同时,还要将干湿区分开。比如,美工区和科学区可以接近水源,方便幼儿及时清理。阅读区、表演区可以设置在离水源较远的地方。

2. 区角之间间隔要明显

区角之间要间隔明显,否则幼儿在活动时一不小心就从一个区角走进另一个区角,影响另一个区角活动的进行。区角之间还需要有明确的区角指示牌,清晰地告诉幼儿这是什么区角。教师可以利用玩具柜或者布帘等物品作为区角之间的间隔物,玩具柜的高度不应该高于幼儿的身高,以便教师观察指导。

---

① 袁爱玲.幼儿园教育环境创设[M].北京:高等教育出版社,2010:143

3. 区角间的流动线要顺畅

流动线也就是幼儿到达各个区角间的路线走向。为了到达某个区角,幼儿知道应该走什么路线。如何穿过一个空间,以及如何在最短时间到达一个区角。研究发现,如果流动线条不流畅,难以到达的活动区的使用率比较低。同时,流动线的设置不应该影响其他区角活动的进行。

4. 限定区角人数上限

教室里经常会出现这样的现象:有的区角人数过多,造成区角材料不够,幼儿为材料发生冲突乃至争抢现象;有些区角人数太少,甚至无人问津,教师准备的材料不能得到较好利用。区角人数影响着其活动的质量。因此,教师需要设置每个区角的人数上限,将幼儿分流到不同区角活动中。

5. 创设舒适的物理环境

声音、光线、色彩都会影响幼儿的活动。格里拉夫提出了十种降低环境噪音的方法。[1] 教室内可以采取多种方法降低噪音,避免对区角活动的干扰。同时要结合各区角活动的特点,为各区角活动创设适宜的环境。如,在阅读区提供丰富的绘本、舒服的沙发、靠枕等;在角色扮演区,提供多样的人物服装、道具等;在音乐区,提供适合幼儿欣赏的音乐等。

(二)各区角活动环境的创设

幼儿园的区角活动主要有美工区、积木区、角色区、科学区、阅读区、音乐区等。每个区角活动环境的创设在空间布置、材料投放上都具备一定的特点。

1. 美工区

幼儿具有一定的创造力,也乐于使用美工材料进行活动。美工区应该是幼儿享受艺术创作的地方。美工区的环境创设应该注意以下要点:

(1)美工区的位置,要靠近水源,便于幼儿利用水清理道具和地面。

(2)美工区需要宜清洗的地面或者铺上报纸等。

(3)美工区的桌子需要提供桌布或者报纸等,以免弄脏桌子。

(4)美工区的作品可以贴在墙上也可以用夹子夹在绳子上。对于一些手工作品,也可以陈列在玩具柜上。

美工区的材料种类非常多,教师需要根据幼儿的需要,及时更新材料。把幼儿常用的材料,比如剪刀、浆糊、色卡纸等,放在便于幼儿取放的位置。

2. 积木区

积木区,主要是指幼儿通过运用积木和积塑进行建构的活动场所。很多幼儿都喜欢用积木或者积塑进行连接与拼搭,积木和积塑是幼儿的主要游戏材料。积木区的环境创

---

① 陈帼眉.幼儿教育心理学[M].北京:北京师范大学出版社,2007:210

设应该注意以下要点：

（1）积木区需要较大的空间，且应该远离需要安静的区角。

（2）积木材料需要根据材料的不同进行分类放置，可以放在篮子里、筐子里、盒子里等。

（3）投放足够数量的积木和积塑，同时要让积木和积塑种类多样化。积木和积塑按大小之分，有大型积木、中型积木、小型积木。也有很多模型积木和积塑，如火车、小人、树、小房子、农场、交通标志等。

3. 角色区

角色区一般包括娃娃家、医院、餐厅、超市、邮局等内容，其场景一般都是幼儿日常生活中所熟知的。角色区的环境创设应该注意以下要点：

（1）角色区需要较大的空间。活动过程中，幼儿有语言上的交流和沟通，因此需要远离安静区角。

（2）角色区需要一定的道具，创设仿真的情景，见表 4-1。

表 4-1　角色扮演区材料的提供

角色扮演区	提供的材料
娃娃家	娃娃、床、桌椅、电视、奶瓶、衣服、衣服柜、牙刷、牙膏、锅、铲、灶、碟子、碗筷、杯子、瓶子等。
餐厅	餐具、桌椅、托盘、调味罐、菜单、点菜本、桌布、自制食物、烹饪工具、收银机、玩具钞票、筷子、勺子、杯子、碟子等。
超市	食品盒子、饮料瓶子、日常用品的瓶子、购物车、购物篮、玩具钞票、收银机、货架等。
医院	病床、椅子、听诊器、温度计、玩具针筒、纱布、白大褂、帽子、药瓶、护士帽、洋娃娃、担架、棉签等。
邮局	信封、明信片、用过的邮票、印章、玩具钞票、邮筒、桌椅等。
车站	公交车、红绿灯、候车椅子、站牌等。

4. 科学区

科学区是一种结构化程度较低的科学探究活动区域，幼儿根据自己的兴趣爱好以及能力水平运用多种材料和各种方法进行自由科学探究活动。科学区的环境创设应该注意以下要点：

（1）发展性原则

材料的提供要把促进儿童发展作为落脚点，即材料对儿童的发展有什么作用。教师在选择材料时应挖掘所选材料蕴含的教育价值，将材料与幼儿关键经验有意识地联系起来。

（2）更新性原则

科学区角材料不能一成不变，科学发现区探究材料的提供应随着幼儿科学经验的增长不断地更新变化，以满足幼儿不断增长的活动需求。

（3）适宜性原则

科学材料的选择应符合幼儿身心发展的特点,能顺利达到预定的教育目标。材料的选择应以儿童为本,具有可操作性,超出学前儿童实际操作能力的资源不宜利用。

（4）安全性原则

学前儿童好奇心强,自控能力弱且注意力很容易分散。教师在选择科学发现区材料时首先要考虑材料的安全性问题。一些细小的材料容易被儿童误食,造成窒息等严重后果。所以教师在选择材料时对其潜在危险要有充分预期,以防事故发生。

（5）经济性原则

幼儿科学教育材料的选择和利用,不能犯"富贵病"。科学发现区材料的选择如果从幼儿周围的环境入手,选择幼儿熟悉的生活物品,更易引发幼儿探究科学的内涵。

（6）层次性原则

材料投放的较高要求是教师必须考虑到不同孩子的不同发展水平,让幼儿通过对不同材料的操作达到各自的最近发展区。因此,材料的投放应该体现层次性原则。

（7）趣味性原则

有趣的材料是对学习的最好刺激。因此教师在提供材料时,首先要考虑材料是否具有科学性和趣味性,因为科学与趣味两者是互补关系,如果材料只具有科学因素,幼儿不易进入其中,没有实际意义;只有趣味,它又失去了科学发现的真正作用。

（8）直观性原则

学前儿童的思维主要处于前运算阶段,具有直观性特点。幼儿对事物的理解在很大程度上直接受知觉到的事物的显著特征影响,而不是经过逻辑或推理的思维过程。材料可以帮助隐性的科学规律显性化,让幼儿通过对材料的操作,了解隐藏在现象后面的科学规律。

5. 阅读区

阅读区不同于阅读室,它能够方便班级幼儿随时读书的需求。班级阅读区的环境创设应该注意以下要点:

（1）图书区要位于光线充足和安静的地方,最好能用一些屏风进行隔断。

（2）提供圆桌、坐垫、沙发、地毯、抱枕等,让幼儿在舒适的环境中阅读。

（3）图书的摆放要整齐,而且易于幼儿取放。

（4）选择优秀的儿童读物,包括:绘本、童话、经典寓言故事等。尤其是多提供绘本。

6. 音乐区

音乐区是幼儿进行歌唱、听音乐等活动的区域。音乐区的环境创设应该注意以下要点:

（1）位置选择要有独立性。音乐区比较热闹,声音比较大,一般都安排在走廊或者阳台、角落等地方,避免干扰其他活动。音乐区的空间若相对较大,则有利于幼儿的创作与表演,必要时可以设置几个观众坐席。如果仅是用耳机听音乐,区域可以较小。

（2）空间营造要有安全性。音乐区中的一些乐器及服装道具上的零件较小,脱落后幼儿把玩容易造成一定伤害,比如孩子将掉落的铃铛误塞进耳朵或嘴里。教师需要经常检查材料的使用情况并及时排除隐患。[1] 录音机、电脑等电子设备应固定在某个角落,并由教师负责插与断电,最好使用安全插座,尽量避免使用移动插座,因为移动插座容易绊倒幼儿。因此需要高度重视电子设备与电的安全使用问题。

（3）空间布置整洁舒适性。环境对幼儿的影响是潜移默化的,音乐区的环境布置应给幼儿整洁、舒适的感觉,色彩的搭配要协调,空间的设置可以有层次感等。可以提供一些靠垫、抱枕等物体供幼儿使用。

（4）材料的多样性且便于取放。音乐区可以投放很多音乐材料,如鼓、三角铁、铃鼓、哑铃、沙锤、摇铃、木鱼、双响筒、响蛋、面具、服装、头饰、丝巾、彩带、录音机、CD机子、磁带、耳塞等。同时,材料的投放要方便幼儿取放,不宜放置太高位置。

7. 益智区

益智区主要提供桌面小型益智类游戏,发展幼儿的思维及小肌肉能力。益智区环境创设应该注意以下要点:

（1）益智区需要安静的环境。

（2）设置下棋的桌椅、坐垫,让幼儿在舒适、安静的环境中思考。

（3）提供丰富的益智类操作材料,如拼图、迷宫、风行棋、五子棋、象棋、围棋、跳棋、魔方、七巧板等。

8. 语言区

语言区通过丰富的语言环境,激发幼儿语言表达与运用的兴趣。语言区环境创设应该注意以下要点:

（1）语言区幼儿需要交流和互动,因此,语言区需要一个较为独立的空间,便于幼儿在里面交流与互动,避免打扰其他区角。

（2）语言区需要提供一些材料,如手偶舞台、故事盒、情境布置图、自制图书等。

9. 数学区

数学区是通过环境的创设与材料的投放,激发幼儿探索数量、几何关系的区域。数学区环境创设应该注意以下要点:

（1）数学区设置在较为安静的地方,空间不宜太大。

（2）数学区需要提供一些数学类材料,这类材料以游戏为主。

---

[1] 王菲,蔡黎曼.试论幼儿音乐区环境创设[J].教育导刊(下半月),2012(4):38

三、专用活动室的创设

专用活动室是针对幼儿发展的某一类需求而创设的活动室,它不专属于某个班级,是全园所有班级可以共用的资源,如阅读室、美工室、科学室等。专用活动室具有很强针对性。

(一)阅读室的创设

1. 阅读室环境的创设

(1)色彩以冷色调或柔和的暖色调为主

阅读室特别要注意墙壁、书桌椅以及书柜的颜色搭配。研究发现,冷色调或较为柔和的色彩会让过于活泼的孩子变得沉稳,比如浅蓝色或黄绿色。适宜的色调能让幼儿在安静、舒心的状态中,提高对阅读的兴趣及对知识的领悟。阅读室不宜采用低沉、阴暗的色彩,以免造成压抑等不良情绪,影响阅读质量。如纯白色、褐色、黑色等。

(2)合理划分功能区

阅读室最为理想的空间安排是能够一次性容纳一个班级的幼儿同时使用。阅读室的空间可根据室内的原有结构特点以及幼儿阅读活动的内容和形式,利用桌椅和书架把阅读室分割成不同的区域。比如:藏书区、主要阅览区、分散阅览区以及视听阅览区,以满足不同幼儿的需求。

(3)提供丰富的图书和舒服的座椅

阅读室的图书一般比较丰富,总类比较齐全。绘本图文并茂,色彩鲜明,比较适合学前儿童阅读。因此,阅读室应该配备丰富的绘本。阅读室还可以为幼儿提供色彩、造型、材质及软硬、大小不同的座位。比如,沙发、垫子、地毯等,幼儿可以坐在舒服的沙发上阅读,也可以拿着地垫找自己喜欢的伙伴一起阅读。

2. 阅读室图书的管理

(1)图书的选购

阅读室里的图书要保证足够的图书量。五个班级以下规模的幼儿园,图书总数不能少于 300 册;多于五个班级的幼儿园,应以 300 为基数,每增一人增两册。[1] 为确保图书数量,幼儿园除了适当的采购外,还可以把社会募捐以及毕业生捐献等方式得来的图书纳入阅读室。

幼儿园在采购图书时,需要考虑幼儿的心理特点、阅读倾向、知识结构以及教育要求等,选择有益于幼儿身心发展及丰富幼儿生活经验的图书。选择图书时应该考虑以下几个因素:

① 幼儿的认知特点决定他们喜欢图片丰富、色彩鲜明的图画书,伴随年龄的增长还

---

① 汤志民.幼儿园环境创设指导与实例[M].上海:华东师范大学出版社,2012:12

会喜欢一些有故事情节的图书和增长知识的科普类图书。

②针对幼儿的特殊爱好,可以采购一些个性化的图书。比如有关汽车、兵器的相关杂志等。

③随着信息技术的不断发展,文献的载体发生了巨大的变化,因此幼儿园可以适当的选购一些声像、电子读物。

（2）图书的管理

图书的管理是决定阅读室成效的一个非常重要的因素。可以让幼儿采用较为直观简单的分类标准参与图书的分类,比如根据书的大小、书的厚薄、书的颜色等进行分类。图书的摆放应该从空间的实际出发,便于幼儿取放。比如,图书平铺放置便于幼儿有意识地选择图书;图书叠放,满足幼儿集中阅读相关内容等。此外,幼儿园还需要建立相关制度,维持幼儿园阅读室的正常运转,让阅读室得到有效地利用。

拓展阅读4—2 >>>

某幼儿园图书管理制度[①]

1. 保持室内卫生,做到图书没有灰尘、整洁。

2. 按照规定的时间进入图书室,教师填好图书室使用登记。

3. 幼儿进入图书室活动,要保持安静,不得大声喧哗。

4. 教师要加强图书的管理,教育幼儿爱护图书,不得损坏图书,看完图书要放回原来的位置。不能在图书上乱剪、乱折、乱撕、乱画,对损坏的图书及时修理,对丢失和破损严重的书要查明原因,根据情况注销或者赔偿。

5. 活动结束后,及时切断电源,打扫整理,关闭门窗。

6. 图书室由专人负责管理,期初整理,期末清点。

（二）美工室的创设

幼儿园美工室是富有艺术情趣和美感的艺术创作室,幼儿可以进行艺术创作。美工室也是专门为幼儿提供作品展示及艺术鉴赏的互动空间。

1. 美工室环境的创设

（1）创设"美"的情感氛围

美工室的环境创设首先要考虑幼儿艺术欣赏的需要,起到激发幼儿创造力、净化幼儿心灵、陶冶幼儿情操的目的。因此美工室的设计无论在色彩、布局,还是内容上,都应该给幼儿以美的感受。

（2）以暖色为主,营造艺术氛围

---

① 泰安市政府信息公开. 幼儿园图书室管理制度[DB/OL]. http://info. taian. gov. cn/qsydw/jy/0133/201112/t20111226_32724. html,2014-02-11

美工室的空间色彩应该以暖色为基调,辅助对比色,不宜过于杂乱。美工室要给幼儿创设一个简单明快、舒适温馨、富有想象力或创造力的艺术氛围。

（3）划分不同区域,合理布局

美工室可以根据区域功能的不同,利用操作台、橱柜、展示台、桌椅等设施把美工室分成不同的区域,以利于幼儿的选择。比如:绘画区、拼贴区、泥塑区等。

（4）提供充足的设备,辅助美术活动

美工室需要水源及相关的设备,比如水槽、桶、盆,用于幼儿准备材料或者清洗材料。美工室的地板以易清洗的瓷砖和塑胶地面为主,没有条件的园所可以在地板上铺上报纸、透明塑料、帘布等,以免弄脏地板。美工室需要用来操作的桌子、用来摆放模型或作品等其他物品的架子和橱柜。幼儿在活动中可以穿专门的工作衫,保护衣服不被弄脏。美工室可以提供如下具体材料和工具:

① 各种纸张。白色画纸、彩色纸、即时贴、牛皮纸、玻璃纸、瓦楞纸、毛边纸、方格纸、锡箔纸、壁纸、面纸、电脑纸、过滤纸、报纸、卡纸、杂志、纸袋、礼品纸、蜡光纸、皱纹纸、纸盘、礼品盒、硬纸盒、用过的贺卡、明信片、信纸以及各种回收纸等。

② 各种制模和雕塑的材料。黏土、橡皮泥、沙子、蜜蜡、厚纸板以及一些其他制模的工具。

③ 各种工具。水彩笔、毛毡笔、油画棒、勾线笔、铅笔、彩色铅笔、水彩颜料、画架、调色盘、画刷、印泥、印章、剪刀、橡皮擦、羽毛、树叶、棉签、绳子、橡皮筋、喷雾瓶、各种容器（空的酸奶瓶、小碟子、杯子）、纽扣等。

④ 装订工具。订书机、订书针、打孔器、轧花机、浆糊、胶水、胶棒、橡皮筋、线、针、胶带、双面胶等。

2. 美工室的管理

美工室的材料庞杂,很多材料又易损、易坏。良好的规章制度是保证美工室正常运作的必要条件。

拓展阅读4—3 >>>

某幼儿园美工室管理制度①

一、美术教室由美术课教师负责管理。室内存放器材应入橱定位。

二、进入美术室后,不许大声喧哗,不准在画架、画台、墙壁上乱刻乱画,注意保持室内整洁卫生。

三、爱护室内模型等设备,未经教师允许,不得搬动美术教学备品。如因违反造成人

---

① 中华文本库. 美工室管理制度[EB/OL]. http://www.chinadmd.com/file/twiiw6itswe66vpzrcz6svcr_1.html,2014-02-11

为损失,将根据事故的情节轻重,由损坏者承担经济损失等责任。

四、下课后,任课教师必须认真清点好所有的工具,确保工具齐全,并组织幼儿清洁教室,关好门窗。

五、室内器材一般不得外借,确须借用必须经学校主管领导批准,器材遗失、损坏应照价赔偿。

六、美工活动室活动规则

1. 本活动室适宜开展绘画、泥工、手工制作等幼儿喜欢的美工活动。

2. 在活动中,教师应尊重幼儿的兴趣,允许和鼓励幼儿选择自己喜欢的美术活动。

3. 各班每周按活动时间准时进行活动,每周两次。

4. 教师按活动计划进行启发式指导,活动结束要填写活动情况记录表。

5. 指导幼儿熟悉各种材料的使用方法,学习物品的摆放。

(三) 科学室的创设

科学室也可以叫做科学发现室、科学活动室、科学宫,是幼儿园专为开展幼儿科学活动而设置的独立活动室。

1. 科学室环境的创设

(1) 营造浓厚的科学探究氛围

浓厚科学氛围的营造是满足幼儿好奇心、求知欲,激发幼儿探究活动的重要因素。可以在科学室墙壁上悬挂科学家的人物画像,通过科学家的故事激发幼儿的科学精神;也可以将科学室的头顶墙装饰成宇宙空间的样子,墙壁上悬挂科学发展和科学探究的宣传画,比如人类航天、航海技术的发展成果等;还可以展现一些便于幼儿观察的动植物标本等。通过多种方法进行环境创设,营造浓厚的科学探究氛围。

(2) 创设合理的空间格局

科学室最好选择向阳的房间,空间足够大。幼儿园理想的科学室空间能够一次性容纳一个班的幼儿共同活动。科学室仪器、材料繁杂,因此幼儿园可以利用科学室的橱柜以及大型仪器对室内空间进行有效的间隔,以方便不同主题、不同动静科学活动的需求。

(3) 提供丰富的科学材料

科学室的材料,根据材料的性质可以划分为人工材料和自然材料。科学室的材料一般不宜太难,应该具有较强的操作性。比如,磁铁、电池、气球、打气筒、小汽车等。还可以投放教师制作的玩具,比如万花筒、潜望镜等。有条件的幼儿园还可以投放一些有科技含量,老师做不出来的成品供幼儿观察与探究。比如,有关光的折射隧道、水车等。科学室需要为幼儿提供丰富的材料,并不断进行更新。

2. 科学室的管理

科学室建立后不应该成为摆设。幼儿园需要科学、高效地使用科学室,需要组织全园各个班级定期或不定期在科学室开展活动,让科学室充分发挥其作用。幼儿园需要安排专人负责科学室的日常管理和活动指导工作,并制定出适合本园的科学室管理制度。

四、多功能室的创设

幼儿园多功能室不同于专用活动室,它是具备艺术活动、全园集会、观摩教学等多种功能需求的活动室。多功能活动室具有"一室多用"的特点。

(一)多功能室环境创设的基本要求

1. 色彩的选择

多功能室内可以以暖色为基调,宜采用高亮度、低彩度的色调。同时,为幼儿的身心健康考虑,多功能室最好有良好的采光条件。再者,多功能室一般空间较大。

2. 空间布局

(1)多功能室的空间面积需要根据幼儿园的实际情况而定,但是不能过小。如果面积超过 150 m^2,可设小舞台。

(2)多功能室可容纳的人员比较多,为保障师生安全,便于安全疏散,室内要有两个出入口,门的宽度不应小于 1.5 米。

(3)室内要设置一间储物间,以备存放声电设备等。

(4)室内净高不应低于 3.6 米。

(5)如果多功能室作为舞蹈室使用,应该考虑设置高为 1.8～2.0 米的通长照身镜,并在镜前约 0.3 米处设置练功杆,起到防护的作用。

3. 投放适宜的多功能室设备

为了满足幼儿及教师活动的需要,多功能室应该配备相应的多媒体设备(投影仪、电脑等)、音响设备、钢琴、活动及会议所需要的桌椅等。

(二)多功能室的管理制度

多功能室作为幼儿园共同使用的公共区域,其环境的维护需要大家共同努力。为了更好的利用多功能室,幼儿园需要建立相应的管理制度,制定制度时需要考虑以下要点:

1. 幼儿园应有专人(或兼职)负责设备使用及管理。

2. 每次活动前检查场地及相应设备的状况,保证幼儿的安全。

3. 使用设备时,要严格按仪器设备的操作规范操作,注意仪器设备运转情况,一旦有故障,应及时报告主管人员处理。

4. 未经同意,不准擅自改动仪器设备的连接线、移动或拆卸任何仪器设备、把仪器设备拿出室外使用。

5. 使用结束,应按操作程序关闭电源,整理好仪器设备,关好门窗。

拓展阅读4-4 >>>

表4-2　环境设计与幼儿行为反应表①

	环 境 设 计	幼儿行为反应
空间密度	1. 每位幼儿室内活动空间不宜少于0.186平方米。	1. 当空间密度低于此限时,容易引发幼儿的攻击性行为,降低社会互动。
适度的间隔或界限划分	2. 提供家长休息室,并将静态活动区和游戏场分开,使家长可以仔细观察儿童行为。 3. 分割活动室成为较小的学习区域,且容易让幼儿辨识。 4. 游戏场应设不同的活动区域,并加强对圈内各个角落的利用,以形成静态活动。 5. 活动场应设置各种大小的活动分区,以供应大小不同的活动团体。	2. 家长的来访容易引起儿童情绪上的兴奋。 3. 在分割的学习中,幼儿会以较安静的方式参与工作及进行互动,亦能增加幼儿与设备间的互动。 4. 儿童在游戏场除进行动态活动外,亦有部分儿童进行静态游戏。 5. 儿童的活动形态常是大团体与小团体夹杂在一起。
通道的流畅性	6. 服务部门采用不同的出入口和道路,或另设停车空间,以减少意外事件发生。 7. 活动室的通道规划宜注意流畅性,并保持1/3以上的剩余空间。	6. 服务性车辆和空间常是幼儿躲藏、追逐的好场所。 7. 在左述的环境中,幼儿语言的表现多于身体动作的表现。且在身体及语言的表现中,促进成长的行为多于抑制成长的行为。
隐密处的提供	8. 在活动室中提供一些隐密的角落。 9. 善加利用教室周围的角落,但要注意安全性。	8. 幼儿在可以独立游戏且具隐密性的区域活动时,合作性行为增加,且较能安静地进行活动。 9. 幼儿喜欢在各屋角处游戏。
取用方便	10. 将经常使用的教材、教具放在幼儿容易取用的地方。	10. 方便取放的教材使用率较高,且幼儿互动的行为较多。
柔软度	11. 提供柔软度高的物理环境,如地毯、坐垫、明亮的色彩等。	11. 柔软度高的环境给予幼儿一种亲切温暖、像家的感觉。

第四节　幼儿园精神环境创设

幼儿园精神环境是指由人际关系、文化观念等无形因素交织在一起形成的心理氛

_____

① 蔡春美,张翠娥,敖韵玲.幼稚园与托儿所的环境规划[M].台北:心理出版社,1992:144-145

围。精神环境对幼儿有着潜在而深远的影响。积极的、健康的精神环境是幼儿创造性、道德、认知以及情感、社会性等方面发展的关键因素。

学练结合4-7

安静进餐的背后①

幼儿园某班吃饭非常安静，每次领导检查都非常满意，并成为成功的管理案例拿来和大家分享。一次偶然的机会，另外一个班的 A 教师接触到这个班的小朋友。"小朋友，你们真棒，吃饭真安静。"这时一个小朋友的声音引起了 A 教师的注意"老师说吃饭讲话，就要再吃一大碗。"听到这句话，A 教师明白了。

思考：
1. 小朋友吃饭为什么异常安静？
2. 幼儿园的进餐环境应该是什么样的？

风靡全球的《第 56 号教室的奇迹》中雷夫·艾斯奎斯指出：第 56 号教室之所以特别，不是因为它拥有了什么，反而是因为它缺少了一样东西——这里没有害怕。雷夫·艾斯奎斯老师用信任取代恐惧，做孩子们可以信赖的依靠。他说："孩子们以你为榜样。你要他们做到的事情，自己要先做到。我要我的学生和气待人、认真勤勉，那么我最好就是他们所认识的人之中最和气待人、最认真勤勉的一个。"② 在每一个幼儿的心灵深处，一定都有美丽的花朵期待绽放，它需要的是来自生命的阳光。如果阳光一直没有照耀进这样的地方，那么稚嫩的花朵也许将永远不再开放。而滋养幼儿精神和生命的阳光，就来自我们的心里。③ 幼儿园精神环境的好坏直接决定着幼儿是否能够积极参与各项活动、幼儿是否能够形成良好的人际关系、幼儿的身心是否能够健康发展等，对幼儿的成长起着关键作用。幼儿园良好精神环境的创设方式较多，本文主要从以下三方面谈谈如何做好良好精神环境创设工作。

一、构建积极有效的师幼关系

经典的"罗森塔尔效应"产生于美国心理学家罗森塔尔的一次实验：他和助手来到一所小学，声称要进行一个"未来发展趋势测验"，并煞有介事地以赞赏的口吻，将一份"最有发展前途者"的名单交给了校长和相关教师，叮嘱他们务必要保密，以免影响实验的正确性。其实他撒了一个"权威性谎言"，因为名单上的学生是随机挑选出来的。8 个月后，奇迹出现了，凡是上了名单的学生，个个成绩都有了较大的进步，且各方面都很优秀。该

① 案例由厦门市翔安区实验幼儿园丁丽老师提供。
② [美]雷夫·艾斯奎斯著；卞娜娜，朱衣译. 第 56 号教室的奇迹[M]. 北京：中国城市出版社，2013：1
③ 陈宁. 如果阳光能照进心灵——访西南师范大学刘云艳教授[J]. 早期教育(教师版)，2009(9)：22

实验表明教师对学生的期待以及态度直接影响着学生的成长与进步。赞科夫曾经说过："就教育效果而言,很重要的一点是看师生关系如何。"构建良好的师幼关系,需要把握以下要点:

(一) 满足幼儿基本的生理需求

幼儿的基本生理需求包括吃、喝、拉、撒、睡。这些基本需求也是幼儿在园的基本活动,是维持和促进幼儿身心健康发展的根本。进餐、午睡等环节,是幼儿在园最为基本的生理需求活动,教师不应该通过威胁、恐吓的办法达到其管理的目的。教师应该为幼儿创设宽松的、安全的环境,让幼儿走进班级就像走进自己的家一样,感到舒适与温暖。

(二) 创设充满尊重的环境

创设充满尊重的环境,是指教师需要在一日生活各个环节重视并认真对待幼儿,对幼儿不排斥、不漠视、不挖苦。教师需要尊重幼儿的行为以及情绪情感,不要急于对幼儿的表现作出评判,慢慢地观察,蹲下来多聆听幼儿的声音。幼儿年龄尚小,行为与认知难免存在"错误与过失",面对幼儿的种种表现,教师应该先了解背后的原因,不能侮辱幼儿的人格。教师不要站在审判官的角度去指责、训斥幼儿。教师应该多用正面的、积极鼓励的、启发式的教育方法引导幼儿。

(三) 创设充满关爱的环境

俄罗斯有句谚语:漂亮的孩子谁都喜欢,而对难看的孩子的爱才是真正的爱。这里的漂亮不仅是外貌还指德与才。苏霍姆林斯基曾说过:"教育技巧的全部奥秘就在于如何爱护儿童。"因此,教师要深入了解每个幼儿,不带任何偏见地对待每个幼儿。关爱就是指关注孩子、爱孩子。具体来说,教师要用自己的一颗爱心去包容孩子、关爱孩子。对孩子的行为表示赞赏和肯定,一个眼神、一个拥抱、一句问候、一个微笑都能给孩子心理上的慰藉,让幼儿在一日生活中感受到老师对他们的关注和爱,从而保持良好的情绪状态,同时也能让幼儿亲近老师、信赖老师。

拓展阅读4-5 >>>

问题在哪里[①]

在第二次世界大战后的德国,有两所设备和食品质量完全相同的幼儿园。但是,当调查人员对这两所幼儿园的幼儿健康状况进行调查时发现,甲园的幼儿身心都很健康,情绪也很愉快,而乙园的幼儿却身心健康状况较差。迥异的调查结果使得工作人员非常困惑,他们经过认真的调查分析之后,终于找到了原因。原来,甲园管理幼儿吃饭的保育员态度和蔼、富有爱心,在幼儿吃饭时总是以微笑、鼓励对待和帮助幼儿,而乙园的保育

---

① 张健人.幼儿园环境建设与幼儿心理健康[J].山东教育(幼教版),2000(10):46-47

员对幼儿缺乏耐心和爱心,每逢进食就训斥幼儿,致使幼儿一到进食时间就害怕、流泪,甚至大小便失禁,进餐情绪低落,严重影响了幼儿的食欲和消化吸收,最终对幼儿身心健康产生不利的影响。

二、创设有利于同伴交往的环境

同伴是指儿童之间相处的具有相同社会认知能力的人。同伴关系是指年龄相同或相近的儿童之间的一种共同活动并相互协作的关系,或者主要指同龄人之间或心理发展水平相当的个体之间在交往过程中建立和发展起来的一种人际交往关系。[①] 同伴间的交往对幼儿的认知、社会化、情感等发展都有着非常积极的作用。

学练结合4-8

偷着玩[②]

红红和花花,自来到幼儿园的第一天起(两个人学号挨着,位置也坐在一起),就喜欢黏在一起。集中活动喜欢在一起讲话,吃饭时也喜欢凑在一起说笑,户外活动还是你追我赶。带班老师看不下去了,给两个小孩子调了位置,并在家长面前经常说"两个小孩子今天又说话了。"开始,花花妈妈并没有觉得什么,老师说多了,花花妈妈就开始担心孩子的表现"怎么只跟这个女生玩呢,不会有什么问题吧。"到了中班,花花妈妈终于爆发了,最后因为两个小孩子的事情,两个大人关系搞到非常僵:见面不说话。B教师在一次自由活动活动时间听到了两个小孩子的谈话"我妈不让我们在一起玩,我们就偷偷的在一起玩。"说完,两人都偷偷地笑了。

思考:

1. 案例中老师的做法有何不妥之处?
2. 两个孩子经常在一起,如果您是老师您会怎么做?

三、构建和谐的师师关系

良好的师师关系也是幼儿园精神环境创设中不容忽视的一部分。师师关系包括班级老师之间的关系、幼儿园老师之间的关系、老师与领导之间的关系等。教师在幼儿心中有着很高的威信,教师的言行举止潜移默化地影响着幼儿。教师之间应该团结互助,营造良好的幼儿园精神环境。如,班级一老师组织教学活动时,另一个老师主动帮着摆放、分发材料。成人之间的亲切交谈及真诚的问候,都是幼儿园精神环境建设的重要

---

① 王振宇.学前儿童发展心理学[M].北京:人民教育出版社,2004:221-222
② 案例由厦门市翔安区实验幼儿园丁丽老师提供

内容。

拓展阅读4-6 >>>

全美幼教协会对师幼互动的评价标准①

全美幼教协会（NAEYC）在1984年颁布了一项高质量幼儿教育机构的评价标准，其中就工作人员和儿童的相互作用、工作人员和家长交流及物理环境的评价标准等方面进行了规定。其中，工作人员和儿童的相互作用的评价标准如下：

1. 经常通过多种方式与幼儿交往。比如微笑、抚摸、拥抱、谈话，特别是在替婴儿换尿布、喂饭和幼儿入园、离园的时候。

2. 工作人员应该在儿童视线可及的地方，并且对儿童做出反应。

3. 工作人员要注意与儿童的谈话方式，要用友好、积极礼貌的态度与幼儿说话，并经常提一些开放性的问题，同时注意与儿童进行个别交谈。

4. 工作人员要尊重和平等地对待不同种族、宗教信仰和文化背景的儿童，工作人员要为不同性别的儿童提供参与所有活动的平等机会。

5. 工作人员要鼓励并培养与儿童相适应的独立性。

6. 工作人员要善于运用正面的、积极的指导技巧，不要用竞争、比较、批判、体罚、人格侮辱等手段。要为儿童制定一定的规则，但是环境的安排必须合情合理，少对儿童使用"不"字。

7. 环境中的声音应该是愉快的交谈声、自然的笑声和兴奋的叫声，而不是尖厉的、令人压抑的噪声或者强制性的安静。

8. 工作人员要帮助儿童处于舒适、轻松和愉快的状态，并鼓励儿童参与游戏及其他活动。

9. 工作人员要注意培养儿童之间的合作及其他社会行为。

10. 工作人员对儿童社会性行为的要求，要与儿童发展的不同阶段相适应。

11. 鼓励儿童用语言表达感情和思想。

检 测

一、思考题

1. 简述幼儿园环境创设与管理工作的基本原则。

2. 简述幼儿园室内主题墙创设的基本要点。

---

① 原晋霞.幼儿园规则教育与幼儿发展[M].合肥：安徽少年儿童出版社，2011：73-74

3. 谈谈幼儿园各区角活动的创设要点。

4. 简述幼儿园户外绿地环境创设与管理的基本要点。

5. 谈谈如何创设良好的幼儿园精神环境。

二、实践题

选择某一幼儿园,从主题墙创设、区角创设、阅读室创设、科学室创设、多功能室创设、幼儿园室外环境创设、精神环境创设等多个角度全面观察该幼儿园,针对该幼儿园的环境创设情况撰写调研报告,并提出整改建议。报告应附带相应实际调研照片。如果有可能,请亲自参与该幼儿园的环境创设。

第五章

幼儿园一日活动管理

情景导入

漱口水活动①

小朋友吃完饭后不喜欢漱口,老师苦口婆心说了几次效果都不太好。一次早餐后,老师找了两个白盘子放在桌上,其中一个盘子里面装满了水。老师要求一组小朋友把漱口水吐在空盘子里,然后让全班小朋友过来观察。小朋友们发现这两盘水不一样,一个很干净,一个很脏。于是老师引导幼儿发现藏在小朋友嘴里的脏东西。孩子们观察完,老师便把那个装着漱口水的白盘子放进了水房。等下午孩子们去水房喝水时,一位小朋友捂着鼻子说:"水房里是什么味,真难闻。"原来漱口水已经变臭了。老师问:"你们想一想,这些东西在嘴里会怎么样?"孩子们有的说:"也会变得这样臭,生出许多细菌来。"有的说:"嘴里有了细菌,牙齿就会生病。牙齿病了可难受了,什么东西也不想吃。"还有的说:"原来我们的牙齿就是这样被弄坏的!那吃完饭快把嘴漱干净。"有一位小朋友说:"我回家告诉爸爸妈妈,让他们吃完饭后也一定漱口。"其他小朋友也附和着说:"我也告诉他们,要不然他们也会牙疼的。"自从那次观察活动后,孩子们漱口再也不用老师提醒了。

思考:

1. 老师用了什么方法让幼儿养成了良好的生活习惯?

---

① 王惠勇. 刘占兰. 案例《漱口》[EB/OL]. http://www.cnsece.com/article/5367.html. 2015-02-03

2. 请谈谈幼儿园一日活动包括哪些环节。

第一节　幼儿园一日活动概述

一、幼儿园一日活动的涵义

就全日制幼儿园而言,幼儿园一日活动是指,幼儿从早上入园到下午离园所经历的全部活动内容及各项活动的时间安排,具体包括入园、盥洗、如厕、饮水、餐点、午睡、集体教学、户外活动、离园等环节。

生活是教育的本源和基础,教育是生活的有机组成部分,幼儿园生活是幼儿生活的重要组成部分。《幼儿园工作规程》明确指出:幼儿园的教育需合理地综合组织各方面的教育内容,并渗透于幼儿一日生活的各项活动中;幼儿一日活动的组织应动静交替,注重幼儿的实践活动,保证幼儿愉快的、有益的自由活动;幼儿园日常生活组织,要从实际出发,建立必要的合理的常规,坚持一贯性、一致性和灵活性的原则,培养幼儿的良好习惯和初步的生活自理能力。幼儿在园时间较长,科学、安全、有序、愉快的一日活动对幼儿的身心健康发展起着非常重要的作用。

二、幼儿园一日活动中的保教结合

"保""教"是相互统一缺一不可的两个方面,保育是为了保护和促进幼儿健康,使幼儿生理、心理及社会适应都达到良好的状态,教育是有目的、有计划地对幼儿进行全面发展的教育教学活动。保教结合是我国幼儿园一贯坚持的原则,也是幼儿园管理的根本原则。幼儿园的一切工作都要围绕保教工作这个中心,制定相应的工作计划和制度。《幼儿园工作规程》第二条和第三条对幼儿园性质和任务做了相关规定。幼儿园是对3周岁以上学龄前幼儿实施保育和教育的机构,是基础教育的有机组成部分,是学校教育制度的基础阶段。幼儿园的任务是实行保育与教育相结合的原则,对幼儿实施体、智、德、美诸方面全面发展的教育,促进其身心和谐发展。幼儿园同时为家长参加工作、学习提供便利条件。《幼儿园管理条例》第十三条规定:"幼儿园应当贯彻保育与教育相结合的原则,创设与幼儿的教育和发展相适应的和谐环境,引导幼儿个性的健康发展。"幼儿在盥洗环节懂得排队、谦让,这同时也是社会教育。在组织集体教学活动时,教师根据幼儿兴趣、生活经验来预设或生成课程,将教育与幼儿生活紧密结合起来。

一般情况下,幼儿园实行"两教一保"的制度,主配班教师和保育员共同制定班级工作计划,共同完成繁琐的保教工作。在分配幼儿教师和保育员时应注意按照年龄、教龄、学历、性格等方面优化组合。幼儿的一日活动是完整的,"保中有教,教中有保",不应人为分割成教学和生活两个部分。幼儿的发展也是整体的,其生理和心理发展具有整体性,幼儿教师需抓住一日活动中各种契机来实现对幼儿的教育,寓教于一日生活之中。保教人员需制定合理的保教计划,为幼儿创设丰富的成长环境。

三、幼儿园一日活动中的班级管理

班级是实施幼儿园保教任务的基本单位,是幼儿园的基层组织。幼儿园班级管理是指班级教师通过计划、组织、实施、调整等环节,把幼儿园的人、财、物、时间、空间、信息等资源充分运用起来,以便达到预定的目的。[①]

幼儿园班级管理首要工作是制定详细的符合本班幼儿年龄特点和发展规律的保教计划。保教工作计划应以班级为基本单位,在深入了解本班幼儿特点和发展规律的基础上制定学期计划、月计划、周计划和每日保教工作计划,将教育目标具体化到幼儿身上。保教计划制定者包括园长或业务副园长、保教主任、年级组长、主配班教师和保育员。

表 5-1　幼儿园保教计划

保教计划名称	保教计划内容
学期保教计划	1. 本学期本班幼儿特点及预期发展情况。 2. 本学期保育工作目标、任务、内容。 3. 本学期教育工作目标、任务、内容。 4. 本学期工作重点、难点。
月保教计划	1. 根据学期保教计划制定月保教工作具体目标、任务、内容。 2. 根据本班幼儿发展水平,制定班级教育工作计划、教学工作计划。 3. 根据本班幼儿的发展特点和兴趣开展主题教学活动。 4. 根据幼儿的年龄特点和个体差异,制定促进幼儿身体健康、心理健康、体育锻炼、安全教育等保育重点内容。
周保教计划	1. 根据月保教工作计划制定周保教工作具体目标、任务、内容。 2. 根据月教育工作计划制定具体的五大领域教育活动目标、任务、内容。 3. 根据本班幼儿的发展特点和兴趣开展班级单元教学活动。 4. 根据幼儿年龄特点和个体差异,制定适宜的保育工作目标、任务、内容。
每日保教计划	1. 根据周保教工作计划制定每日保教工作具体目标、任务、内容。 2. 根据周教育工作计划制定每日教学活动内容。 3. 根据本班幼儿发展特点和兴趣开展预设教学活动和生成教学活动。 4. 将幼儿的保教目标、任务和内容贯穿到幼儿一日活动中。

---

① 王劲松. 幼儿园班级管理[M]. 北京:北京师范大学出版社,2013:2

幼儿园一般按年龄分班,小班幼儿 3~4 岁,中班幼儿 4~5 岁,大班幼儿 5~6(7)岁,《幼儿园工作规程》规定,小班幼儿 25 人,中班幼儿 30 人,大班幼儿 35 人。幼儿园班级管理中一般分为主班教师、配班教师和保育员,主班教师负责全班幼儿的教育管理、生活管理和其他管理事物的统筹安排和向园领导汇报本班的工作情况。主配班教师相互配合做好幼儿园班级管理的所有事务,并协同保育员做好幼儿卫生保健工作。

(一) 小班

3~4 岁的小班幼儿能够了解一日活动的内容和环节,初步掌握盥洗的正确方法,愿意独立进餐,学会穿脱衣服,养成按时作息的好习惯,情绪安定,在教师的帮助下能够克服入园焦虑,逐渐适应幼儿园生活,喜欢和其他小朋友在一起,喜欢参加集体教学活动和户外活动。在社会环境的影响下,3~4 岁的幼儿开始具有初步的对社会规则、行为规范的认识,能作最直接、简单的道德判断;喜欢与人交往,特别是开始喜欢与同伴交往,对父母及家庭外主要接触者都能形成亲近的情感。①

小班管理要点:

1. 入园前需召开家长会,加强家园合作,了解幼儿在家情况。开展亲子活动,帮助幼儿更好的适应幼儿园环境。

2. 安定幼儿情绪,让幼儿从心理上有安全感,帮助幼儿从亲子依恋迁移到对教师依恋。

3. 培养良好的生活习惯,学会穿脱、整理衣物,能够独立进餐,在教师和保育员的引导和帮助下如厕。

4. 能够保持玩具和图书的整洁,初步培养幼儿的规则意识。

学练结合5-1

引导幼儿不乱扔玩具②

在一次小班桌面游戏活动时,"哗"的一声,蓉蓉把整筐雪花片都撒到地板上了,紧接着,对面的明明模仿着,也把一筐雪花片撒在了地板上。其他小朋友纷纷跑去告诉张老师:"蓉蓉他们做坏事了!"张老师没有生气,温和地说:"乱撒雪花片真的这么好玩吗?"孩子们不出声。"那你们还想再撒一下吗?"看着张老师平静温和的神情,蓉蓉说:"我还想。"于是张老师点点头说:"那你们再撒吧!"一下子教室里像开了锅,孩子们玩得不亦乐乎。几分钟后,张老师镇定地说:"我们现在该捡雪花片了,我陪你们一起捡。"于是捡雪花片的工作开始了,蹲着、趴着、跪着,还要钻到桌子下面捡,末了,有孩子情不自禁地说:

---

① 王劲松.幼儿园班级管理[M].北京:北京师范大学出版社,2013:108
② 王劲松.幼儿园班级管理[M].北京:北京师范大学出版社,2013:12

"终于捡完了,好累哦!"张老师趁机问道:"下次你们还扔玩具吗?"孩子们都说:"不扔了,扔玩具好玩,但是捡玩具好累。"

思考:

1. 案例中教师如何处理了幼儿不当的行为?

2. 请谈谈案例中老师的做法给您的启示。

(二)中班

4~5岁的中班幼儿,能够熟练的掌握一日活动各环节要点,自己穿脱、整理衣服,整理玩具,进一步发展独立能力和自理能力。能够很好的融入集体中,在集体中情绪愉快,具有初步的规则意识和责任感。

中班管理要点:

1. 与幼儿共同建立班级规则。

2. 培养良好的生活习惯,幼儿能够在需要的时候主动饮水、如厕、盥洗。

3. 培养良好的行为习惯,能够收拾整理玩具,喜欢和小朋友交往、合作、分享。

4. 发展高层次的家园合作,让家长真正参与到课程的具体进程中来,让家长成为活动主题共同的设计者和实施者,将家庭环境纳入幼儿园环境设计。

学练结合5-2

与幼儿共同制定起床规则①

老师发现中班的儿童在起床的环节中有些乱,儿童大声说话、不穿衣服就在寝室内随意走动等。在一次起床后,老师用一点儿时间与儿童讨论"起床时该制定哪些必要的规则? 为什么需要这些规则? 如果没有这些规则会出现什么情况?"等问题,在讨论中很多儿童都发了言,有的说"大声说话会影响迟睡的小朋友不能多睡一会儿",有的说"只顾说话忘了穿衣服会生病"。经讨论,儿童与老师一起制定出了起床时的规则——"起床时不可以大声说话、在寝室内不随意跑动、穿衣服动作要快"等。

思考:

1. 讨论教师如何引导幼儿参与日常生活的管理。

2. 请谈谈幼儿在日常生活管理中的角色。

(三)大班

5~6(7)岁的大班幼儿,能够在一日活动各个环节中保持良好的习惯,积极参加集体活动,规则意识形成,责任感增强。5岁以后,儿童的个性特征有了较明显的表现,其中最

① 王劲松.幼儿园班级管理[M].北京 北京师范大学出版社,2013:116

突出的是儿童自我意识的发展。① 幼儿能够在一定程度上发展自我评价,并为进入小学生活和学习做准备。

大班管理要点:

1. 为幼小衔接做好准备,培养幼儿读书、写字、握笔正确姿势。
2. 培养良好的生活习惯,作息有规律。
3. 培养幼儿自我监督、自我控制的能力,鼓励幼儿自我评价。
4. 注意安全方面的教育,幼儿学习日常生活中安全常识与交通安全规则等。

学练结合5-3

我当一天小学生②

参观那天,幼儿背着书包,一早便和小学生一样来到学校,实实在在地当一天小学生。每次参观时,幼儿都带着不同的任务。第一次的任务是观察、体验小学生一天的生活、学习,如小学生早上什么时候到校,走进校门时是怎样的,怎么升旗、做操,怎样上课,课前准备怎么做,上课纪律是怎么样的,中午怎么吃饭,怎样喝水,什么时候上厕所,有什么课外活动等等。回园后幼儿进行交流,梳理对小学的认识。第二次参观时,教师安排幼儿直接参与上课、做操、课间休息、吃饭等活动。通过体验小学生一日的学习和生活,幼儿真实地感受到了小学生活的丰富内容和基本规则。知道上课不能迟到、早退,回答问题要先举手,不能吃零食,不能随便走动,课间十分钟要把下节课的学习用品准备好。还要利用课间时间上厕所、喝水和休息。幼儿在真实的环境中体会到了培养自制力的重要性,有利于他们做好入小学的心理准备。

思考:

1. 请谈谈您对上述案例的认识。
2. 关于幼小衔接,您还有什么好的建议?

四、幼儿园一日活动的组织原则

幼儿园一日生活管理影响着幼儿一日生活的质量。幼儿一日生活中的活动多样而繁杂,需要对各种活动的组织与安排进行整体优化,才能保持幼儿在园生活的愉悦感与幸福感。组织幼儿一日生活需要把握以下原则:

(一)整体性原则

整体性原则是指幼儿园一日生活应保教结合,对幼儿身心发展实施全面教育。幼儿

---

① 王劲松.幼儿园班级管理[M].北京:北京师范大学出版社,2013:120
② 张富洪.幼儿园班级管理[M].上海:复旦大学出版社,2012:203

的发展是一个整体,要注重领域之间、目标之间的相互渗透和整合,促进幼儿身心全面协调发展,而不应片面追求某一方面或几方面的发展。幼儿园的任务是实行保育与教育相结合的原则,创设与保教相适应的良好环境,以游戏为基本活动,充分发挥各种教育手段的交互作用,在一日生活中,对幼儿实施体、智、德、美诸方面全面发展的教育,促进其身心和谐发展。因此,幼儿的一日活动是完整的,不应人为生硬的分割成教学和生活两个部分,更不应该片面的关注教学而忽略保育。教师需把握好保育与教育相结合的整体性原则,促进幼儿的全面发展。

(二)动静结合原则

《幼儿园工作规程》第二十一条指出:"幼儿园一日活动的组织应动静交替,注重幼儿的实践活动,保证幼儿愉快的、有益的自由活动。"活泼好动是幼儿的年龄特点,一日活动的安排应满足幼儿活动的需求,不能过于要求幼儿"安静",不能整天把孩子关在屋里没有户外活动,要做到动静交替、张弛有度。遵循"动静交替"的原则来安排幼儿的一日活动,可以避免活动的单调性,也可防止幼儿产生疲劳感。

(三)相对稳定性原则

稳定性原则是指幼儿园一日生活应该有个相对固定的时间安排。《幼儿园教育指导纲要(试行)》指出:"幼儿园一日生活时间的安排应有相对的稳定性与灵活性,既有利于形成秩序,又能满足幼儿的合理需要,照顾到个体差异。"一张好的一日生活安排时间表,不仅使儿童能够在一天当中生活得有条不紊,富有节奏,而且对提高幼儿的独立性、自主性、生活习惯和行为习惯的条理性以及自理能力都会产生重大的影响。一日生活的稳定性益于幼儿一日生活常规的养成,利于幼儿园一日活动的开展,助于一日活动各个环节的有效过渡。

(四)适度灵活性原则

幼儿一日活动的安排应具有稳定性,但不能过于死板性。教师在组织幼儿一日活动的过程中应避免机械化地在指定的时间去结束一项活动并强制推行另一项活动,应避免出现"紧张"和"高控"状态。幼儿园一日生活时间安排表是教师组织幼儿一日活动的参照,但不是控制一切活动的主宰,应具有一定的弹性。幼儿教师可以根据活动过程的实际需要,做适当的调整。例如,某一个户外体育活动,孩子兴致很高,老师不妨让这个活动的时间适当延长一点。

(五)随机性原则

随机性原则是指幼儿园一日生活皆教育,教师可以随时随地对幼儿开展保教活动。随机教育的特点之一是随机教育的事与物等素材是幼儿身临其境的,具有情境性和直观性,易被幼儿理解和接受。随机教育对于幼儿发展具有重要价值。幼儿园一日生活中蕴藏着丰富的教育契机,如安全教育、卫生教育、环保教育等等。一个好的时机需要教师去观察、发现和捕捉。比如幼儿在户外玩耍时惊奇的发现几只蚂蚁,教师可以引导幼儿开展有关"蚂蚁"的科学探究活动。教师要善于把握时机,恰当运用随机教育,但切忌贪多求深。

(六) 体验性原则

体验性原则是指幼儿园应合理安排一日生活,最大限度地支持和满足幼儿通过直接感知、实际操作和亲身体验获取经验的需要,严禁"拔苗助长"式的超前教育和强化训练。幼儿园应该给幼儿创设良好的生活和学习环境,解放幼儿的大脑、双手、嘴巴、时间和空间等,鼓励他们大胆地探索、尝试、体验,避免"读死书、死读书、读书死"的现象。

(七) 主动性原则

主动性原则是指幼儿园一日活动中应充分尊重幼儿的主体性,发挥幼儿的主观能动性、积极性和创造性。幼儿园一日生活中幼儿不是被动接受教师安排的棋子,而是积极成长的生命体。幼儿在活动过程中表现出的积极态度和良好行为倾向是终身学习与发展所必需的宝贵品质。教师应成为幼儿学习活动的支持者、合作者、引导者,要充分尊重和保护幼儿的好奇心和学习兴趣,帮助幼儿逐步养成积极主动、认真专注、不怕困难、敢于探究和尝试、乐于想象和创造等良好的学习品质。

(八) 差异性原则

幼儿的发展虽然具有一些共同的年龄特点,但是也呈现出很大的差异性。幼儿之间差异来源于生物遗传、家庭教养方式等多方面因素。在生理和心理上,幼儿之间差异的具体表现更是体现在方方面面。幼儿园一日生活的组织与实施是面向全体幼儿的,具有统一性和集体性。但是也要考虑个体的差异性,不可过于强制性要求具有特殊情况的幼儿。比如,午睡环节,个别幼儿没有午睡习惯或者因为某种原因确实不愿意午睡,教师可以单独为其安排一些安静类的活动。再比如,个别幼儿尿频,教师可以根据幼儿的生理需要,多给予其上厕所的自由等等。

(九) 适宜性原则

适宜性原则是指幼儿园一日生活的组织与实施应遵循幼儿身心发展的年龄特点做到科学合理。比如,幼儿园一日生活的安排不能没有户外活动,但户外活动的时间又不能太久,否则幼儿容易出现疲劳,因此,户外活动的时间和活动量应适当;幼儿喝水和吃饭环节,幼儿饮水次数和饮水量过多导致上厕所过于频繁会影响教学活动的开展,幼儿进餐时间间隔过短影响幼儿消化等,因此幼儿饮水和进食应适时适量;再比如,午睡时间过短影响幼儿睡眠质量,午睡时间太长又影响幼儿晚上休息等等。幼儿园一日活动要在幼儿的身心发展规律和特点基础上组织实施,要符合适宜性原则。

拓展阅读5-1 >>

表5-2　中美幼儿园一日生活时间安排对比

美国某幼儿园一日生活时间安排	中国幼儿一日生活时间安排①
7:00~8:50 早餐、自由活动	7:30~8:30 (7:15 值班)来园接待、晨检
8:50~9:00 清洁、整理工作	7:30~8:00 晨练、户外活动
9:00~9:25 自由活动或户外活动	8:00~8:30 早餐、自由活动
9:25~9:30 相互问候时间	8:30~9:00 晨间活动
9:30~9:40 集体活动	9:00~9:30 早操
9:40~10:00 小组活动	9:30~10:00 第一节教学活动
10:00~10:10 计划时间	10:00~10:10 课间活动
10:10~11:10 工作时间	10:10~10:40 第二节教学活动
11:10~11:20 清洁整理时间	10:40~11:20 户外活动
11:20~11:30 回顾总结时间	11:20~11:30 餐前准备
11:30~12:15 午餐、洗手、如厕	11:30~12:30 中餐(餐后点心)
12:15~12:30 盥洗和看书的时间	12:30~14:30 午睡
12:30~14:30 午休时间	14:30~14:50 起床、吃点心
14:30~14:50 午点和刷牙	14:50~15:10 游戏活动课
14:50~15:00 计划时间	15:10~16:00 兴趣活动课
15:00~16:00 工作时间	16:10 离园(室内活动)
16:00~16:10 回顾总结和离园活动	

第二节　幼儿园一日活动的具体实施

幼儿园的一日活动主要包括入园、盥洗、餐点、如厕、喝水、午睡、集体教学活动、户外活动、离园等环节。幼儿园一日生活的质量直观地体现了幼儿园的管理水平,直接影响到幼儿的健康成长。幼儿园一日生活的组织与实施应实行精细化管理,保教人员需要认真把握各个环节的工作要点。

一、入园活动

入园环节是幼儿在园一日生活的重要开端。家长们满怀希望的把自己的孩子送入幼儿园,希望自己的孩子能高兴、快乐的在幼儿园度过轻松、愉快的一天。

(一)入园环节对幼儿的常规要求

1. 喜欢教师和同伴,愿意上幼儿园。

①　刘凤莲,刘洪霞,王晖晖.幼儿卫生保健[M].北京:北京理工大学出版社,2010:98

2. 按时愉快地入园,主动与老师、同伴问好,并能开心地和家人说再见。

3. 按要求带齐当日所需的学习和生活用品,不带零食和危险品来园。

4. 着装整洁舒适,手(指甲)、脸、脖子、头发等干净整齐。

5. 愿意接受晨检,身体不适能告诉老师或保健医生。

6. 能把自己的衣物整理好放到衣帽柜或指定位置。

7. 主动参加晨间活动,如值日、自选活动等。

(二) 入园环节保教工作要点

不同年龄段幼儿身心发展特点不同,在入园环节中的表现也存在一定差异。因此,保教人员要在准确把握幼儿身心发展特点与规律的基础上,有针对性地开展保教工作。

1. 托、小班

(1) 教师的工作要点

① 提前进入活动室,开窗通风换气

活动室内外需要做清洁工作,并开窗透气。根据气候及天气变化,灵活调整开窗通风时间,夏季可持续开窗通风,冬季前后对流 10～15 分钟;夏季室温不高于 28℃,室内外温差在 5～7℃,冬季室温不低于 18℃。[①]

② 热情接待幼儿与家长

热情接待幼儿及家长,与家长就幼儿教育和生活问题进行简短交谈,向家长了解生病或体弱幼儿在家的饮食、睡眠、大小便等情况,对家长的嘱托和合理要求进行及时记录,并随时关注幼儿的身体状况。

学练结合5-4

上幼儿园不迟到[②]

某幼儿园小朋友艳艳早上入园经常迟到,问起原因,说是奶奶起晚了。于是我在和艳艳做一个不让奶奶知道的约定——让艳艳每天做奶奶的小闹钟。艳艳觉得这个肯定很好玩,就答应了。第二天艳艳很早就来幼儿园了,我高兴地把她搂在怀里说:"我们的小闹钟可真棒啊!"奶奶听了后,懵了,于是我把我和艳艳的约定告诉了奶奶,奶奶也觉得不好意思,艳艳以后再也不迟到了。

思考:

1. 除了上述案例,幼儿入园迟到的原因往往还有哪些?

2. 请探讨如何妥善解决幼儿经常迟到问题。

---

① 北京师范大学实验幼儿园. 保育员工作指南[M]. 北京:北京师范大学出版社,2012:13

② 何小琴. 幼儿园生活活动组织[M]. 北京:科学出版社,2014:11

③ 检查幼儿的健康状况

协助保健医生做好幼儿的晨检工作,观察幼儿的精神状态和身体状况,如发现异常,应及时了解原因并妥善处理。观察每一个来幼儿园的孩子脸色是否正常,是否发烧。在传染病流行期间,最好给幼儿测测体温,体温如果在 37.5℃ 以上,则建议家长带孩子去医院接受检查。还要查看幼儿的皮肤有没有疹子,腮腺有没有肿大,嗓子有没有红肿,精神状态是不是良好,有无磕碰、摔撞伤、破皮等情况。

晨检中教师或保健医生需登记带药的幼儿,家长需进行药品登记,亲自将药品交到当班教师或保健医生手中,并且在服药包上清楚的填写幼儿姓名、所带药品名称、服用时间、服用剂量、服用方法及服药注意事项等。教师或保健医生为幼儿服药时,需核对登记单上和药袋上的幼儿姓名、药名、药品用量、服用方法、服用时间,确定无误后才能给幼儿服用。

拓展阅读5-2 >>>

晨 检 程 序①

"一摸":摸幼儿额头、颈部和手心有无发热。

"二看":看幼儿精神和面色是否正常,有无流涕、流泪、结膜充血,身上有无皮疹,咽部是否充血,体表有无伤痕。

"三问":问幼儿在家的饮食、睡眠、大小便等一般情况及有无传染病接触史。

"四查":查幼儿是否携带不安全物品。

"五防":传染病流行季节,应重点检查幼儿有无传染病接触史及早期症状和体征。晨检中发现幼儿有传染病或其他疾病表现时,通知家长带幼儿到医院检查、治疗。

④ 检查幼儿的卫生状况

检查入园的幼儿指甲是不是干净并且修剪过。有的幼儿指甲很长、很脏。指甲脏的幼儿有可能将脏东西吃进肚子里而生病;指甲长的幼儿容易在和小朋友玩耍时弄伤自己或者他人。

⑤ 检查危险物品的携带状况

幼儿入园不能携带玩具、零食以及其他可能造成危险的物品。老师继家长之后还需再次检查幼儿手中、书包和衣裤口袋内是否有纽扣、棍棒、小石子、小玻璃球、细小玩具、花生仁、豆类等容易发生危险的物体。查看幼儿有无携带危险物品,如有,教师代为保管,并在离园时与家长做好沟通。老师还要查看幼儿衣服、帽子、手套等上面的拉链、纽扣等小装饰品是否牢固,衣服上有无别针等附加物。同时要求家长在家也要做相关检查,教师和家长疏于检查可能会造成意想不到的意外事故。

⑥ 安抚及疏导个别幼儿的不良情绪。

---

① 何小琴.幼儿园生活活动组织[M].北京:科学出版社,2014:14

⑦ 帮助、指导幼儿正确脱放衣物。

⑧ 引导幼儿自由选择活动。

（2）保育员的工作要点

① 做好室内外卫生清理工作，为幼儿营造舒适、洁净的生活环境。

② 将已消毒的口杯、毛巾、口巾等摆放在固定位置，供幼儿入园后使用。

③ 配合教师热情接待幼儿及家长，将幼儿的衣柜整理好。

2. 中、大班

（1）教师的工作要点

① 提前做好活动室开窗通风工作。

② 热情接待幼儿，鼓励幼儿愉快来园、主动与教师、同伴打招呼，与家人道别。

③ 鼓励幼儿积极配合晨检，让他们懂得有不舒服的感觉或者发现同伴有异常时要及时告诉老师或保健医生。对于幼儿的异常表现要敏感，要及时关注和处理。

④ 引导幼儿自我检查，将不安全的物品放在指定位置，并妥善保管。

⑤ 指导幼儿独立、正确脱放衣物，并摆放整齐。

⑥ 观察并适时指导幼儿的自由活动。

⑦ 指导幼儿做好值日生工作，如：气象记录、区域材料整理、环境清理及照顾动、植物等工作。

（2）保育员的工作要点

① 做好卫生清理、消毒等工作。

② 指导值日生将已消毒的口杯、毛巾摆放在固定位置，供幼儿入园后使用。

③ 协助教师接待家长，组织好幼儿活动，清点幼儿人数。

④ 指导幼儿将衣柜整理好。

（三）入园环节中的常见问题与应对策略

1. 分离焦虑及对策

婴幼儿因与亲人分离而引起的焦虑、不安或不愉快的情绪反应，称为分离焦虑。很多幼儿在新入园时会表现出分离焦虑现象，只是反应的强度和时间因人而异。尤其是托班和小班的幼儿，在新学期初，分离焦虑表现较为强烈。教师需要准确把握幼儿的个体特征，帮助幼儿尽快克服分离焦虑，适应幼儿园生活。主要有以下应对策略：

（1）分散注意力法

焦虑中的幼儿把所有的注意力都放在寻找亲人上。这个时候，如果能够分散幼儿寻找亲人的注意力，焦虑的情况就会减轻甚至暂时消失。游戏是幼儿的天性，虽然他们处在与亲人分离的焦虑中，但是"玩"对他们来说还是有很大吸引力的。教师需要充分利用幼儿的这个特性，利用活动室的玩具、有趣的游戏来吸引幼儿的注意力，使他们从分离焦虑中尽快走出来。

（2）增强安全感法

幼儿在入园初期出现与亲人之间的分离焦虑,其实是幼儿不安全感的体现。老师和小伙伴是陌生的面孔,活动室的环境也是完全陌生的,这都容易让幼儿产生不安全感。在入园初期,教师可以同意幼儿带一个心爱的玩具,不仅使幼儿的依恋情感转移到玩具上,而且这个心爱的玩具也能给幼儿在全新、陌生的环境中带来心理上的安全感。这对于分离焦虑的缓解是十分有利的。但需要注意的是,所带玩具必须是不易损坏的,无危险的。

（3）联合家长法

焦虑会引起幼儿生理上的应激反应,长时间焦虑,容易使幼儿抵抗力下降。刚入园的幼儿常常很容易出现感冒、发烧、肚子疼的现象。幼儿的焦虑与不适,往往也会让家长焦虑起来。帮助幼儿尽快解决分离焦虑,需要家长和教师共同努力。在幼儿入园前,教师与家长及时沟通,首先向家长初步了解幼儿的特性,其次向家长宣传分离焦虑的解决对策,并请求家长积极配合教师的工作,以帮助幼儿尽快适应幼儿园的生活。

学练结合5—5

做好家长工作,帮助孩子尽快度过分离焦虑期[①]

十月份,当大部分的小朋友基本度过分离焦虑期的时候,班里又转来了一位新成员斌斌。斌斌第一天入园时情绪上没有特别的反应,他还没明白上幼儿园意味着和爸爸妈妈、姥姥姥爷、爷爷奶奶们分开。第二天入园时他出现了较大的哭闹行为,扯着姥姥的衣服大声喊叫。第三天依然如此。第四天,孩子仍然是哭闹着不肯上幼儿园,但是送他入园的家长队伍出现了明显的变化。前几天是姥姥和妈妈来送他,而今天是爸爸妈妈、姥姥姥爷加上爷爷奶奶一起来送的他。连续几天的哭闹似乎让整个家庭都焦躁不安起来。我立刻意识到,对于班级的这位新成员,我的家长工作做得严重不到位。我也立刻进行了补救,在当天离园时间与斌斌的家长进行了沟通,告诉他们孩子的分离焦虑是一种正常现象,如果家长也跟着焦虑,并把这种焦虑感带给孩子的话,会加重孩子的分离焦虑。家长们以一种放松的心态面对,才能在轻松的氛围中缓解孩子的紧张感,才能尽快帮助孩子度过分离焦虑期。为了缓解他们整个家庭的紧张氛围,我将斌斌入园后开心地和幼儿一起游戏的照片发送给了妈妈。至此,他们才放心,原来孩子在幼儿园里情绪还是很稳定的。反思这件事情,及时的跟家长沟通,让家长了解分离焦虑的相关常识,十分有助于幼儿尽快度过分离焦虑期。

思考:

1. 如何联合家长,帮助幼儿尽快消除分离焦虑?

2. 请谈谈家长在幼儿园日常工作中所起到的作用。

---

① 案例由大连市甘井子教育局实验幼儿园李春会老师提供。

（4）逐步适应法

分离焦虑产生的原因之一是由陌生环境引起的不安。如果能让幼儿提前了解幼儿园,那么分离焦虑的程度就会减缓许多。家长在幼儿入园前两三个月,多带幼儿到幼儿园附近参观玩耍,同时给幼儿讲解幼儿园的乐趣:有很多新奇的玩具,有亲切的老师、有唱歌、跳舞、做游戏等有趣的活动,使幼儿熟悉幼儿园环境,并产生向往幼儿园的情感。

幼儿园可以在幼儿正式入园前安排一些活动,使幼儿逐步熟悉、适应幼儿园。例如,开展亲子活动周。教师组织内容丰富、形式多样的亲子活动,在正式入园前一到两周,请家长带领幼儿一起参与。亲子活动能够帮助幼儿熟悉幼儿园及教师,为他们独立入园做好准备。

2. 礼仪欠缺及对策

入园环节是幼儿从家庭到幼儿园的转换环节。入园的时候,幼儿既要与家人分离,又会与老师、同伴相聚。因此,入园环节是幼儿礼仪习惯养成的良好时机。教师要鼓励幼儿主动与教师、同伴打招呼,与家人告别。有些幼儿在入园时会出现不愿开口向老师和同伴问好,或者没有礼仪意识,不理会家长与教师,直接走进活动室等现象。

很多幼儿的礼仪习惯还没有养成,需要教师分析行为背后的原因。保教人员的一言一行都在潜移默化地影响着幼儿。因此,保教人员需要注意自身的行为,为幼儿树立正确的礼仪榜样。幼儿入园的良好行为习惯并不是短时间内就能形成的,需要保教人员坚持不懈地进行引导。

学练结合5-6

用自己的礼貌行为影响孩子[①]

今天想想小朋友来园后依然没有跟我问好,于是我走过去说"想想早上好。"他看了看我,没有回应就走进了盥洗室。于是我跟他进了盥洗室,继续说:"想想早上好!"他仍然没有回应我。接着我蹲下来说"想想为什么不理冯老师啊? 老师特别喜欢想想,我也相信想想是个懂礼貌的好孩子。"我又一次说:"想想早上好!"这一次想想大声地说"冯老师早上好!"这时我心里充满了满足感。从此以后,每次想想来园,我都主动跟他问好,他也快乐地回应我,慢慢地想想来园能主动跟我问好了。在工作中,教师会经常教育孩子们要懂礼貌,但我觉得最简单直接的方法就是用教师自身的礼貌行为慢慢地去影响孩子。这需要一定的时间,但确实对促进幼儿良好习惯的养成有很好的作用。

思考:

1. 教师如何帮助幼儿发展良好的行为习惯?

2. 请谈谈教师行为对幼儿的影响。

---

① 北京师范大学实验幼儿园.保育员工作指南[M].北京:北京师范大学出版社,2012:15

二、盥洗活动

盥洗活动主要包括：刷牙和漱口、洗脸和洗手、洗头和洗澡、梳头、洗屁股和洗脚等。盥洗是幼儿生活中非常重要的环节，通过盥洗可以培养幼儿清洁、卫生的好习惯，提高幼儿的生活自理能力，增强幼儿的抵抗力，达到保持身体健康的目的。全日制幼儿园盥洗主要包括漱口和洗手等活动，寄宿制幼儿园的盥洗活动包含内容更广泛些。

（一）盥洗环节对幼儿的常规要求

洗手是进行最频繁的一项盥洗活动，如幼儿饭前饭后、便前便后、活动前后等都需要洗净双手。漱口和擦嘴活动一般在幼儿餐点后进行，喝水后可根据需要引导幼儿将嘴擦干净。洗脸和梳头活动一般在幼儿每天午睡起床后进行。

1. 洗手

（1）能用正确的方法洗手，养成认真有序洗手的良好习惯。

（2）洗手时能不湿衣袖，不玩水，懂得节约用水。

（3）了解洗手的必要性，饭前、便后、手脏时能及时洗手。

2. 漱口

（1）知道漱口的好处，养成每餐后用正确方法漱口的好习惯。

（2）会用鼓漱的方法漱口。

3. 擦嘴

（1）养成每餐后用口巾擦嘴的习惯。

（2）能够照着镜子将嘴巴擦干净。

（3）擦完嘴后将口巾放到指定位置。

4. 洗脸

（1）洗脸时不湿衣袖，不玩水。

（2）起床后、脸脏时能及时洗脸。

5. 梳头

（1）知道起床后、头发凌乱时要及时梳头。

（2）养成梳头前后洗净双手的好习惯。

（3）养成梳头后清洁梳子和地面的好习惯。

（4）学习梳头发的基本方法。

（二）盥洗环节保教工作要点

1. 教师的工作要点

（1）教育幼儿懂得盥洗对身体的好处，提示、督促幼儿及时进行盥洗。

（2）根据盥洗室的空间大小，将幼儿合理分组，提醒幼儿分组进行洗手活动，保持盥洗室安静有序。

（3）帮助或指导、提示每个幼儿将袖子挽至胳膊肘处，防止溅湿衣袖。

（4）指导幼儿轻轻打开水龙头调至合适的位置，保持水流柔和，教育幼儿懂得节约用水。

（5）关注幼儿的盥洗过程，发现有打闹、玩水等情况，及时给予提醒和指导。

（6）幼儿盥洗结束后，及时用干拖把擦干地面上的水，等最后一个幼儿洗完手后再离开盥洗室。

（7）及时鼓励幼儿在盥洗过程中的进步表现，促进幼儿良好盥洗习惯的养成。

2. 保育员的工作要点

（1）准备盥洗用具。

（2）协助教师检查并指导幼儿盥洗活动。

（3）清洁整理盥洗室及盥洗用品。

（4）幼儿盥洗后，及时擦拭水池、镜子等。

（三）盥洗环节中的常见问题及应对策略

1. 常见问题

（1）不会用正确的方法盥洗

无论是洗手还是漱口，都需要用正确的方法，这样才能达到盥洗的预期效果。但是幼儿还没有掌握正确的盥洗方法。幼儿在盥洗时经常出现手上留有肥皂泡沫、弄湿衣袖、地面到处都是水滴等现象。

（2）贪图玩耍，敷衍了事

盥洗室里经常会出现幼儿打闹、玩水的现象。有些幼儿虽然掌握了正确的盥洗方法，但是盥洗时经常敷衍了事。很多幼儿感到盥洗环节枯燥无趣，会把盥洗环节当成"自由活动"的良好时机，趁老师不注意，玩水、打闹。

（3）不能及时盥洗

盥洗活动贯穿于整个一日生活中，餐前、便后、午睡后、户外活动后……因为盥洗活动并不是一个连在一起的整体环节，所以容易被幼儿忽略。便后忘记洗手，起床后没有梳头的意识……这些都是幼儿园常有的现象。

2. 应对策略

（1）创设良好环境

幼儿园环境具有重要的教育价值，教师可充分利用环境的教育意义，将教育目标——掌握正确的盥洗方法渗透到幼儿园环境之中。例如，洗手环节。2010年，在第三个"全球洗手日"到来之际，联合国儿童基金会在"全球洗手日"官网上以图文并茂的方式向公众讲解了"洗手6步法"。幼儿教师可以将"洗手6步法"张贴在盥洗室水龙头附近，让幼儿洗手时学习正确的洗手方法。

（2）提高盥洗的趣味性

用趣味性的方法进行盥洗活动。如，正确的洗手方法包含6个步骤，对于托小班幼儿,教师不应该一次提过多的要求,而应将洗手步骤分解,用趣味性的指导方法逐个击破。趣味性的方法主要有洗手歌等。

（3）给予针对性指导

教师要根据幼儿在盥洗环节的实际需要及时进行个别指导。由于家庭教养方式及幼儿自身发展水平的不同,他们在盥洗环节表现出的问题也会不尽相同。这就需要教师观察幼儿存在的问题,并给予个别指导。

学练结合5-7

你会"咕噜咕噜"吗[①]

言言小朋友现在上幼儿园不哭了,可是每天漱口却是一件为难的事。每当老师说"言言,拿杯子漱口。"他总是着急地把水倒掉。我说:"漱口可以帮助小朋友保护牙齿和口腔,把嘴巴里的小细菌都冲跑。"言言扭头要走,我拿着杯子喝了一口,然后发出了"咕噜"的声音,言言停住了。于是我开始说起了儿歌,"小杯子,手中拿;清清水,喝一口;仰仰脖,摇摇头;咕噜咕噜吐出水,细菌冲跑了。"听我说儿歌,言言又回来了,"老师,我也要水。"言言学着我的样子漱口,可是他却不会"咕噜咕噜",他对我说,"老师,你咕噜咕噜。"我"咕噜咕噜"了几遍,言言笑着说,"真好玩,可是我怎么不会呀。"我告诉他,"咕噜咕噜"的时候嘴巴要闭起来,然后让水在嘴巴里来回打滚,就会发出"咕噜咕噜"的声音了。言言照着我的样子又学了一遍,这次"咕噜咕噜"的声音虽然有点小,但方法是正确的。他又跟我要了一点水,这回他"咕噜"的声音大一些了。言言终于高兴地拿着小杯子走出了盥洗室,他还告诉其他老师和小朋友,"我会咕噜咕噜了,你会吗?"

思考:

1. 案例中老师采用了什么方式让幼儿对漱口产生了兴趣?
2. 请谈谈作为教师如何针对性地指导幼儿的行为。

（4）适当满足幼儿玩水需求

爱玩、喜欢玩水是很多幼儿的天性。当发现幼儿洗手时出现玩水现象,保教人员不能简单粗暴地指责幼儿。一方面,保教人员要理解幼儿的这种天性,在日常教学活动中可以适当组织一些玩水活动,如折纸船放入水盆中,以满足幼儿对水的兴趣。另一方面,保教人员要运用巧妙的方法引导幼儿认真洗手不玩水,养成良好的盥洗习惯。

（5）及时提示与督促

盥洗环节虽然容易被幼儿忽略,但是及时的盥洗活动是幼儿健康成长所必须的手段。盥洗质量与幼儿的健康紧密相连。所以,保教人员首先要细致观察幼儿的盥洗情

---

① 北京师范大学实验幼儿园. 保育员工作指南[M]. 北京:北京师范大学出版社,2012:18

况,并及时提醒、督促幼儿进行盥洗活动。

三、餐点活动

幼儿进餐一般包括早餐、午餐、晚餐和两餐之间的点心、水果等午点。有的幼儿园将午点安排在中晚餐之间,大约 15 点左右。餐点活动既要保证幼儿合理、充分摄入营养,也需要趁机提高幼儿的进餐技能及培养其良好的进餐习惯。

学练结合5-8

幼儿跌在汤桶里导致终身残疾①

午餐的时间到了,中二班的孩子们来往于卫生间与教室之间,忙于如厕、洗手、准备进餐。当班的老师就在此时离开教室也到卫生间如厕。保育员又赶在这节骨眼上送来了一桶才出锅的汤,她将汤像往常一样放在开饭的餐桌旁,就匆匆地走了。

佳佳和几个孩子洗好手后没有入座,而是走走推推、嬉戏着,一直推到了汤桶边。可怕的事情发生了:佳佳一下子跌进滚烫的汤桶里。佳佳尖叫起来,班上的孩子乱成一团。老师闻讯赶来,惊慌地把佳佳从汤桶里拉出。园领导和老师立即把佳佳送进了附近的医院,并且通知了佳佳的父母。医院医生诊断,佳佳为深度烫伤,并有可能失去生育的能力。

佳佳的父母无法控制自己的情绪,整天到幼儿园哭闹,要幼儿园为佳佳支付巨额医疗及赔偿费用。幼儿园的员工们个个胆战心惊,无法进入正常工作状态,幼儿园正常教育教学秩序受到严重影响。

幼儿园的管理现状,引起了其他家长担忧,他们害怕灾难会降临到自己孩子的身上,于是纷纷要求给孩子转园。幼儿园的生源大大减少,办学声誉受到严重影响,幼儿园付出了惨痛的代价。

思考:

1. 上述案例中教师和保育员分别存在哪方面的失误?
2. 餐点环节保教人员都有哪些工作要点?

(一)餐点环节对幼儿的常规要求

1. 进餐点前能用正确的方法将双手洗净。
2. 学习餐具的使用方法,逐步做到独立进餐,乐意自己进餐。
3. 不挑食、不偏食,能够根据自身需要适量进食。
4. 养成细嚼慢咽、不发出较大声音、不掉饭菜的良好进餐习惯。
5. 能安静愉快的进餐,懂得情绪愉快地进餐对身体健康有益。

---

① 陈群.幼儿园危机管理实务[M].北京:中国轻工业出版社,2013:104

6. 餐后能独立收拾食物残渣,并能有序整理自己使用过的餐具。

7. 餐后能够做到及时洗手、漱口、擦嘴。

(二) 餐点环节保教工作要点

幼儿的餐点活动包括进餐前、进餐中和进餐后。根据幼儿身体发育的特点,幼儿园要制定正确的饮食制度,幼儿进餐必须定时定量,开饭要准时,进餐时隔 3~4 小时。[①] 进餐前保教人员侧重进餐的准备,包括必要的盥洗等准备。进餐中保教人员侧重培养幼儿的进餐技能和良好的进餐习惯。进餐后,保教人员侧重帮助幼儿养成有序整理和及时盥洗的习惯。

1. 进餐前

(1) 教师的工作要点

① 餐前 15~30 分钟开始准备,组织适宜的活动,引导幼儿保持情绪稳定、愉快,帮助幼儿做好进餐的心理准备。

② 营造宽松舒适的进餐氛围。

③ 帮助、指导幼儿做好餐前如厕、洗手活动。

④ 用形象有趣的语言向幼儿介绍餐点,也可鼓励幼儿向同伴介绍饭菜的营养,做好餐前引导工作,激发幼儿进餐欲望。

⑤ 进餐前维持好幼儿秩序,避免碰到热的食物发生烫伤。

(2) 保育员的工作要点

① 做好餐前桌面清洁和消毒工作。餐前消毒餐桌要做到一遍清水、一遍消毒液、一遍清水(清—消—清)进行擦拭,要求消毒时间为 5~10 分钟。[②]

② 桌面消毒后,将已消毒的餐具、纸巾分发在每张桌子上或指导值日生分发餐具。

③ 取餐时要使用肥皂或洗手液洗净双手;领取食物器皿必须加盖,冬季注意保温,夏季注意散热和防蝇虫;将取来的饭菜放在安全处,避免幼儿烫伤。

④ 做好穿配餐服、戴配餐帽、洗净双手等必要的卫生措施后,开始分餐,注意动作要轻,并根据幼儿的进食量盛适量的饭菜。

⑤ 关注食物过敏、生病、过度肥胖或少数民族和其他种族的幼儿,根据调整方案进行单独配餐。

2. 进餐中

(1) 教师的工作要点

① 指导幼儿学习餐具的使用方法,指导托、小班幼儿使用小勺进餐,指导中、大班幼儿使用筷子进餐。

② 引导幼儿懂得主食与菜、干点与稀饭搭配着吃。

③ 指导幼儿学习带皮、带壳、带核食物的吃法;帮助幼儿学习鱼、排骨等带刺、带骨头

---

① 梁志燊. 学前教育学[M]. 北京:北京师范大学出版社,1995:275

② 北京师范大学实验幼儿园. 保育员工作指南[M]. 北京:北京师范大学出版社,2012:20

的食物的吃法。

④ 提醒幼儿安静进餐、细嚼慢咽,调整身体不适、胃口不好的幼儿进餐量,必要时帮助他们进餐;及时纠正个别幼儿偏食、挑食、暴食及汤泡饭等不良的进餐习惯。

⑤ 及时、有效处理进餐过程中的突发事件,维持安静、舒适的进餐环境。

（2）保育员的工作要点

① 为有需要的幼儿及时添盛饭菜。

② 当出现打翻饭碗或饭菜洒出的现象时,帮助幼儿及时进行清理,保持进餐环境的卫生。

③ 协助教师对幼儿进行进餐指导,帮助幼儿养成良好的进餐习惯。

3. 进餐后

（1）教师的工作要点

① 帮助、引导幼儿主动收拾食物残渣,整理餐具并分类放在固定容器里。

② 指导幼儿掌握饭后洗手、漱口、擦嘴的正确方法,提示幼儿饭后及时进行洗手、漱口、擦嘴。

③ 组织幼儿餐后散步、户外观察和自由活动。

（2）保育员的工作要点

① 协助教师督促幼儿饭后及时进行必要的盥洗活动。

② 等待幼儿进餐结束后,进行湿性扫除,指导中、大班值日生进行桌面、地面的卫生清理工作。

（三）餐点环节中的常见问题及应对策略

1. 幼儿洒落饭菜及对策

幼儿洒落饭菜现象是幼儿园进餐环节的常见问题,尤其是托班、小班幼儿。尽管保教人员在幼儿用餐时多次提醒吃饭不要洒落饭菜,注意清洁,但往往还有一些幼儿将米粒、菜汤等洒落在餐桌上,甚至是地面上。幼儿之所以出现洒落饭菜现象,一是幼儿本身小肌肉动作,尤其是手部精细动作发展不健全,进餐能力欠缺,不能很好的使用筷子和勺子;二是幼儿还没有养成良好的进餐习惯。保教人员应耐心等待幼儿的成长,不可粗暴地指责。教师可以多开展一些有关手部精细动作发展的活动,如串珠,潜移默化地促进幼儿使用筷子和勺子的能力。再者,保教人员要坚持采取多种方法引导幼儿养成良好的进餐习惯,逐渐减少洒落饭菜现象的发生。

学练结合5—9

正确使用筷子①

奇奇小朋友吃饭很专心,但最近就餐最慢的总有他,这是为什么呢? 观察后发现,新

---

① 北京师范大学实验幼儿园. 保育员工作指南[M]. 北京:北京师范大学出版社,2012:22

学期孩子们开始使用筷子进餐,他使用筷子的方法不正确,他的所有手指都攥着筷子,吃得很费劲,时不时还往外撒饭粒。他又捡又吃,费力费时。观察到这个现象之后,我觉得应该采取正面示范和家园合作的措施。在向他示范正确方法后,我还和他的妈妈沟通,在家园一致性教育后,奇奇不光会用正确方法拿筷子,食欲也提高了。

思考:

1. 案例中反映了幼儿的什么行为问题?
2. 请谈谈教师如何应对幼儿进食过程中的行为问题。

2. 幼儿吃饭慢及对策

进餐环节,经常会出现保教人员催促幼儿快点进餐的现象。班级幼儿人数众多,个别幼儿进餐较慢,确实会影响整个班集体下一个环节的进行,保教人员催促个别幼儿进餐的行为可以理解,但简单粗暴地催促幼儿快速进餐,尤其是保教人员在进餐接近尾声的时候强制性地大口大口喂幼儿的行为是极不可取的,是应该禁止的,很容易发生呛噎事故。在进餐过程中保教人员不应该三番五次地强调进餐速度,这样会导致幼儿为了速度吃饭出现囫囵吞枣的现象,咀嚼不到位,会影响幼儿的消化,久而久之会影响幼儿的健康。因此,进餐环节要留足充分的时间。至于个别幼儿进餐较慢的现象,保教人员要具体问题具体分析,找出幼儿吃饭慢的原因,适当照顾吃饭慢的幼儿,帮助幼儿逐渐达到正常的进餐速度。

3. 幼儿挑食及对策

有的幼儿把自己喜欢的食物吃完后要求老师添盛,而对不喜欢的食物置之不理。很多幼儿喜欢吃肉、吃甜食、吃零食,不喜欢吃主食、吃青菜等等,挑食的类别很多。挑食容易导致营养摄入不足、不均衡,对处于生长发育时期的幼儿影响很大。幼儿在幼儿园挑食之前极可能在家已经养成了挑食的习惯,幼儿挑食与家庭不正确的喂养方式有密切关系,所以对于挑食的幼儿,教师要及时与家长沟通,仅仅依靠幼儿园单方面的努力很难达到预期的效果。习惯的养成不是一朝一夕的,对于挑食现象,可以采用逐渐加量的方式,让幼儿对不爱吃的东西开始先吃一点以后逐渐增加。保教人员也可以通过组织一些教学活动让幼儿充分认识到各种食物的营养价值,并通过游戏活动、童话故事等手段提高幼儿进食的欲望和兴趣。如果很多幼儿挑食是因为幼儿园饭菜问题,幼儿园则需要及时改进餐饮工作。

学练结合5-10

小勺来敲门①

西西小朋友是个聪明又活泼的小女孩,比较喜欢吃肉,每次吃饭的时候总是先把肉吃光,把青菜留在碗里,然后就紧紧地闭着嘴,怎么劝都不吃。今天吃饭时,西西又不愿

---

① 北京师范大学实验幼儿园. 保育员工作指南[M]. 北京:北京师范大学出版社,2012:23

意吃青菜了,把小嘴紧紧闭着,我来到她旁边,用小勺盛了一口菜,送到她嘴边说,"咚咚,小勺来敲门,有人吗?快把门打开,青菜要来做客了。"西西高兴地张开嘴说,"有人!"并把一勺青菜一下子吃了进去。刚吃完,西西就大声说,"老师,再来敲门。"于是我笑着说,"你欢迎青菜来做客吗?"她点点头说,"欢迎!"不一会儿,她盘子里的青菜就都到她肚子里"做客"去了。

思考:

1. 请谈谈教师如何应对幼儿的偏食行为。
2. 案例中教师的做法给了我们什么启示?

4. 幼儿吃饭说话打闹及对策

进餐环节要避免出现幼儿打闹等混乱局面,大吵大闹会影响幼儿的进餐,甚至造成一些意外事故。但是,过犹不及,很多幼儿园过于强调进餐环境的安静,不允许幼儿说话,甚至说一句话都被训斥,则造成了压抑的心理氛围,影响幼儿愉快进餐。长此以往,部分幼儿会觉得进餐是件痛苦的事情,"食不语"的做法带来很多负面影响。进餐环节,保教人员应为幼儿创设一个安静、舒适的进餐环境,以免打翻饭菜或发生呛噎等事故,同时应允许同一桌的幼儿可以自由交谈,但是要控制好音量。为了营造一个愉快安静的进餐环境,教师可以选择播放一些舒缓的音乐,在音乐中幼儿轻松进餐。

四、如厕活动

如厕是满足幼儿正常生理排泄需要的活动。如厕能反映幼儿最基本的生活自理能力和卫生习惯。作为保教人员,要帮助幼儿掌握如厕的基本技能,引导幼儿遵守如厕常规,使幼儿能够轻松、独立如厕。

(一) 如厕环节对幼儿的常规要求

1. 懂得如厕是一件正常的事,了解大小便与身体健康的关系,能做到轻松如厕。
2. 有需要时能够大胆告知成人,及时进厕所排便,不随地大小便,并逐步做到不尿裤子、不拉裤子。
3. 养成定时大小便,便前便后洗手,便后冲水的良好习惯。
4. 能自己脱裤子,提裤子,学习使用手纸正确擦屁股,逐步做到便后自理。
5. 能安静、有序如厕,不在厕所逗留、玩耍。

(二) 如厕环节保教工作要点

幼儿新陈代谢旺盛,需要水分多,而膀胱容量小,黏膜柔弱,肌肉层及弹性组织不发达,储尿功能差,所以年龄越小,每天排尿次数越多。[①] 教师一般在集体教学活动、户外游

---

① 朱家雄,汪乃铭,戈柔. 学前儿童卫生学[M]. 上海:华东师范大学出版社,1999:55

戏、进餐、午睡等活动前后组织幼儿统一如厕,其他时间个别幼儿如有需要应该允许其随时如厕。

1. 教师的工作要点

(1) 带领幼儿熟悉班级厕所环境,学习如厕器具的使用方法。

(2) 组织幼儿有序如厕,组织中、大班幼儿分别进入男、女厕所如厕,指导幼儿有序做好脱裤子、提裤子、排便入池、便后自理、便前便后洗手等工作。

(3) 提醒幼儿不在厕所中逗留、玩耍,对幼儿如厕过程中存在的喧哗、嬉戏、聊天、争抢厕位等个别问题和危险行为,及时进行引导和教育。

(4) 及时与家长交流幼儿在园的如厕情况,了解幼儿在家大小便习惯,引导家长重视幼儿在家的如厕教育,并请家长给幼儿准备 1—2 套舒适的衣服带到幼儿园,以备幼儿拉裤子、尿裤子及时更换。

(5) 引导幼儿主动做好集体活动、户外活动、进餐、午睡等活动前的如厕准备。

(6) 鼓励幼儿节约手纸、手纸入桶、便后冲水、洗手等良好的行为,逐步培养幼儿良好的如厕习惯。

2. 保育员的工作要点

(1) 做好如厕前的物质准备工作,保持厕所地面干燥,空气清新,保持便池洁净、无异味,提供的手纸放在幼儿易于取到的位置。

(2) 指导并帮助年龄较小的幼儿如厕,鼓励年龄较大的幼儿独立穿脱、整理衣裤,使用卫生纸从前到后擦屁股。

(3) 提示幼儿便后冲水,并用肥皂洗净双手。

(4) 耐心为尿裤子和拉裤子的幼儿更换衣物,清洗衣物,并与主班教师沟通。

(5) 关注幼儿如厕次数和大小便情况,当发现幼儿拉肚子或长时间未如厕的情况时及时与主班教师沟通。

(6) 定时清洁整理厕所,每天下班前对厕所进行彻底清洁、消毒。

(三)如厕环节中的常见问题及应对策略

1. 常见问题

对于托小班幼儿来说,生活环境的变化、如厕方式及如厕器具的改变会带给他们一定的心理压力。加上他们本身对大小便的控制能力就较弱,使他们在如厕环节更容易出现问题。

(1) 托班、小班问题

托小班的孩子年龄较小,如厕存在的主要问题有:①频繁出现拉裤子、尿裤子现象;②穿脱、整理裤子的技能欠缺。

(2) 中大班问题

中大班幼儿来说,他们的有意行为、自制力开始发展,能够比较独立、自如地如厕,但容易出现以下问题:①一边排便一边嬉笑、打闹等不专注行为;②如厕后,随意穿衣、潦草洗手等敷衍了事行为。

2. 应对策略

(1) 鼓励幼儿勇敢表达如厕想法

有些幼儿出现不及时排便、拉裤子、尿裤子的现象是因为如厕带给他们一定的心理压力。在出现大小便失禁等问题时,保教人员如果表现出回避、厌恶、排斥等情绪和行为,往往会加重幼儿如厕的心理压力,会造成幼儿有如厕需要或者尿裤子、拉裤子而不敢说的现象。保教人员需要营造轻松的如厕氛围,引导幼儿了解如厕是一件正常的事,鼓励他们在有大小便的意愿时勇敢表达出来。

(2) 提醒幼儿及时如厕

有些幼儿出现不及时排便、拉裤子、尿裤子的现象往往是因为他们贪玩或者不想中断手中的活动。多数时候,幼儿需要大小便时身体会发出一些信号,例如,微微摇晃,脸发红等。保教人员要注意观察幼儿,敏感地捕捉这些信号,及时引导幼儿去如厕。

学练结合5—11

引导幼儿及时如厕[①]

果果小朋友做完一份手指拓印工作后,拿着请我装订。"王老师,请帮我订一下。""好的,再拿一张纸来做封皮。"我说。"哦,好!"他快速跑去取来一张纸后一直盯着我的手,并时不时想拿回他的作品。"王老师好了吗?"他问。我边整理边说,"等一下就好。"并同时看了一下他,发现他很着急,身体还轻微地左右摇晃着。"你想小便吗? 果果!"我感觉他像是憋着小便的样子。"我想小便,但是我的作品还没订好……"他说。于是我让他马上去小便。回来后他找我要作品。我提醒他,"下次有小便了就去,不能憋着,好吗?""可是我想拿作品。"他说。"作品让老师帮你拿着,你回来后会给你的,但有小便要是不去就尿裤子了。""哈哈……"他自己也不好意思地笑了。

思考:

1. 案例中,教师如何引导幼儿养成良好的如厕习惯?
2. 请谈谈教师在与幼儿交往中,怎样及时了解幼儿的需求。

(3) 创设良好如厕环境

环境在幼儿发展中有着巨大的教育潜能。厕所应该符合卫生条件,干净、卫生。保教人员可以根据幼儿实际需要及厕所设施条件,在厕所墙面、便池等位置张贴图片或标记,如提裤子的方法步骤、擦屁股的流程图、蹲式便池上的脚印等。

---

① 北京师范大学实验幼儿园.保育员工作指南[M].北京:北京师范大学出版社,2012:28

（4）制定明确的如厕规则

有的幼儿如厕时会把尿液、大便等弄到便池周围，污染了环境又加重了保教人员的工作压力。有的幼儿如厕后不喜欢洗手，有的幼儿整理不到位，还有的幼儿在厕所喜欢打闹推搡等等。保教人员可以与幼儿一起讨论文明如厕的规则有哪些。保教人员可将全体讨论后的制度张贴到厕所墙面的适当位置，提醒幼儿遵守。

五、喝水活动

水是生命之源，是人体内六大营养素之一，是维持生命的重要要素。及时补充体内水分对幼儿身体发育十分重要，因此科学组织幼儿喝水环节、培养幼儿良好的喝水习惯是十分必要的。

（一）喝水环节对幼儿的常规要求

1. 懂得喝水对身体健康的好处。

2. 喜欢喝白开水，逐步做到主动喝水。

3. 在取放杯子、接水、喝水的过程中能正确使用口杯。

4. 能独立喝适量的水。

5. 养成安静、有序喝水的良好习惯。

6. 在成人指导下，学习根据身体需要适量喝水。

7. 知道按时喝水，遇到特殊情况能及时喝水。

（二）喝水环节保教工作要点

1. 教师的工作要点

（1）组织幼儿喝水前洗干净双手。

（2）激发幼儿喝水的愿望，组织幼儿轮流喝水。

（3）提醒幼儿端取自己的水杯喝水，指导幼儿有序、独立接适量的水。

（4）指导幼儿握好杯把，端稳口杯，轻轻走到喝水区，慢慢喝水，提醒幼儿不要把水洒到衣服或地面上。

（5）关注幼儿喝水情况，及时肯定幼儿的良好喝水行为，对聊天、打闹、说笑的幼儿及时进行提醒和引导。

（6）鼓励幼儿喝完杯中的水，教师注重发挥榜样示范的作用。

（7）提醒幼儿喝完水后将口杯放到固定位置。

（8）帮助幼儿了解喝水与身体健康之间的关系，学习根据身体需要饮用适量的水。

2. 保育员的工作要点

（1）为幼儿准备温度适宜的白开水（30℃左右）。

（2）提前擦拭、整理盥洗室，保持室内干燥和整洁。

（3）幼儿不小心洒水时，及时擦拭地面，避免幼儿滑倒、摔伤。引导幼儿地上有水时及时告诉老师,可指导大班幼儿尝试清理地面,保持地面干燥。

（4）关注幼儿嘴巴或衣服上是否有水迹,及时用毛巾帮助托小班幼儿擦拭嘴上的水迹或更换被洒湿的衣服,提醒中大班幼儿自己及时用毛巾擦拭嘴上的水迹或更换被洒湿的衣服。

（5）协助教师关注幼儿喝水情况,对出现问题的幼儿及时给予指导。

（6）每天都要对水杯架和水杯清洁和消毒。

对水杯架消毒可以选择含氯的消毒液,如 84 消毒液,消毒时间 10 分钟以上。水杯消毒一般分为煮沸消毒和远红外线消毒,比如使用远红外线消毒柜,不能购买远红外线消毒柜的幼儿园可以使用煮沸消毒法。一般先将物品刷洗干净,再将其全部浸没水中,然后加热煮沸,水沸开始计时,5～10 分钟可杀灭细菌繁殖体,15 分钟可将多数细菌芽胞杀灭,热抗力极强的需更长时间（如破伤风杆菌芽胞需煮沸 60 分钟才可杀灭）。[①] 高原地区水沸点低,需要适当延长消毒时间。远红外线消毒（如远红外线消毒柜）应控制温度 100℃,消毒时间不少于 15 分钟。

（三）喝水环节中的常见问题及应对策略

1. 主动喝水意识淡薄,不愿喝白开水,对策

大多数幼儿要在教师、同伴的提醒下才去喝水,能够主动喝水的幼儿较少。如果没有成人的提醒,一天下来,幼儿的喝水量明显不足。而且会有个别幼儿出现因不爱喝白开水而拒绝饮水或勉强少量饮水的现象。他们要求喝从家里带来的有味道的"水",即各式饮料。教师应引导幼儿主动喝水,并通过故事等多种形式让其认识到喝白开水的重要性,引导幼儿愿意喝水。

学练结合5-12

通过讲故事和道理引导幼儿多喝水[②]

最近我发现很多孩子在喝水时会使点小"伎俩"。在一次没有任何"监督"的情况下,我悄悄地观察了孩子们喝水的情况。有的孩子只打了一口水,喝完润润嗓子;很多孩子只喝了两三口水;少数孩子能喝半杯水;个别孩子能喝满满一杯水;还有的小班孩子接了满满一杯水,却只喝了一两口就悄悄倒了。为了让孩子们喝足量的水,老师们想尽了各种办法,让孩子们自己去喝。有老师检查,幼儿喝水效果很好,但一旦没有外力督促,孩子们又"不自觉"了。怎样才能让孩子们自己意识到喝水的重要性,自己主动喝水呢? 我自编了一个小故事——"我的尿不黄了"。故事大意:一个小朋友的尿非常黄,而且很臭,小朋友都不愿意和他一起上厕所,他自己也很奇怪,为什么自己的尿黄? 后来终于找到

① 赵滨,张丽华. 基础护理和人文护理 1 027 问[M].北京:军事医学科学出版社,2012:25
② 北京师范大学实验幼儿园. 保育员工作指南[M].北京:北京师范大学出版社,2012:25

了原因,是因为喝水太少,身体中的毒素排不出来,所以尿会很黄,还容易生病。通过故事,孩子们认识到喝水的重要性,同时知道自己该喝多少水,喝水少了会造成身体哪些部位不舒服等健康小常识。渐渐地,孩子们喝水的次数比以前增加了,每次都能喝一满杯水,也很少听到小朋友的妈妈告诉老师要提醒他的孩子多喝水了。

思考:

1. 案例中,教师细心观察到幼儿存在什么行为?
2. 请谈谈喝水环节的工作要点。

2. 喝水时规则意识欠缺及对策

有的幼儿喜欢接完水站在饮水机旁喝水,有的幼儿喜欢在走向座位的过程中边走边喝,有的幼儿在喝水时可能会发生争抢接水的现象,还有的幼儿在喝水时,容易出现和同伴聊天、说笑甚至打闹的现象。洒水、弄湿衣服事小,但一边喝水一边说笑容易把水呛入气管,影响呼吸,是比较危险的。教师可组织幼儿到年龄稍大的班级去参观良好的喝水行为。也可以及时鼓励本班某幼儿的良好喝水行为,发挥同班幼儿的榜样示范作用。教师可以与幼儿一起讨论安全喝水的规则,然后将全体讨论后的规则张贴到饮水区域附近,提醒幼儿遵守。

六、午睡活动

充足的睡眠是幼儿健康成长的保障。《3~6岁儿童学习与发展指南》中明确要求:"保证幼儿每天睡 11~12 小时,其中午睡一般应达到 2 小时左右。午睡时间可根据幼儿的年龄、季节的变化和个体差异适当增减。"午睡环节是培养幼儿生活自理能力的重要环节,幼儿需要学会穿脱衣裤、梳理头发、整理床铺等。保教人员要保证幼儿在园充足的午睡时间和睡眠质量,并培养幼儿良好的睡眠习惯和生活自理能力。

学练结合5-13

午睡时发生的事故[①]

在炎热的夏天里,太阳以无限的热情拥抱一切。小朋友们还是像以往一样,午餐、散步过后就陆续上床午睡了。小朋友睡的床是多功能的,平常折叠起来靠着墙,到午睡时就把它打开成一张可以睡 20 多个小朋友的床,为了让孩子们睡得更舒服一些,老师们在床上铺上了草席。

小朋友们上床了,保育老师在一旁一边看书一边看孩子睡觉。很多孩子上床不久就睡着了,可是还有几个入睡困难的孩子在那里翻来覆去,小手不敢有大动作,但是小动作

---

① 陆克俭,白洪. 幼儿生活安全教育宝典[M]. 南京:江苏教育出版社,2010. 146

可不少,一会儿摸摸这、一会儿摸摸那,角落里的一个小朋友竟然把席子里的草条抽出来玩,值班老师正入迷地看着她的书呢。午睡值班的老师一般在孩子吵闹和踢了被子时才会站起来巡视,所以老师根本不知道孩子抽草条玩……

傍晚放学回家,这个孩子跟妈妈说他耳朵疼,妈妈拿手电筒一照,妈啊!耳朵里竟然塞了一些东西。妈妈赶快拿夹子把草条夹出来,天啊,一连夹了好几根,每根都有十来厘米长,妈妈吓出了一身冷汗,更让妈妈害怕的是,耳朵深部还有一团呢!妈妈不敢再往里面夹,怕弄到孩子的耳膜,要是这样子,儿子这一辈子就变成聋子了。妈妈赶紧带着孩子去医院。医生用专用的工具才把里面的草条夹出来。

思考:

1. 孩子将草条塞进耳朵险些酿成大祸的原因有哪些?
2. 请谈谈午睡环节的工作要点。

(一)午睡环节对幼儿的常规要求

1. 午睡前及时进行如厕等活动,做好睡前准备。
2. 能够正确穿脱衣服及鞋袜,能有序整理、叠放自己脱下的衣物。
3. 不在午睡房聊天、打闹,能够安静、独立入睡。
4. 入睡时能保持正确的睡姿,不蹬被子,避免着凉。
5. 需要大小便、身体不适或发现同伴有异常时能够及时告知老师。
6. 睡醒后不打扰同伴,按时起床,学习整理床铺。

(二)午睡环节保教工作要点

午睡环节相较于一日活动中的其他环节具有时间长、环境安静的特点,是最容易被保教人员忽视,让他们掉以轻心的环节。午睡环节,由于保教人员的疏忽,容易造成幼儿出走、利器伤人甚至幼儿死亡的惨剧。保教人员需要在午睡环节做好自身的本职工作,不可麻痹大意。

1. 教师的工作要点

(1)组织幼儿进行散步、如厕等睡前准备工作。教师组织幼儿进行 10~15 分钟散步活动,如果室外天气不允许,可以在室内做一些安静的活动,听故事、看书、玩积木等。

(2)午睡前进行安全检查。幼儿喜欢将细小的玩具、小零食或其他物品偷偷藏起来,午睡时拿出来玩耍,容易造成安全事故。

(3)指导幼儿脱衣、脱鞋,并有序叠放、摆放。

(4)提示幼儿把手中物件集中放置后安静进入午睡房。

(5)指导并帮助幼儿放平枕头,盖好被子。

(6)指导幼儿保持正确的睡眠姿势,以右侧卧位为好。

(7)不可大声呵斥不肯睡觉的幼儿,也不可以聊天影响幼儿睡眠,更不可以睡觉。每隔 15～20 分钟巡视一次,负责看睡时不能离岗。巡视、观察幼儿的睡眠状况,注意起床如厕幼儿的安全;幼儿出现高烧、惊厥、腹痛等紧急情况时,立即采取恰当方式处理,必要时通知保健医生或相关人员,立即带幼儿去医院就诊;个别幼儿做恶梦哭喊时,及时赶到他身边安慰。

（8）提醒早醒的幼儿保持安静,以免影响同伴。

（9）幼儿起床后,指导、帮助幼儿穿好衣服,鼓励中大班幼儿自己穿衣、整理床铺。

2. 保育员的工作要点

（1）为幼儿准备舒适的午睡环境,保持室内空气清新、温度适宜,拉好窗帘,调节光线。

（2）协助教师做好睡前如厕等准备工作,检查幼儿有无带物品上床。

（3）引导幼儿在午睡房保持安静,协助教师指导幼儿保持正确的睡眠姿势,及时纠正蒙头睡觉或趴着睡的幼儿。

（4）负责看睡时不能离岗,巡视、观察幼儿的睡眠状况,注意起床如厕幼儿的安全;幼儿出现高烧、惊厥、腹痛等紧急情况时,立即采取恰当方式处理,必要时通知保健医生生或相关人员,立即带幼儿去医院就诊;个别幼儿做恶梦哭喊时,及时赶到他身边安慰。

（5）幼儿起床离开午睡房后,开窗通风,并将被子打开晾十分钟。

（6）协助教师指导、帮助幼儿穿好衣服,鼓励、指导中大班幼儿独立叠被。

（7）整理床铺,打扫午睡房。

（三）午睡环节中的常见问题及应对策略

1. 独立穿脱、整理衣物的意识及技能欠缺,对策

托小班的幼儿,在独立穿脱、整理衣物方面的意识及技能都比较欠缺。有些幼儿习惯了被成人照料,午睡前和起床后静坐不动,等待老师帮他们穿脱衣服。有些幼儿会把袜子、鞋子穿反,扣子扣错,到秋冬季节穿脱套头衫和其他厚重衣物时比较困难。

针对幼儿穿脱衣服、整理衣物、盖被子、叠被子等技能欠缺的现象,保教人员需要耐心指导,尤其是托班和小班幼儿。中大班幼儿,独立穿脱衣服、整理衣物的技能增强,但有些幼儿态度随意,总是把衣物随便一堆。这个时候教师可围绕穿脱衣服、整理衣服中存在的问题,开展一些竞赛性游戏,引导幼儿养成良好午睡习惯。

2. 不能较快安静下来、入睡困难,对策

刚入园时,由于托小班幼儿还存在分离焦虑,所以,午睡时总能听到幼儿的哭闹声,使得午睡房不能较快安静下来。幼儿在幼儿园午睡前也容易出现边脱衣服,边和同伴聊天、玩闹,不能够较快安静下来的现象。即便是躺在床上,很多幼儿也会和相邻的小朋友说笑,迟迟不愿入睡。

幼儿园需要为幼儿创设良好的入睡环境,如睡前先组织幼儿散步,不要吃完饭就着急入睡。午睡时保教人员需要拉好窗帘,调节好光线。室内空气要清新,温度要适宜。面对入睡困难的幼儿,不可粗暴地批评,需要分析幼儿不能入睡的原因,根据原因寻找合

适的对策。保教人员也可以用小音量播放一些轻柔的音乐,或者睡前讲一些帮助幼儿入睡的童话故事等。对于个别实在不愿意或者不需要午睡的幼儿,可安排幼儿从事一些安静类的活动,如拼搭积木、看书等活动,但要保证幼儿的安全,同时教师需与家长交流沟通幼儿不午睡的原因,并寻找解决对策。

学练结合5-14

茗茗午睡时的"奇幻旅行"①

我常会带孩子一起玩"奇幻旅行"的游戏,游戏的玩法类似于讲旅行故事,如飞到天上、潜入海里,让孩子们闭上眼睛尽情地想象,然后睁开眼睛告诉大家自己看到了什么或者做了什么有意思的事情,孩子们特别爱玩这个游戏。

今天中午茗茗又像往常一样不睡觉,折腾得前后的小朋友都不得安宁。只要是这种情况,老师都要坐在她身边好久,等待其入睡。她不像其他孩子那样闭上眼睛入睡,而是一直睁着眼睛,睁到眼睛开始发直才会慢慢闭上眼睛进入睡眠,所以让她坚持闭着眼睛入睡真是一件困难的事情。我忽然想起孩子们平时爱玩的"奇幻旅行"游戏,就对她说,"咱们玩'奇幻旅行'吧!这回你得一直闭着眼睛想你要去的地方,午睡醒了再告诉我去了哪里,试试看!"茗茗马上闭上了眼睛,我说,"现在我们坐上太空飞船,带着茗茗进入她想去的地方吧。"她一直闭着眼睛,没过一会儿就睡了。起床时,她迫不及待地对我边说边比画她的故事,"董老师,我看见了一只大恐龙……"没想到这种方式收到这么好的效果,之后几天午睡时我都跟她玩这个游戏让她睡着,希望坚持下去能帮茗茗逐渐养成上床就闭着眼睛入睡的习惯。

思考:

1. 案例中的茗茗存在什么问题?
2. 教师是如何帮助她养成良好的入睡习惯的?

3. 睡姿不正确及对策

个别幼儿习惯蒙头睡或者是趴着睡,这是不利于幼儿健康成长的,甚至会造成一定的危险。遇到睡姿不对的幼儿,保教人员要及时给予纠正。有的时候,即便保教人员为睡姿不正确的幼儿调整了姿势,他们还会恢复到原来的不良睡姿。许多保教人员发现,无论怎样指导,都没有太明显的成效,例如纠正幼儿的不良睡姿。其中一个主要原因是幼儿在家中早已养成了一定的睡眠习惯。这需要教师及时与家长进行沟通,让家长了解睡姿对身体健康的影响,了解良好的睡眠习惯对身体健康的重要性,联合家长共同引导幼儿,帮助幼儿养成良好的睡眠习惯。

---

① 北京师范大学实验幼儿园.保育员工作指南[M].北京:北京师范大学出版社,2012:34

4. 午睡尿床问题及对策

教师在午睡前应组织幼儿上厕所。午睡中幼儿需要如厕,应允许幼儿如厕并给予帮助,对尿床较频繁的幼儿,教师需寻找原因和解决对策,不可以对幼儿训斥或嫌弃。教师可以让家长为幼儿准备换洗的裤子,幼儿尿裤子或尿床时保育员或者教师要及时为幼儿换洗。

七、集体教学活动

集体教学活动是教师按照一定的教学目标,依据一定的原则,选择教学内容,设计教学过程,面向全班幼儿实施教学过程的活动。集体教学活动在我国幼儿园一日活动中所占比例较大,尤其是中大班。

(一)集体教学环节的幼儿的常规要求

1. 如厕洗手,做好活动准备。

2. 积极参加活动,心情愉悦,注意力集中。

3. 坐姿自然端正。

4. 乐于思考,积极发言,愿意与老师、同伴分享活动经验。

5. 活动结束,有序整理活动材料。

(二)集体教学环节保教工作要点

1. 教师的工作要点

(1)活动前,充分理解、分析教学内容,提前撰写活动教案,至少提前一天准备好活动所需材料。

(2)活动前,组织幼儿如厕,指导幼儿做好活动准备。

(3)关注幼儿坐姿及用眼习惯,帮助幼儿养成良好的学习习惯。

(4)保证教学规范,教育目标明确,重难点突出,符合本班幼儿的发展水平。以幼儿为活动主体,调动幼儿在活动中的积极性、主动性,保护幼儿的探究性和创造性;注意观察幼儿在活动中的表现,根据幼儿需要进行随机教育和个别教育。

(5)活动结束后,进行认真深刻的反思,及时总结经验与不足。

2. 保育员的工作要点

(1)教学时间不随意打断教师的活动,不随意进出教室,保持安静。

(2)对于中途有如厕或其他需要的幼儿,及时协助老师带领个别有需要的幼儿进行如厕等活动。

(3)在教师组织活动期间,如有区域工作未完成,和老师做好沟通,再去完成工作。

(三)集体教学环节的常见问题及应对策略

集体教学环节的开展具有很大的差异性。教师的教育内容涉及到五大领域七大学科,范围较广,每一领域的教学都有独自特点。集体教学环节的管理也涉及到教师备课、组织活动、教学手段的运用、教学评价、幼儿反应等诸多要素。集体教学环节中幼儿常表现出如下问题。

1. 幼儿表现欲望强烈及对策

集体教学环节常会出现以下现象：幼儿争先恐后发言、操作或表演，手举过头顶，甚至直接走到教师的跟前。如果没有得到老师邀请，有些幼儿甚至会情绪低落，失去活动兴趣或者闹情绪，不愿意再参与活动。这些都是幼儿表现欲强烈的体现。幼儿学会了某种技能迫不及待地向老师和同伴显示，以求得到赞许，[①]这是常见现象。

教师不能视幼儿的表现欲为"爱出风头""虚荣心强"，而要尊重幼儿的表现欲，积极加以引导，帮助其转化为现实的表现行为。教师要给幼儿提供或创造有价值的表现内容。幼儿的各类活动均可成为幼儿的表现内容。例如，户外活动可以创设条件让幼儿表现社会交往能力和组织能力。教师还需要给幼儿提供表现的机会，给他们充足的表现时间。

2. 注意力不集中及对策

注意包括有意注意和无意注意两种。有意注意是自觉的、有目的的注意，需要一定的努力才能做到。无意注意则是自发的，不需要任何努力的。婴儿期以无意注意为主，到了学前期，幼儿的有意注意开始逐渐发展。但这时幼儿有意注意的稳定性较差，容易受外界因素的干扰而分散、转移。所以，在集体教学活动中幼儿容易出现注意力不集中等现象。

教师需要丰富教学材料，利用有效教学手段，创设良好的学习环境。形象、生动的事物容易吸引幼儿的注意力，因此，教师在准备教学材料时应该选择适宜的活动材料，以便抓住幼儿的兴趣。同时，教师要为幼儿创设良好的学习环境。在集体教学活动环节，尽量保持室内外安静。

八、户外活动

《3～6岁儿童学习与发展指南》指出，幼儿每天的户外活动时间一般不少于 2 小时，其中体育活动时间不少于 1 小时，季节交替时也要坚持。户外活动是幼儿与大自然亲密接触，享受新鲜空气、阳光，充分活动身体，增强体质和放松精神的重要活动环节。幼儿园常见的户外活动主要有早操、间操、散步、体育游戏、自由活动等。日本、美国等的相关部门都曾做过调查统计，表明儿童受伤种类一般有：骨折、挫折伤、擦伤、扭伤等，而事故发生地点最频繁的就是户外活动场地、游戏设施等处，例如滑梯、秋千、攀登架等。[②] 无论是有组织的做操和游戏活动，还是幼儿自选体育活动，都必须建立一定的规则，否则危险事件发生的概率将会大大提高。

---

① 何世红. 如何对待幼儿的表现欲[J]. 学前教育研究，1995(3)：9
② 顾桂兰. 国外幼儿安全教育做法之鉴[J]. 安全与健康，2010(1)：18

（一）幼儿户外活动常规要求

1. 活动前整理好自己的衣裤，更换鞋子，主动如厕，做好活动准备。

2. 不畏严寒暑热，积极参加锻炼，喜欢参加多种活动，并积极投入。

3. 做操时，能跟随音乐节奏，精神饱满，情绪愉悦，注意力集中，动作协调。

4. 知道大小型玩具及器械的正确玩法，不争抢玩具及器械。

5. 自由体育活动时能在指定的范围内，不乱跑、不喊叫、不打闹、不做危险动作、不玩危险游戏；玩大型玩具时，不拥挤、不推拉、有序上下梯子；具备基本的自我保护能力。

6. 在发现自己或同伴有特殊情况时能够及时告知老师。

7. 注意爱护玩具及器械，玩完后帮助老师将玩具器械等材料放回原处，并摆放整齐。

（二）户外活动环节保教工作要点

1. 教师的工作要点

（1）活动前组织幼儿如厕，整理衣物，更换鞋子，做好户外活动准备。

（2）根据户外活动计划，排查户外活动场地的安全隐患，准备相应的玩具，器械及材料，保证活动顺利开展。

（3）教师衣着便于运动，以饱满的情绪带动幼儿做操的积极性，口令、示范动作准确、熟练。随时注意用语言、动作指导幼儿。

（4）提出自由活动要求。

（5）观察幼儿在活动中的动作及行为（面色、呼吸、出汗、动作的协调性等），准确把握运动量大小，及时调整活动进程，随时观察活动情况，发现不安全因素及时制止，活动中要注意培养幼儿的自我保护能力。

（6）保证每天户外活动时间不少于2小时。

（7）教学活动和午餐后，灵活组织散步，自由活动等户外活动，允许幼儿按自己的个人意愿和兴趣，自由选择有益活动，自由结伴，自由交谈，教师注意时刻观察并适时指导。

（8）活动结束后，指导幼儿整理玩具、器械等材料，带领幼儿做身体放松活动。

（9）准确核对人数，组织幼儿有序回到活动室。

2. 保育员的工作要点

（1）协助教师做好活动前的准备。

（2）活动过程中，观察幼儿的行为表现，及时排除不安全因素，保证幼儿安全，及时处理好活动过程中的突发事件。

（三）户外活动的常见问题及应对策略

1. 自我保护意识与能力薄弱及对策

幼儿喜欢探索，对户外新奇的事物特别感兴趣，喜欢去尝试和探索。但由于认知能力有限，自我保护意识与能力都很薄弱，容易发生危险事件。加上幼儿的自我中心特点较为突出，玩得高兴时，常常忘记了要遵守规则和秩序，往往一拥而上，你推我挤，极易造成身体伤害。

教师需要增强户外活动安全意识,关注活动中每一个幼儿的行为。教师需要及时排查户外活动场地、幼儿衣物等不安全隐患。教师需要准备足够数量的玩具、器械等材料,尽量避免幼儿因为材料短缺发生争抢等现象。教师需要告诉幼儿一些安全知识,教会幼儿学会自我保护等。

2. 冲突事件频发及对策

在户外活动中经常能看到幼儿之间发生冲突的现象。他们会为一个玩具而争抢,会为谁先滑滑梯而争执。年龄越小的幼儿越容易发生争抢行为。玩具数目不足容易发生争抢行为。幼儿从家庭进入幼儿园,开始体验集体生活。但幼儿往往有以自我为中心的心理特点,他们还不具备很好的换位思考能力。再加上自我控制能力较差,所以在交往过程中难免与同伴发生冲突。

户外活动,教师需要提示幼儿遵守游戏规则。为了使幼儿懂得游戏规则,可采取多种方法,如讲故事、游戏模拟等。遵守活动规则能降低幼儿冲突发生的几率。冲突作为幼儿之间的一种相互抵制或对抗状态,表现方式是多种多样的:抢夺玩具的冲突、同伴加入的冲突、言语争吵的冲突、行为攻击的冲突等。面对幼儿的冲突,保教人员除了需要及时制止冲突的发生,还需要注意的是让幼儿学会自我解决冲突,避免过度干涉。教师要鼓励幼儿合作游戏和分享玩具。数量不足的玩具则需要及时补充,以减少发生冲突的几率。

3. 幼儿不喜欢户外活动及对策

有的幼儿因为身体弱,有的幼儿因为体重超标,还有的幼儿没有户外运动的习惯等等,这些都可能是造成幼儿不喜欢户外活动的原因。教师要针对不同的原因采取相应的措施,具体措施如:增加户外的趣味性;让喜欢运动的幼儿带动不喜欢运动的幼儿一起玩耍;循序渐进的增加运动量,让幼儿慢慢喜欢户外运动,等等。

九、离园活动

离园活动是一日活动中最后一个环节。教师可以利用离园短暂的时光,有计划地组织幼儿进行离园整理,包括情绪情感的整理、仪容仪表的整理和离园物品的整理等,帮助幼儿梳理一天的活动和收获,给幼儿一日的幼儿园生活画上圆满的句号。

(一)幼儿离园活动常规要求

1. 能保持一种稳定、愉悦的情绪等待家长来接。
2. 能够按照自己的意愿选择离园活动,遵守活动的规则。
3. 能够主动整理自己的物品,尝试并逐步做到独立整理自己的仪表。
4. 能主动与教师和同伴告别,礼貌离园。
5. 知道独自离开和跟陌生人走的危险性,能跟随家人离园。

(二)离园环节保教工作要点

1. 教师的工作要点

(1)引导幼儿回忆、表达一天的快乐生活,鼓励幼儿的点滴进步,引导幼儿学习关注、欣赏和赞美同伴。

(2)帮助幼儿穿好外衣,整理好裤子,检查鞋子。

(3)引导幼儿学习整理仪表,重点指导幼儿整理衣袖、提好裤子。

(4)引导幼儿整理自己的物品,不遗漏自己的物品,不乱拿别人的物品。

(5)组织幼儿进行离园活动,稳定幼儿情绪,使他们耐心等待家长来接。

(6)向家长介绍幼儿在园的一日生活情况,解答家长疑问,并提出指导性建议。

(7)严格执行幼儿园离园接送制度,确保幼儿安全。

(8)接待家长时要兼顾未离园幼儿的活动,及时介入指导。

(9)鼓励幼儿离园时有礼貌地和教师同伴说再见,支持幼儿之间自主友好的约定。

2. 保育员的工作要点

(1)协助教师在离园前和幼儿进行总结性谈话,对一日生活进行简单小结,及时肯定幼儿在生活自理方面的进步。

(2)协助教师帮助、督促幼儿整理衣物及带回家的物品。

(3)清洗、消毒幼儿生活用品,清洁整理班级环境。

(4)做好水、电以及门窗的安全检查工作。

(三)离园环节中的常见问题及应对策略

1. 渴望见到家人,情绪反应强烈,对策

在离园环节,幼儿容易出现不能专心投入活动、左顾右盼期待家长到来的现象。还有些幼儿情绪反应强烈,拉着老师的手就要往活动室外面走。这种现象对于托小班刚入园的幼儿来说尤为明显。面对幼儿在离园环节因期待家人而不能全身心投入活动的现象,教师需要想方设法提高活动的丰富性和趣味性,给予幼儿充分的选择空间,吸引幼儿全身心投入活动中。同时遵守离园时间,不提早离园,帮助幼儿养成耐心等待的良好习惯。

2. 不遵守规则及对策

离园时间,教师一方面要与家长沟通幼儿的在园状况,另一方面要对其他幼儿进行及时、有效指导。教师的精力分配不均,有时会顾此失彼。所以,这个环节容易出现混乱的局面,导致活动室里的幼儿情绪焦躁起来。常常能见到幼儿互相打闹、追逐等不遵守规则的现象。离园时活动室里混乱的场面会让幼儿的情绪更加高涨,容易发生危险。这就要求保教人员积极配合、明确分工,营造有序的离园氛围,以稳定幼儿情绪,确保离园过程中幼儿的安全。对于个别情绪反应强烈的幼儿,教师要善于抚慰。

3. 整理、归位意识不足,容易遗漏物品,对策

很多幼儿在看到家长来接时,容易丢下手中的物品,就去投入家长的怀抱。也有很

多幼儿着急回家,而遗忘自己的帽子、手套等物品。还有些幼儿在整理自己的物品时不够专心,一边和同伴说笑、打闹,一边整理物品,导致物品遗落在幼儿园。

教师要善于将一些整理与归位的要求融入幼儿感兴趣的情境之中,以引起幼儿情感上的共鸣,使幼儿学会并能主动进行仪表与物品整理。例如,告诉幼儿离园前将玩具收拾整齐,他们却在见到家人后总是忘记。教师可以把收拾玩具的要求融入具体的情境:玩具哭了,因为小朋友们着急回家,却忘了把玩具送回家。具体的情境能够强化幼儿的整理和归位意识。这时再辅以示范、指导,提高幼儿的整理和归位技能,能帮助幼儿逐步养成自主整理、有序归位的好习惯。

4. 家长迟接孩子及对策

个别家长会因为某些原因迟接孩子。欧美一些幼教机构的做法是将晚接的孩子集中在一起,由专门的老师负责看管并开展游戏、读书等活动,其他老师正常下班。有的幼教机构所提供的这种服务是免费的,更多幼教机构是收费的,价格不统一。个别家长如果经常迟到接孩子,这个孩子还有可能面临着被该幼教机构退学的可能。针对家长晚接孩子的现象,幼儿园需要和家长进行良好沟通,尽量寻找一个双方满意的解决对策。

5. 陌生人来接孩子的问题及对策

幼儿园需为每位幼儿配备接送卡,教师在交接孩子的时候需要认真核对接送卡,不能允许陌生人接走孩子。但并不能只认卡不认人,如果遇到带接送卡来接孩子的陌生人,一定要第一时间联系家长确认。

检测

一、思考题

1. 幼儿园一日活动主要包括哪些内容?
2. 简述幼儿园一日活动的组织原则。
3. 入园、盥洗、餐点、如厕等环节对幼儿的常规要求。
4. 入园、盥洗、餐点、如厕等环节保教工作要点。
5. 入园、盥洗、餐点、如厕等环节常见问题与应对策略。

二、实践题

选择学校附近某一幼儿园,每位同学至少在该幼儿园实习一天,跟随幼儿园班级教师全程参与该幼儿园的一日保教生活。从入园、盥洗、如厕、餐点、午睡、集体教学、户外活动等环节撰写调研报告,并对该幼儿园的保教工作提出建议。班长组织大家一起讨论。

第六章

幼儿园卫生保健管理

1. 了解幼儿园卫生保健工作的重要意义。
2. 掌握幼儿园卫生保健工作的主要内容。
3. 掌握幼儿园膳食管理的要点。

情景导入

一起幼儿园食堂混合型食物中毒事件[①]

2004 年 7 月 29 日 11 时 30 分,某乡镇幼儿园食堂向 60 名幼儿供应中餐,下午两点左右陆续有幼儿出现腹痛、呕吐等症状,至下午五点,共发病 40 人。

对加工场所和菜肴进行卫生调查发现,该幼儿园食堂为一住宅内的厨房,面积 7 平方米,未取得卫生许可证。食品加工场所无功能分区,无纱门,无空气消毒装置。有 1 台冰箱,内放报纸等杂物,未正常使用。厨房内堆有煤饼和煤渣,2 块砧板无明显标识,洗荤素菜和餐具在同一个水池。无餐饮具消毒设施。视野内可见苍蝇 2～3 只。现场发现中餐尚剩的烤鸡肉 300 g,米饭 600 g。炊事员 1 名,未取得健康证。

7 月 29 日共有 60 名幼儿就餐,菜谱为烤鸡、番茄榨菜汤,主食米饭。烤鸡是 7 月 28 日下午四点左右从市区一超市采购的熟食,拿回后贮存在冰箱冷藏格内。次日上午十点左右,又乘公交车送至幼儿园,路途时间约为半小时。未经加工,即用未消毒的剪刀剪块装入大盘,直接分装给幼儿食用。供应幼儿的米饭有 2 盆,1 盆当天中午制作,另 1 盆是剩饭,盛剩饭的盆装过烤鸡。番茄榨菜汤是当餐制作,当餐食用。

思考:

1. 请分析上述案例中幼儿园食堂卫生工作存在的主要问题。

---

① 王俊之,周林娟,李珂,吴丹. 一起幼儿园食堂混合型食物中毒的调查[J]. 中国学校卫生,2005(10):864

2. 结合上述案例,请谈谈如何确保幼儿园饮食安全。

《幼儿园教育指导纲要(试行)》明确指出:幼儿园必须把保护幼儿的生命和促进幼儿的健康放在工作的首位。《托儿所幼儿园卫生保健管理办法》明确规定:托幼机构应贯彻保教结合、预防为主的方针,认真做好卫生保健工作。《幼儿园工作规程》总则中指出幼儿园的任务是:实行保育和教育相结合的原则,对幼儿实施体、智、德、美诸方面全面发展的教育,促进其身心和谐发展。幼儿园卫生保健工作是幼儿园工作的重要组成部分,科学合理的卫生保健工作为幼儿园其他各项工作的开展奠定了基础。

第一节　幼儿园卫生保健工作的内容

幼儿园卫生保健工作管理的内容较多,主要包括幼儿园工作人员和幼儿健康检查、幼儿园生活制度、幼儿体格锻炼、意外伤害处理、传染病预防等方面。

一、工作人员与幼儿健康检查

(一)工作人员检查

某幼儿园中四班有五个幼儿得了乙肝,这些幼儿以前肝功能都是正常的,经查该班李老师是乙肝病毒携带者,李老师在调入该园时园长没有要求其体检。幼儿园工作人员参加工作前,必须到指定医院或同等级以上医院进行全身体格检查。经检查合格,取得由指定的医疗卫生机构签发的《托幼机构工作人员健康合格证》者方能进幼儿园工作。幼儿园教师、保育员、行政、后勤等所有工作人员每年都要检查一次。对患有国家法定传染病、性病、性传播疾病、化脓性皮肤病、精神病等有害儿童身体健康的保教人员、炊事员,患病期间不得从事保教工作、炊事工作,要及时隔离与治疗。痊愈后需经医生诊断证明无害时,才能恢复工作。

(二)幼儿健康检查

1. 入园健康检查

幼儿入园前,必须到指定医疗卫生机构进行全身体格检查,经检查合格后方可入幼儿园。幼儿入园前,要将体检结果交给幼儿园,以便幼儿园了解幼儿的身体状况。需要注意的是此体检结果只在一个月内有效。同时幼儿园可通过入园面试、问卷调查等方式,了解幼儿的出生史、喂养史、既往史、过敏史、日常生活习惯、智能发育情况、预防接种情况等,并做好相关记录,据此来鉴定幼儿是否能过幼儿园的集体生活。

幼儿出于某种原因离园三个月以上,再入园时需重新接受体检。由其他幼儿园转入的幼儿,不需要重新体检,持原幼儿园保健人员填写的《儿童健康证明》并加盖公章后可直接入园。

2. 定期体格检查

幼儿入园后每年要接受一次全面的身体检查,便于幼儿园根据不同幼儿的身体发育特点制定有针对性的保育措施。幼儿园应为每名幼儿建立健康档案,详细记录幼儿生长发育期内身体各生理指数的变化,心理健康发育情况以及患病情况等。值得注意的是,体弱儿、肥胖儿、过敏体质儿等应成为幼儿园卫生保健工作中的重点关注对象

3. 幼儿每日晨检

晨检是学校、托幼机构等集体单位为加强传染病防控工作而采取的一种措施,目的是为了早期发现传染病病人。

晨检主要包括以下内容:

(1)摸幼儿额部,了解体温是否正常,摸幼儿颈部淋巴结及腮腺有无肿大现象。随着社会的发展,很多幼儿园也在使用电子温度计测量幼儿体温,较为快捷。

(2)认真查看幼儿咽喉部是否发红,幼儿的皮肤、面色、精神状况等有无异常。

(3)询问家长幼儿有无不舒服,幼儿在家的饮食、睡眠、排便等生活情况。

(4)检查幼儿是否携带危险、不安全的物品来幼儿园。

4. 全日健康观察

幼儿的全日健康观察主要是指保教人员对幼儿一天的食欲状况、精神状况、体温情况、睡眠情况、排便情况、活动情况等的观察。此项工作可由卫生保健医生常规入班巡视,配合保教人员日常班级观察来完成。如发现平时一名饮食情况较好的幼儿在午餐时间出现食欲不振、精神情况不佳、面色发红、眼神无神等情况,保教人员要及时询问幼儿,给幼儿测量体温,必要时送保健室做进一步检查,并和家长取得联系,做好沟通。

学练结合6-1

家长隐瞒癫痫病,幼儿死亡[①]

某幼儿园一幼儿,患有先天性癫痫病。但该幼儿入托时,家长并没有把这一情况告诉幼儿园。一天早上其母将孩子送入幼儿园内,告诉老师孩子昨晚发烧。老师劝其带孩子看病,但其母说孩子烧已退。早饭后,户外活动时,教师让此幼儿安静坐着,幼儿坐了一会忽然倒地,教师及时按其人中,并将其送往医院,并电话告知幼儿母亲。在送幼儿去

---

① 陈群.幼儿园危机管理实务[M].北京:中国轻工业出版社,2013:156-157

医院路上幼儿已醒,也能说话。幼儿母亲未按医生吩咐让孩子住院治疗。第二天,幼儿在家中发病死亡。事后,幼儿家长要幼儿园承担全部责任。

思考:

1. 幼儿园该不该承担全部责任?

2. 您认为该事件幼儿园工作有没有失误之处? 如有,请指出。

二、建立合理的生活制度

幼儿园生活制度是指幼儿一日生活各环节的程序和时间安排。幼儿园保教人员要根据一日生活作息时间表来具体安排幼儿的活动。幼儿园制定并实施合理的生活制度,利于幼儿的健康成长。合理的生活制度还有助于培养幼儿良好的生活习惯。制定合理的生活制度,需要考虑动静结合、室内外结合、幼儿自身、家长需求等因素。

(一) 动静结合

根据神经生理学的理论,幼儿园生活制度的制定要考虑到动静结合的因素。幼儿神经系统的特点表现为好动不好静,容易兴奋,容易疲劳,注意力不容易集中等。因此幼儿园要根据幼儿的这些特点合理地安排不同类型的活动,活动的内容和方式要注意有动有静,有劳有逸,使幼儿大脑皮质的神经细胞能轮流地工作和休息,以避免幼儿疲劳。

(二) 室内外结合

《幼儿园工作规程》明确规定:幼儿户外活动时间在正常情况下,每天不得少于 2 小时,寄宿制幼儿园不得少于 3 小时,高寒、高温地区可酌情增减。幼儿园在制定生活制度时要考虑室内外相结合,合理安排室内活动和户外活动。幼儿长时间在室内生活与活动,缺少阳光的照射,呼吸不到新鲜的空气,不利于其健康成长。因此,应该让幼儿走出教室,来到户外。如日常体育锻炼在正常情况下可以在户外进行,充分利用阳光、空气、水等自然因素来促进幼儿的健康成长。

(三) 幼儿自身因素

幼儿园应根据幼儿的年龄、生理活动特点来制定生活制度。如不同年龄阶段的幼儿在进餐、睡眠的时间上要求不同,幼儿年龄越小进餐时间要求越长,睡眠时间也要求越长。再如,小、中、大班集体教学活动时间也不同,小班集体教学活动时间一般约为 10～15 分钟,中班约为 20～25 分钟,大班约为 25～30 分钟。

(四) 家长需求

幼儿园除对幼儿实施德、智、体、美等诸方面教育,促进其身心发展外,还有一个任务是为家长工作、学习提供便利条件。因此幼儿园生活制度的制定也要考虑家长需求,合理安排幼儿入园离园时间,方便家长接送。幼儿园也可以根据家长工作需要,在寒暑假等非国家法定放假时间合理安排幼儿在园生活。

(五)其他因素

幼儿园生活制度的制定也要考虑到地区、季节特点等因素。如不同地区的幼儿园生活制度会体现一定的地域特点,表现在入园时间、午睡时间等方面。幼儿园夏季与冬季的作息时间也不相同。各幼儿园在制定生活制度时要根据自身的情况,因地制宜,最终制定出符合本园特点,适合本园幼儿的生活制度。幼儿园的生活制度在保持相对稳定性的同时,也要根据实际情况灵活调整。

国内外幼儿园一日生活作息时间的安排也有所不同,如美国幼儿园一日生活的安排更强调幼儿的自由游戏以及户外活动。

三、开展体育锻炼

体育锻炼是幼儿园健康领域内容之一,也是幼儿园的常规工作之一,具有增强幼儿体质,促进生长发育,预防疾病等意义。幼儿园体育锻炼的形式包含早操、室内体育活动、户外体育活动、远足和运动会等多种形式。本文借鉴杜素珍老师对幼儿园体育活动的研究成果[①],简要介绍下幼儿园常见的体育活动类型。

(一)早操

幼儿园的早操活动包括多种形式,进行的时间也根据各幼儿园的实际情况有所不同。早操的形式可大致分为以下三种活动:队形队列练习;集体的徒手操或器械操活动;操后韵律活动、游戏活动及区域性体育活动。

幼儿早操活动的内容丰富多样,包括:慢跑或走跑交替;各种简单的模仿性动作,如小动物模仿操;配有音乐的律动和舞蹈,如幼儿园自身根据欢快的音乐创编的集体舞等;体育游戏,如幼儿园常见体育游戏"小青蛙跳荷叶""老狼老狼几点了"等;利用器械展开的活动,如有幼儿园自制罐操、棍操、红旗操,还有幼儿园在室内外创设综合体能锻炼区,利用各种体育器械锻炼身体等。

每天坚持进行早操活动,可养成幼儿自觉参与身体锻炼的良好习惯。特别是坚持冬季做操,不仅能培养幼儿持之以恒、不怕寒冷、不怕困难等良好的意志品质,而且可以有效地提高幼儿对外界气温变化的适应力,增强机体的抗寒能力和对疾病的抵抗力。另外,做操作为一种有组织的集体活动,能培养幼儿良好的组织性和纪律性。

(二)室内活动

室内体育活动主要有三种形式:

一是开辟专门的室内大型体育活动场地。当户外气候条件不利于幼儿活动时,如

---

① 杜素珍.幼儿园一日体育活动整合手册[M].南京:南京师范大学出版社,2010:15-17

在雨雪、严寒、酷暑等天气下,让幼儿在室内进行早操活动或其他形式的身体锻炼活动。

二是在室内专门开辟小型体育活动区,如塑料彩球池、蹦蹦床、充气小城堡等。这种活动区既可以弥补户外体育活动器材的不足,又为幼儿创造了更多的身体锻炼机会。

三是在幼儿园现有的音乐活动室或舞蹈房进行室内体育活动。活动室一般应铺设木地板或地毯,活动的内容一般是在音乐的伴奏下,让幼儿模仿或创造性地进行各种身体表现活动。

(三)户外活动

户外体育活动可分为集体活动和分散活动两种主要形式。集体活动主要有集体操、班级体育活动等,往往以班级为单位。分散活动包括幼儿自由结伴共同玩的小游戏、利用大型玩具进行的游戏以及区域性体育活动等。区域性体育活动是指,对全园幼儿开放且打破年龄和班级的界限,幼儿能够自由选择活动区的体育活动,如球类活动区、钻爬区、投掷区、各类大中型运动器械活动区等。每个活动区有一到两名教师提供帮助和指导。全园户外活动的时间统一,扩大了幼儿之间的接触和交往范围,为幼儿创造了更多相互学习、相互合作的机会,同时满足了幼儿运动、娱乐、交往、表现、模仿等多方面的需要。

(四)远足

远足是指组织幼儿步行到离幼儿园较远的草坪、山坡、沙滩、公园、纪念馆等地进行的户外活动。远足的地点应根据幼儿年龄及体质状况而定,距离要合适。远足的意义在于让幼儿走出幼儿园,亲近大自然。远足既能增强幼儿对外界环境的适应能力和对疾病的抵抗能力,又能达到陶冶幼儿性情,锻炼幼儿意志的目的。幼儿园的远足活动要有目的、有计划、有要求。教师要具备高度的责任意识,保证幼儿外出安全。活动前教师需要考察活动地点,明确出行路线,制定详细计划,做好充足物质准备等;活动中教师眼不离幼儿,提醒幼儿注意自身安全;活动后教师清点人数,将幼儿安全带回。

(五)运动会

幼儿运动会是将表演和小型比赛活动相结合而进行的全园性身体锻炼活动。其目的在于满足幼儿运动、娱乐、表现、竞赛等愿望,激发幼儿参与体育活动的兴趣,培养幼儿的集体意识,丰富幼儿的生活。

幼儿运动会的内容主要有:以班级为单位且全体幼儿都参加的集体操或小型团体操、幼儿集体舞、适合本年龄组开展的表演性或竞赛性游戏、亲子游戏和比赛活动等。亲子运动会邀请家长参与,让家长和幼儿共同体验体育活动的乐趣,让家长了解幼儿园的健康教育内容,达到家园合作的目的。

四、幼儿园卫生管理

卫生是指个人和集体的生活卫生和生产卫生的总称。一般指为增进人体健康，预防疾病，改善和创造合乎生理、心理需求的生产环境、生活条件所采取的个人的和社会的卫生措施。幼儿园卫生工作关系到幼儿个体和集体的健康。幼儿园卫生管理主要包括环境卫生和个人卫生两大方面。

（一）环境卫生

1. 活动室卫生

幼儿活动室要有足够的空间，保证幼儿可以自由活动，设施设备放置合理，保证通道顺畅无障碍。保育员每天在幼儿入园前做好清洁卫生工作：开窗通风，保证活动室空气流通；对桌椅、玩具柜、门把手等清洁消毒。特别注意幼儿进餐前对桌子进行消毒工作，清水擦拭一遍，然后消毒水滞留足够时间，最后再用清水擦拭一遍。活动室要保证窗明几净，各玩具柜死角无灰尘。每周保育员要有计划地对幼儿图书、玩具等进行阳光暴晒或紫外线消毒，保证幼儿直接接触的物品都清洁卫生与安全。活动室要有防蚊防蝇的设备，且要保证充足的光线，注意防寒保暖等。

2. 寝室卫生

幼儿寝室分为独立寝室以及与活动室合二为一的寝室两大类。寝室最好铺设地板，有利于保温、防潮和打扫。保育员要有计划地做好打扫卫生、开窗通风、晾晒幼儿被褥等工作，保证幼儿寝室干净整洁、无异味、地面无积水、不潮湿。

3. 盥洗室卫生

保证盥洗室地面干燥，防止出现幼儿滑倒现象。盥洗设施设置合理，应该有流动水装置，水龙头之间距离适宜，避免造成盥洗时的拥挤。挂毛巾的挂钩也要保持一定的距离，避免幼儿毛巾交叉感染。每天要对水龙头消毒一次，水池洗刷一次，保证没有污渍。

（二）个人卫生习惯

个人卫生习惯主要包括清洁卫生习惯、有规则的生活习惯、学习卫生习惯等方面。例如：幼儿能够勤洗手、勤洗头、勤洗澡、勤换衣、勤剪指甲；幼儿学会自己洗脸、洗手、刷牙；幼儿能按时休息、定时定量饮食；幼儿学习时能够保持正确的坐姿、注意用眼卫生等等。

五、幼儿园传染病管理

（一）常见传染病类型

幼儿常见传染病分为病毒性传染病和细菌性传染病。常见病毒性传染病主要有流感、麻疹、风疹、水痘、流行性腮腺炎、手足口病、禽流感等；常见细菌性传染病主要有流脑、细菌性痢疾、猩红热、百日咳、结膜炎等。

（二）传染病防控方法

1. 预防接种

预防接种是通过将生物制品接种到人体内，使机体对某种传染病产生特异的免疫能力的过程。它是人工自动免疫，是一种安全、有效的预防措施，在传染病的预防上有着重要意义。

因传染病的种类有很多种，各地的卫生防疫部门应根据当地传染病的流行趋势、人群免疫水平等制定该地区的免疫程序，供应疫苗，组织接种工作。儿童必须按照国家计划的免疫程序，及时接种疫苗。

2. 加强检查

第一，幼儿入园后，每年接受一次身体全面体检。幼儿园要填写幼儿健康档案，做好疾病的记录、统计与分析工作。

第二，做好幼儿生长发育监测、记录工作。应每半年为幼儿测量一次身高，每隔1~3个月为幼儿测量一次体重，做好记录，分析比较幼儿的生长发育状况。对于生长发育指标低于或者高于正常范围的幼儿，要特别关注。针对肥胖儿、体弱儿，需要制定相应的卫生保健措施。

第三，做好入园晨检和全日健康检查工作。幼儿入园时，需要严格执行问、摸、看、查的晨检制度。加强卫生保健人员对班级的巡视、检查工作，同时要求保教人员注意对幼儿进行全日观察，一旦发现幼儿患病等问题，及时处理。

3. 做好卫生工作

幼儿园要制定相关卫生制度，划分卫生责任区，明确到人，保证幼儿园环境的清洁卫生。班级保育员要负责本班区域内的卫生工作，落实保育员职责。在传染病流行季节，重点做好消毒工作。日常工作中注意开窗通风，保持空气流通，并利用阳光暴晒、紫外线消毒等方式对班级物品、幼儿物品进行消毒。

4. 隔离和及时治疗

针对传染病发生和流行的三个环节——传染源、传播途径和易感人群，其预防的有效措施是控制传染源，切断传播途径和保护易感人群。对传染病患者的早发现、早隔离和早治疗，可以防止传染病的蔓延。幼儿园要建立严格的疾病隔离制度，一旦发现传染病患者或疑似传染病患者，要及时采取有效的隔离措施，对症治疗，并及时上报卫生防疫部门。

（三）手足口病处理

手足口病是近年来我国幼儿发病率较高的一种由肠道病毒引起的传染病。病症潜伏期一般3~7天，没有明显的前驱症状。多数幼儿突然起病，症状表现为发热，手、口、足部位出红疹和疱疹，溃疡，有痛感，少数患儿可引起心肌炎、肺水肿、无菌性脑膜炎等并发症。下面结合一起幼儿园手足口病的案例来看一下手足口病的预防和处理。

学练结合6-2

面对幼儿园手足口病①

星期四早晨,中四班教师在晨检时发现幼儿小 A 手上有疱疹,教师立刻通知家长带小 A 去医院就诊,后确诊为手足口病。随即,中四班教师马上向园长及保健医生报告疫情,保健医生带领保育员对该班活动室、午睡室及桌椅、教玩具等进行全面消毒,并通知全园各班近期保持 24 小时开窗通风。通知全体家长当晚为孩子洗澡、换内外衣,并向小 A 家长了解病情及此前几天小 A 曾活动过的地方。星期五,未发现新的患儿。当天,中四班教学游戏活动尽量在室外开展,同时继续对该班活动室、午睡室及桌椅、教玩具等进行全面消毒。随后的双休日,也未发现新的患儿。

星期一早上,中四班教师在晨检时发现两名幼儿手上有小红疹,随即通知家长带孩子去医院就诊,后确诊为手足口病。中四班教师马上向园长和保健医生报告新疫情。园长召集副园长、保健医开紧急会议,商议相关应急措施:1.向市卫生局报告本园手足口病疫情;2.全园各班均开展针对性消毒工作,继续保持 24 小时开窗通风;3.中四班周一的所有活动在室外开展(当天恰是晴天)。幼儿园也召开了全园班主任会,通报中四班疫情,要求各班密切关注本班幼儿健康情况,每日向保健医生报告晨检情况。幼儿园也与三位患儿家长保持密切联系,及时了解患儿病情。

星期二早上,中四班教师在晨检时又发现两名幼儿手上有小红疹,随即通知家长带孩子去医院就诊,后确诊为手足口病。幼儿园立即向市卫生局报告了本园手足口病新疫情。当天下午 4 点 30 分,园长主持召开全园家长会,保健医生通报了此次幼儿园手足口病的发生发展情况及园内采取的相关防范措施,说明了幼儿园需要全体家长给予配合的事项。儿科专家讲解了手足口病的发病原理、诊断、治疗及患儿护理常识,同时介绍了本园五位患儿的病情及治疗情况。幼儿园与五位患儿家长一直保持密切联系,及时了解患儿病情。此后,再没有发现新增患儿,幼儿园继续做好各项工作。

思考:

1. 幼儿园日常工作中如何做好疫情防范工作?
2. 请谈谈在发生突发疫情时,幼儿园如何采取措施应对。

六、幼儿意外伤害管理

幼儿年龄小,对生活环境的认识水平低,缺乏对危险事物的判断,同时具有好奇、

---

① 余捷.由一次手足口病疫情引发的思考——也谈幼儿园危机管理中的沟通策略[J].家庭与家教(现代幼教),2009(3):10-11

好动、好模仿的心理,因此,容易出现意外事故的发生。幼儿在园的安全是幼儿园工作的重中之重,幼儿园全体工作人员都要时刻保持安全责任意识,防止意外事故的发生。幼儿园要建立安全管理领导小组,明确小组责任人和人员分工。同时也要制定安全责任制度,一旦发生意外事故,要寻找原因,判断事故严重程度,并追究相关人员的责任。

幼儿园常见的意外伤害包括:跌伤、碰伤、磕伤、流鼻血、门夹伤、挤伤等;蚊子、蜜蜂的蜇伤,宠物猫、狗的咬伤等;骨折、扭伤与脱臼等;烧烫伤;鼻腔、咽喉部进入异物等。为及时处理幼儿出现的意外伤害事故,保教人员需要掌握一定的护理技术和急救技术。

（一）流鼻血处理

幼儿鼻部受到伤害,或挖鼻孔损伤了鼻粘膜,鼻腔进入异物等情况都可能导致流鼻血。幼儿流鼻血时,保教人员应迅速做出反应,安抚幼儿情绪的同时及时止血。根据幼儿鼻部出血情况,可采用填塞止血法,让幼儿头部前倾,简单清洗流出的鼻血后,用清洁、干燥的棉花填塞进鼻孔内止血。或者用捏鼻止血法,用拇指和食指捏住鼻翼5分钟,压迫止血。如鼻部出血量较大,应尽快送医院进行治疗止血。

（二）骨折处理

出现骨折后,不可轻易移动幼儿,避免出现骨折部分移位,或断骨骨刺插入周围组织而加重骨折的程度。首先应判断幼儿骨折的严重程度,然后用夹板、绷带或其他替代物对骨折部位进行固定。上肢骨折采用曲肘固定,下肢骨折采用直肢固定。绑带不宜绑得过紧,时间不宜过长。骨折后及时送往医院做断肢复位处理。

（三）异物入体处理

1. **外耳道异物**

幼儿外耳道进入异物,要根据异物的特点来选择适宜的处理办法。较小的异物可用小钩子或镊子取出,或让幼儿头偏向异物侧单脚跳,使异物自行滑出。如遇活体昆虫进入外耳道,可用灯光诱其爬出。植物性异物不可用水灌冲,避免出现异物遇水膨胀继发感染。如遇较大或不宜取出异物,应去医院处理,避免强行处理损伤外耳道及鼓膜。

2. **眼部异物**

处理眼部异物时,忌用手或手帕揉眼,以免损伤角膜。可将幼儿眼睑翻出,找到异物后用干净棉签或纱布擦去。或让幼儿用力眨眼,利用泪水将异物带出。如遇幼儿眼睛疼痛难忍,异物牢固嵌于角膜上的情况,及时送医院处理。

3. **鼻腔异物**

幼儿一侧鼻腔异物,可用手压住无异物鼻孔,用力擤鼻,迫使异物随气流冲出,亦可刺激幼儿鼻粘膜,使异物随喷嚏排出。注意豆子之类的圆形异物不可用夹子夹,避免异物越进越深。对于难于取出的异物,送至医院由医生处理。

4. 气管、支气管异物

幼儿进食不当或口含小物件嬉笑打闹时容易引发气管异物,表现为呛咳、呼吸困难。幼儿气管异物自然咳出的可能性极小,因此一旦发生,应立即送医院急救。

(四)烧烫伤处理

出现烧烫伤情况,要迅速脱离火源,扑灭幼儿身上的火焰,用冷水不断冲洗伤处,用干净的纱布或被单包裹伤处送至医院治疗。

(五)误服毒物的处理

幼儿年龄小,缺乏生活经验及判断正误的能力,在好奇心的驱使下容易发生误服毒物的事件。幼儿园一旦发生此种情况,需要及时处理。

出现幼儿误服毒物事件,首先要进行催吐处理,尽快排出毒物。让幼儿喝大量清水,用压舌板、手指等刺激咽部,促其呕吐。若是强酸或强碱中毒,不可用清水,可让幼儿立即服食牛奶、豆浆、鸡蛋清等,以保护胃黏膜,减缓毒物的吸收,随即送医院治疗。同时注意收集残余毒物、患儿呕吐物等,以便医生据此鉴定毒物类别,明确诊断,采取对症治疗的方法。

学练结合6-3

错放的铝合金窗框[①]

户外活动时间到了,某幼儿园大一班的幼儿在张老师的带领下,蹦蹦跳跳地来到操场上进行户外活动。集体游戏结束后,就是幼儿最开心的自由活动时间了,他们尽情地玩着自己喜欢的活动,一会儿玩沙子,一会儿捉小虫……所有的幼儿都玩得不亦乐乎。可是,趁张老师不注意时,一名叫洋洋的幼儿悄悄地独自跑到了偏僻的院墙拐角处去玩,那里放着一个破损的铝合金窗框,洋洋好奇地走过去,心想:"咦!谁把窗框放在这儿了?我要是把它立起来,就可以玩'钻山洞'的游戏啦。"想到这儿,洋洋便动手去搬窗框,却不慎被窗框上残留的碎玻璃扎破了手。洋洋的右手顿时鲜血直流,他也吓得大哭起来。张老师听到哭声连忙跑过来,并赶紧抱起洋洋向保健室跑去。保健医生对洋洋的伤口进行了简单处理后,马上通知了洋洋的家长,并尽快把洋洋送到附近的医院治疗,洋洋的右手共缝合了8针。洋洋在家休养期间,园领导和张老师多次去看望洋洋,给洋洋送去营养品,帮助他补习落下的课程。两周后,洋洋伤愈回到幼儿园。事后,经查铝合金窗框是幼儿园负责后勤维修的孙师傅临时放在那里的。

思考:

1. 上述案例,反映了幼儿园管理中的什么问题?

① 陈迁.幼儿园管理的50个细节[M].福州:福建教育出版社,2011(8):77

2. 请谈谈如何杜绝此类事件的发生。

第二节　幼儿园膳食营养管理

合理充足的营养能补充幼儿生命活动和生活、游戏、学习等消耗的能量,保证幼儿的正常生长发育。因此,幼儿园必须科学合理安排幼儿膳食。

一、提供合理的营养膳食

幼儿园应该有专人负责幼儿膳食管理,实行岗位负责制,责任到人。并严格执行膳食管理制度,科学合理制定膳食计划,以保证给幼儿提供充足的营养。

(一) 提供膳食注意事项

1. 营养的食品不一定是贵的

考虑市场供应和季节特点,选择营养价值高而非贵的食品,保证幼儿吃得好,吃得健康。比如一些价格昂贵的进口食品不一定就具有丰富的营养。在食材选择上要考虑到季节性与市场供应,选用时令的蔬菜和水果。

2. 食品中营养素比值要合理

幼儿膳食应做到营养均衡。幼儿膳食中三大产热营养素要保持合适的比例,要求每日总热量摄入中,糖类占55%～60%,脂肪占25%～30%,蛋白质占12～15%。幼儿每日所需蛋白质中,动物性蛋白质与植物性(豆类)蛋白质各占50%。

3. 食品的搭配问题

幼儿膳食应该丰富多样,干稀、米面、荤素、粗细、咸甜等要合理搭配。如幼儿午餐通常为两菜一饭一汤,两菜要荤素搭配。食用馒头等面食类食品时,可搭配粥。

4. 少数民族忌口问题

不同民族在饮食上有着不同的习惯与特点,幼儿园膳食要考虑到少数民族幼儿问题,尊重其饮食习惯(如回族等)。可以专门为个别幼儿提供本民族通常所食之物。

(二) 食谱的制定

食谱是一日食物的量、调配和烹调方法的实施计划,是膳食管理的重要部分。幼儿园通常提供三餐一点、三餐两点或者两餐一点、一餐两点。幼儿园食谱是根据幼儿营养需要量、饮食习惯、市场供应情况等制定的菜肴搭配计划。制定食谱可注意以下事项:

(1) 制定食谱时要执行膳食计划所拟定的食品种类和数量。

(2) 要根据季节变化对食谱进行适当调整,如冬季寒冷,应增加脂肪类食物,以补充机体能量。夏季炎热,幼儿膳食上多选用清淡凉爽的食物,少食油腻食物。

(3)品种多样化,烹调方法利于幼儿消化吸收,并能促进食欲。

(4)注意观察儿童接受食物的情况,必要时作调整。

(5)一周食谱每餐不重样,保证每周更换食谱。

拓展阅读6-1 >>>

表6-1 南京市鼓楼幼儿园食谱①

	周一	周二	周三	周四	周五
早点	豆浆 提子酥	牛奶	豆浆 肉松饼干	牛奶	豆浆 骨钙饼干
午餐	牛肉糜蒸锌蛋 蒜苗胡萝卜炒肉丝 生菜豆腐虾皮汤	菜肉包 七彩鸡丝粥(母鸡、鹌鹑蛋、青菜、木耳、胡萝卜、鲜玉米粒、蘑菇)	茄汁菠萝肉 木耳炒丝瓜 冬瓜笋尖肉丝汤 麦片大米饭	芋头烧鸭蹼肉 蒜蓉烧四季豆 蒟叶鸡蛋汤 薏仁米大米饭	红烧鲳鳊鱼(中大班) 红烧鲈鱼块(小班) 百合胡萝卜炒包菜 番茄平菇肉汤 荞麦大米饭
午点	三丁包 圣女果	酒酿赤豆元宵 卤素鸡	香芋酥 哈密瓜	红枣发糕 香蕉	粗粮面包 蜜桔

(三)计量制作,烹制合理

计量制作是指根据每日幼儿实际出勤人数来计算出当日主副食品用料的供给量,再根据食谱确定出每餐主副食品用料的分配量进行烹调制作。保教人员每天要统计来园幼儿人数,查明未来园幼儿情况,统计在园吃饭人数,上报食堂,以便食堂工作人员根据人数来提供数量合适的饭菜,避免出现饭菜不足或浪费现象。

膳食烹调讲究方法,最大限度地保存食物的营养价值。食物的烹调加工要做到适合幼儿胃肠道的消化与吸收。幼儿在饮食上易受食物的颜色、味道、形状等影响,因此幼儿膳食也要尽量做到多样化,注意食物的色、香、味、形,以促进幼儿的食欲,培养幼儿对多种食物的喜爱和适应能力。

二、严格执行操作制度

幼儿园食品管理是一项复杂的工作,从食品原材料的采购、运输、储存、加工制作到成品运输、食用等方面都应该严格执行食品管理制度,保证食品的干净、卫生。因为其关

---

① 鲁冰."食全食美"幼儿食谱五部曲[EB/OL]. http://www.njgy.net.cn/article/2011092767_1.html,2015-03-25

系到幼儿的健康成长和生命安全。

（一）食品管理

食品卫生管理制度是幼儿园后勤保障人员确保食品卫生安全而需要共同遵守的行为准则和规范,具体规定了幼儿园食品采购人员、食堂炊事员、仓库管理员等人员的岗位职责,从而为幼儿吃到健康、安全食品提供保障。

1. 食品原料采购管理

食品原料采购管理是把好食品入园关的关键所在。采购人、采购时间、采购地点、采购要求、采购金额、运送方式等都要有严格的制度规定,相关人员必须严格执行。

食品原料采购具体要求:

（1）专人负责,专款专用。

（2）根据需求、饮食特点、市场供应等制定采购计划。

（3）市场调查,选购既清洁卫生又经济实惠的原材料,具体要做到不选购细菌污染和腐烂变质的食物,不选购含亚硝胺和多环芳烃致癌物的食品（如腌腊制品等）,不选购天然有毒食物（如发芽的马铃薯等）,不选购被农药、化肥等污染的食物。

（4）应到正规市场、超市购买外观卫生、新鲜,标签、成分清晰,生产日期、保质期、厂址、厂名明确的食品,严禁购买"三无"产品。

（5）采购食品用的车辆、容器要清洁卫生,食品运输过程中注意生熟分开。

（6）装卸食品时讲究卫生,易腐食品不得直接接触地面。

（7）定期与供应商签订采购合同,并索要其卫生许可证、营业执照等相关材料备案。

2. 食品储存管理

食品储存管理是对已入园的食品进行妥善保存的一种制度,主要包括出入库登记、储存地点、储存方式等相关内容。

食品储存具体要求:

（1）专人负责,明确岗位责任。

（2）建立食品出入库登记制,各类食品应按需要量领取。

（3）食品储存间要低温通风、保持干燥,做好日常清洁打扫工作。

（4）注意防霉、防虫、防鼠等。

（5）食品放置与杂物分离,不可直接接触地面,做到分类分架,标明名称。

（6）定期检查,发现食物霉变、腐烂、虫蛀等问题及时上报与处理。

（7）粮食类等原材料储存适量,不宜过多;蔬菜水果类要保持新鲜,随买随吃,不宜储存。

3. 食品粗加工卫生管理

食品粗加工卫生管理主要是指幼儿园对采购回来的食品原材料进行加工处理方面的管理以及相应卫生要求。食品加工处理的过程要严格按照卫生防疫部门的要求去做,严格执行食品粗加工程序。

粗加工是食品加工的第一步。粗加工间设备要配备齐全、安放合适。水池的大小可根据幼儿园的实际需要及场地的大小定制,具体可分为洗菜池、洗肉池、洗碗池等。设置加工工作台、面案工作台、存生熟食品及半成品的冰箱(柜)、留样冰箱等。亦可购置和面机、打蛋机、压面机等加工机械。

粗加工间工作人员要按食谱定量的要求,完成蔬菜的择、洗、切等步骤,及面食制作程序,将原材料加工成半成品。

食品粗加工具体要求:

(1)分工明确,明确岗位责任。

(2)生熟食分开加工,砧板、菜刀、炊具等工具分开使用。

(3)动物性食物和植物性食物分开加工。

(4)动物性食品之间分开处理,分开处理水产、肉、禽类,防止相互影响。

(5)果蔬类食物要认真清洗,削皮处理,确保没有农药残留。

(6)各种食品加工工具用后洗刷干净,放置在规定的地方,做好定期消毒。

(7)粗加工间内保持无异味,水池、操作台无污物、无食物残留。

(8)粗加工间内配有加盖垃圾桶,每天下班后倾倒干净。

(9)做好日常清洁打扫、消毒工作,保持环境卫生。

(二)食堂人员管理

1. 食堂炊事员应聘条件

(1)热爱中国共产党,热爱社会主义祖国,拥护党的方针政策,坚持四项基本原则。

(2)热爱烹饪工作,有一定的烹饪工作经历、经验和技术。

(3)有服务意识和饮食卫生的基本知识。

(4)有责任心,工作积极主动,吃苦耐劳。

(5)身体健康,持有健康合格证明。

2. 食堂炊事员岗位职责

(1)认真贯彻执行"职业道德规范",热爱幼儿,一切为了幼儿健康成长,保证提供合理膳食。

(2)严格遵守各项食堂卫生制度,服从管理,做好烹饪工作。

(3)同保健员共同商定食谱,并坚持按食谱做饭,严格按幼儿出勤人数投放主副食量,做到饭菜供应适量,避免浪费。

(4)食品制作要符合幼儿年龄特点,易于消化吸收,做到色香味形俱佳,引起幼儿的食欲。

(5)遵守开饭时间,注意分餐卫生,做好食物的保温及降温工作,食物运送过程中加盖,做到防蝇、防尘、防异物。

（6）严格执行食品卫生法，保持厨房清洁卫生，按卫生要求操作，操作时防污染防异物，严防食物中毒，杜绝肠道传染病的发生。

（7）做好炊具、餐具的清洗和消毒工作，坚持炊具生熟分开使用与放置。

（8）做好个人日常清洁卫生工作，勤洗头、洗澡、勤换衣物、勤剪指甲。

（9）工作时间，按照规定穿工作服，佩戴工作帽与口罩，外出或如厕时要脱掉工作服。

（10）执行安全操作规程，安全使用电器、炊事用具，定期对各种机械设备进行保养维护。

（11）做好食堂的安全保卫工作，坚决防止非工作人员进入食堂，下班时按时检查煤气、各种电器、门窗是否关好。

（12）爱护食堂用具，节约用水、电、气，杜绝浪费。

（13）做好幼儿食品 24 小时留样工作。

（14）炊事员乐于听取他人意见，接受领导、保健人员的指导，不断改进工作。

（15）入班了解幼儿进餐情况，刻苦钻研烹饪技术，提高业务水平。

（16）成人伙食和幼儿伙食严格分开，物品不混用。

（17）严格遵守考勤管理制度，有事请假，服从领导安排。

3. 食堂炊事员工作流程

为做好幼儿的膳食供给工作，幼儿园要按照幼儿人数、教职工人数等配备相应数量的食堂炊事人员。各幼儿园可依据实际需求合理安排食堂炊事员的具体工作时间以及工作流程，保证幼儿园全面工作的正常开展。

4. 食堂炊事员月考核

在食堂卫生管理工作中，要建立监督检查机制，保证食堂卫生、食品安全工作落实到位。幼儿园实行领导值班制度，每天坚持检查食堂炊事员的工作，了解卫生制度贯彻与落实情况，发现问题，及时解决问题，并做好相关记录。月末针对不按照卫生要求工作的炊事员进行批评与惩罚。

（三）食堂其他管理

1. 餐具、用具清洗消毒管理

（1）使用专用洗碗池清洗餐具、用具，洗碗池用后洗刷干净。

（2）食堂炊具、用具每次用完后及时清洗，保持干净卫生。

（3）幼儿餐具统一收回，做好清洗消毒工作，做到一冲、二洗、三刷、四消毒，保证无油垢、无残渣。

（4）消毒后餐具存放在清洁专用保洁柜内。

（5）按照卫生防疫部门的要求使用消毒制剂，根据不同的物品选用不同的消毒方式和消毒剂。

（6）清洗消毒过程中爱护餐具、用具，节约用水。

2. 煤气灶管理

（1）一日工作开始之前检查煤气灶是否处于关闭状态，再开燃气总开关。

（2）保持煤气灶的清洁卫生，使用后及时清理污物。

（3）煤气灶使用过程中，工作人员不得离开。

（4）煤气灶使用过程中，出现异常或危险及时关闭开关，停止使用。

（5）专人负责管理，一天工作结束后及时关闭燃气总开关。

（6）定期检查维护，确保无煤气泄露问题。

（7）食堂工作人员要掌握灭火基本常识，会使用灭火器。

检 测

一、思考题

1. 幼儿园卫生保健工作的意义。

2. 幼儿园一日生活制度的制定要考虑哪些因素？

3. 幼儿园卫生保健工作的主要内容。

4. 幼儿园膳食工作注意要点。

二、实践题

选择某一幼儿园，结合本章学习的内容，从幼儿园一日生活时间安排、幼儿园晨检、幼儿户外体育锻炼、幼儿园餐饮情况等多个角度对该幼儿园的卫生保健工作进行细致观察，并撰写调研报告。组织大家一起讨论，学习委员负责做研讨记录。

第七章

幼儿园财务与档案管理

学习目标

1. 了解幼儿园财务管理的指导思想、类型。
2. 掌握幼儿园财务管理的主要内容,以及工作基本要点。
3. 了解幼儿园档案的价值与分类,掌握幼儿园档案管理的方法。

情景导入

多位婆婆一个媳①

吴园长在某企业集团创办的幼儿园任职。最近一段时间以来,吴园长的心情有些郁闷,因为她接连遇到了一些棘手的事。

前几天,市教育行政部门、财政部门和价格主管部门联合给各幼儿园下发了通知。为遏制幼儿园高收费、乱收费问题频发的态势,通知要求,各幼儿园要严格执行收费管理办法,完善备案程序,对各种收费项目和收费标准要予以公示;各幼儿园要先进行自查,一段时间后,上述各领导部门要对幼儿园的收费情况进行联合检查,并坚决查处幼儿园的乱收费问题。对于如何贯彻这个通知精神,吴园长感到有些力不从心。因为她所在的幼儿园自筹建伊始,其主办单位——某企业集团就将幼儿园的服务对象锁定在了高收入群体,所以,该幼儿园的收费一直是全市最高的,除了较高的办园成本之外,其中也有很多不合理的收费项目。作为园领导,吴园长很清楚的知道本园存在着高收费和乱收费的问题,但幼儿园的收费标准和收费项目都是企业集团决定的,她也只能贯彻执行。如今,上级部门要对幼儿园的收费问题开展联合检查了,吴园长所在的幼儿园肯定会成为被重点检查的对象。她还没有想好自己应该如何与企业集团的领导商量此事,以保证既能顺利通过联合检查,又能满足企业集团对经济收益的追求。

这一件棘手的事还没有解决,另一件棘手的事又接踵而至了。这天,教育行政部门

---

① 陈迁.幼儿园管理的50个细节[M].福州:福建教育出版社,2011:192-193

召开了幼儿园园长会议，传达了国家和省政府关于坚决制止幼儿园办园"小学化倾向"的文件通知。该文件明确规定，不允许幼儿园开办学前班，幼儿园的小、中、大三个年龄班都不能教授小学的课程。一旦发现哪个幼儿园仍在教授小学的课程，教育行政部门将对其进行严肃处理。对于教育行政部门的这个规定，吴园长从内心里是赞成与拥护的，作为一名具有多年实践经验的幼教工作者，她深知幼儿园办园的"小学化倾向"会给幼儿的身心发展带来多少负面影响。然而，为了满足一部分家长"不让孩子输在起跑线上"、盲目攀比的心理，在很多幼儿园都开设小学课程的形势下，吴园长所在的幼儿园为了吸引和留住生源，自然也让幼儿们早早地开始学习小学知识了。假如幼儿园真的取消了小学的课程，那么，会不会造成生源的流失和经济收益的相应减少呢？企业集团的领导能同意幼儿园取消小学课程的做法吗？吴园长感到自己面临着巨大的压力和困难。

参加完会议后，吴园长立即来到了企业集团总部，将此次会议的精神以及上级部门要联合开展幼儿园收费检查的通知精神，全面向企业集团的领导进行了汇报，同时提出了自己贯彻这些通知与文件精神的设想。果然，不出吴园长的意料，企业集团的领导根本不同意吴园长的意见，而是强调指出，必须要保证幼儿园的经济收益不能比以前少，而且应该比以前还有所增加，如果停止一些项目的收费，那么幼儿园的经济收益必然会受到影响；如果幼儿园真的不再教授小学课程了，那么，就会有很多家长将孩子转走，转到一些仍在教授小学课程的幼儿园去，这必然要造成生源的大量流失，直接影响到幼儿园的经济收益。在谈话的最后，企业集团的领导明确表态，企业集团是绝对不能允许上述情况发生的！

走出企业集团总部的大门，吴园长忽然感觉自己就像是一个"小媳妇"，而且是一个有着多位"婆婆"的"小媳妇"，不同的"婆婆"对自己提出了不同的要求，有些要求甚至是相互对立的。面对多位"婆婆"的不同要求，自己这个"小媳妇"到底该怎样做呢？吴园长陷入了左右为难的境地。

思考：

1. 上述案例反映了该幼儿园管理中的哪些问题？
2. 面对经济效益和社会效益之间的冲突，如果你是园长，你会怎么处理？

第一节　幼儿园财务管理

财务管理是指在一定的整体目标下，关于资产的购置，资本的融通和经营中现金流量以及利润分配的管理。一所幼儿园就像一家企业或者一个家庭一样，如果管理者不能很好的管理财务，导致负债累累，会很难生存下去的。

一、幼儿园财务管理概述

幼儿园财务管理是对幼儿园资金财产进行管理的活动,具体内容包括:幼儿园依法通过多种渠道筹集办园资金;做好预算,加强核算,合理使用资金,保证有足够的资金维持运转;建立健全幼儿园财务制度,对幼儿园的收入、支出等经济活动进行控制和监督;做好定期性和临时性的财务分析工作,如实反映幼儿园财务运行状况,对幼儿园经济效益进行科学评估。幼儿园财务管理是幼儿园各项管理活动的重要组成部分,渗透和贯穿于幼儿园一切经济活动之中。

(一)幼儿园财务管理的类型

当前幼儿园办园主体多元化,幼儿园办学模式不同其财务管理形式也各异。根据幼儿园类型不同,可以划分为三种主要财务管理模式。一是公立幼儿园,政府全额拨款,一切财产均属公有,园长由教育局或上级机关任命,建设经费、办公经费、教师及保育员工资均为财政拨付。收费标准按政府定价,具有一定的公益性。二是机关企事业幼儿园,政府差额拨款,利用机关或企事业单位的校舍办园,在编幼儿园教师都是事业编制,幼儿园经费、在编教师工资均为财政拨付,而编制外的人员工资和部分资产是由举办单位自筹。收费标准按政府定价,同时享受政府奖补资金,具有一定的公益性。三是民办幼儿园,办园资金全部由举办者自筹自支,独立核算,自主经营,自负盈亏。由举办者根据生均成本定价收费的民办幼儿园不享受政府给予的奖补资金。而按政府定价收费的民办幼儿园被称为"普惠性民办园",享受政府给予的奖补资金。民办园则更关注教育的成本以及剩余的发展基金问题。

由于历史原因以及经费限制,政府当前的学前教育经费支出,重点资助的是公立幼儿园,而民办幼儿园获得的经费相对较少,或者没有经费,完全靠市场规律运作。政府也在积极努力建设普惠性幼儿园,同时对民办园给予财政补助。公立幼儿园,大多由政府出资办学,收费相对较低,财务上要求收支平衡,具有一定的公益性,较少考虑利润,关注的重点是保教工作质量,保证幼儿园正常运转。如果有盈余,公办园则更多考虑的是师资的培训、基础设施的修缮、玩教具等材料的购置等。《民办教育促进法》第三十七条规定,民办学校收取的费用应当主要用于教育教学活动和改善办学条件。民办园独立核算,自主经营,自负盈亏。无论民办幼儿园是否以营利为目的,民办园与公办园相比,则更关注教育的成本以及剩余的发展基金问题。不管是公办园、民办园,还是慈善性质的幼儿园,都需要有足够的资金维持运转,这就需要进行科学的财务管理。

(二)幼儿园财务管理的效益

幼儿园经营主要有两种效益。一种是社会效益,一种是经济效益。无论是公办幼儿园还是民办幼儿园都应该把社会效益放在首位,这是幼儿教育事业的性质决定的。市场经济环境下,当前很多幼儿园越加重视经济效益,而忽视社会效益,把开办幼儿园作为营利的工具。公立幼儿园财务自主权不如民办幼儿园高,受约束的条件较多,但公办园的开办一般不追求经济效益最大化。更多的是在保证成本的基础上,合理收费,为国家培养人才,解决老百姓照顾子女的后顾之忧,具有公益性和福利性。民办园办园体制更加灵活,财务自主权较大。民办园的发展也需要考虑社会效益问题,但是与公办园不同的是,在保障教育质量的前提下,一部分幼儿园以取得合理回报为目的,也有为数不少的民办幼儿园以追求经济效益最大化为目的,甚至做出违反道德以及违法行为。无论什么性质的幼儿园都需要有足够的资金做后盾,否则就面临关门歇业的危险。开办幼儿园需要平衡经济效益和社会效益,幼儿园管理者需要有两颗心:一颗坚硬的心,严格管理财务,开源节流,为幼儿园的运营保障足够资金;一颗善良的心,提高保教质量,热爱孩子,为幼教事业的发展做出贡献。

(三)幼儿园财务管理体制

幼儿园园长要对本单位的财务工作全面负责,对幼儿园的财务状况做到心中有数。单独设置财务机构的幼儿园,实行"统一领导,统一管理"的体制。幼儿园财务活动在园长的领导下,由上级财务部门统一管理。没有单独设置财务机构的幼儿园,实行"集中管理,分园核算"的体制。园内设会计、出纳各一名,记流水账,在园长领导下,管理园内财务活动,统一向中心财务机构报账。幼儿园财务人员应认真履行工作职责,有权要求本单位有关部门、人员严格执行国家有关财经纪律和财务会计制度,有权参与本单位经费编制计划、签订经济合同等有关财务活动,有权监督、检查本单位有关财务收支、资金使用及财产保管等情况。

二、幼儿园财务预算管理

幼儿园财务预算是指一系列专门反映幼儿园未来一定时间内预计财务状况和经营成果,以及现金收支等价值指标的各种预算的总称,具体包括现金预算、预计利润表、预计资产负债表和预计现金流量表等内容。预算期往往以一学期或者一年为单位。预算能使幼儿园管理人员全盘考虑各项工作,能触及到幼儿园的各个角落,能提高幼儿工作的计划性。

(一)预算编制的原则

科学的财务预算能够优化幼儿园资金支出结构,提高资金使用效益。为了保证财务预算的科学性,预算管理工作可以遵循以下原则:

1. 客观性原则

幼儿园财务预算应该实事求是,不得弄虚作假。预算的目的是为未来的工作做准备,应该本着真实、客观的原则开展预算工作。各项收入应根据历年的实际情况合理预算,对幼儿园每一项收支项目的具体数字应该认真测算,尽量提供可靠数据,不能随意猜测。

2. 全面性原则

幼儿园财务预算不是单一部门的财务计划,而是未来全园性的经费规划,应该统一管理,统筹安排。预算需要将所有的收入和支出纳入预算的范围,争取做到不重复不遗漏。不得在预算之外保留其他收支项目。预算要考虑周全细微,该花的钱不吝啬,不该花的钱不浪费。正确做到每项工作预算合理,不要出现有的部门钱不够花,有的部门钱花不完的现象。

3. 稳妥性原则

预算的编制要做到稳妥可靠,量入为出,收支平衡。做预算时可以保留一部分预备资金,防止突发事件发生时幼儿园经费短缺。面对突发情况,幼儿园若缺乏周转的资金,势必会陷入经济紧张的局面。考虑到增加或减少的因素,收入预算要做到以最低收入为标准。既不能过于乐观夸大收入,也不能过于乐观加大支出,没有把握的收入项目不列入预算。

4. 重点性原则

预算要瞻前顾后,统筹安排,保证重点,照顾一般。先确保幼儿园日常保教工作的正常运行,对于教师的工资、保教活动所需要的基本材料等经费要做到万无一失,不得挪用。对于一些冒险性的项目,或者可有可无的开支,要慎重考虑。"有多少钱办多少事",幼儿园工作要分轻重缓急。

(二)预算管理的内容

幼儿园应本着"量入为出,统筹兼顾,保证重点,收支平衡"的原则,编制每学期的经费预算。每学期期初幼儿园园务领导小组成员商讨本学期的经费预算(人员工资、设备购买、日常开支等),报上级财务主管部门审核批复并备案。若重大事件需调整预算,需要通过园务领导小组讨论并上报批准。

拓展阅读7-1 >>>

运作儿童发展中心所需资源清单①

材料

下列大部分材料是消耗性的,并且必须经常补充:

☆ 教育和保育的补给

☆ 食物及食物供应的补给

☆ 维持性补给

☆ 办公品的补给

☆ 邮资

---

① [美]帕特丽夏·F·荷尔瑞恩,弗娜·希尔德布兰德著;严冷等译.幼儿园管理[M].上海:华东师范大学出版社,2011:108-109

☆ 通讯和其他报告的材料

设备

☆ 教室用家具：书桌、椅子、书架和带锁存物柜

☆ 户内及户外活动设备

☆ 厨房、办公室、员工休息室和工作室的家具及设备

☆ 车辆：租用和购买、车牌和保险、维护和服务、折旧、驾驶证

空间

初建成本：

☆ 土地、建筑设施、开发活动场地、翻新已有建筑的资金成本

☆ 电力、排污、煤气、水和电话的初始开通费用和相关押金

☆ 建立中心的相关费用

☆ 停车场地

运营成本：

☆ 租金或分期付款

☆ 资产税费

☆ 修理和维护费

☆ 装饰——艺术品和装饰物

☆ 火灾、责任和暴力行为保险

人力

初建成本：

☆ 开业前的计划，包括需求调查、地点选择调查等

☆ 法律相关的服务，包括建立建筑物、税额、责任保险、建筑和土地契约、员工合同等等

☆ 会计服务，包括建立有规则的会计和审计系统

☆ 公共关系，包括准备复印资料，讲演和打印宣传单

☆ 广告，包括招聘员工和招收儿童

运营成本：

☆ 员工薪水，包括行政管理者、校车司机、保育员和教师、文员、厨师和管理人员、顾问（包括健康顾问、家长教育者和社会服务顾问）、缺勤员工的替代者

☆ 福利，包括社会保障、员工津贴、托幼服务、产假、健康保障、失业保障、假日和假期、退休和退休金

☆ 员工培训，包括在职培训（顾问）、专业出版物和工具书、员工参加会议的资费和补贴、给专业协会的应付款额

☆ 公共关系

☆ 儿童招生

☆ 宣传广告、出版物和形象包装

三、幼儿园收支管理

幼儿园财务管理要贯彻执行国家有关法律、法规和财务规章制度,坚持勤俭办园的方针,正确处理保教工作发展需要和资金供给的关系,社会效益和经济效益的关系,国家、集体、个人三者利益的关系。

(一) 收入管理

收入是指幼儿园在日常活动中所形成的、会导致所有者权益增加的、与所有者投入资本无关的经济利益的总流入。但不包括为第三方或客户代收的款项,如幼儿园代收的意外保险费。幼儿园的收入主要包括以下内容:

财政补助收入,是指幼儿园从财政部门取得的各类事业收入。包括教育经费拨款、科研经费拨款以及其他经费拨款。

事业收入,是指幼儿园开展教学、科研及其辅助活动的收入,含幼儿学费、校车接送费、伙食费等。

经营收入,是指幼儿园在教学、科研及其辅助活动之外,不具备法人资格的非独立核算部门,其开展的社会服务取得的收入。

附属单位上缴收入,是指幼儿园附属独立核算部门按照有关规定上缴的费用。

其他收入,是指幼儿园在上述规定范围之外取得的各项收入。如投资收益、捐赠收入、利息收入等。

各园必须严格按照国家有关政策规定,依法组织收入,各项收费严格执行国家规定的收费范围和标准,并使用合法票据,各项收入必须全部纳入幼儿园收入账户,统一管理,统一使用。

专款专用是指财政收支管理中以特定来源资金用于指定用途的办法。通常将这种有特定来源和专门用途的资金称之为专用资金或专项资金。幼儿园取得的专项资金应当坚持"专款专用"的原则,按要求单独核算,并定期报告资金的使用情况。项目完成后,报送专项资金支出决算和使用效果的书面报告,并接受有关部门的检查、验收。

拓展阅读7-2 >>>

民办园收费管理也遵循"一费制"[①]

2013年3月起,济南市幼儿园实行新的"一费制"收费管理方法。"动不动就交钱",这是不少民办幼儿园家长们时常挂在嘴边的抱怨。每到幼儿园开出各种名目的缴费单时,虽然家长们都不会不交钱,但是对于这些费用该不该收,不少人都满腹疑惑。记者了解到,今

---

① 李岩. 民办园收费管理也遵循"一费制"[EB/OL]. http://jnsb. e23. cn/shtml/jnsb/20131126/1218063. shtml, 2014-01-10

年3月份,济南市已经实行了"一费制"的幼儿园收费新标准,各级各类幼儿园除保教费及规定的服务性收费、代收费外,不得再向幼儿家长收取其他费用,也就是说,无论是公办幼儿园还是民办幼儿园,收取取暖费、空调费、课程费等行为都属于乱收费。

根据市物价局、财政局、教育局联合下发的《关于规范幼儿园收费管理的通知》,从今年3月1日起,幼儿园原设立的管理费、保育费、杂费、代办费合并为保育教育费(简称为"保教费"),每位幼儿缴纳保教费主要用于负担幼儿园正常的办园支出,也就是说,幼儿在园上课、冬夏两季使用暖气、空调等项目的花费全部并入保教费之中。而无论是公办幼儿园还是民办幼儿园,除了保教费以外,都不能向家长收取任何属于幼儿园正常办园开支的费用。幼儿园尤其不能以开办特色班、实验班和兴趣班为由,另外收取费用,也不得以任何名义收取与幼儿入园挂钩的建园费、赞助费、捐资助学费、入园押金等其他费用。

除了保教费之外,为了给在园幼儿的教育、生活提供方便,幼儿园还可以收取服务性收费和代收费,服务性收费项目为伙食费、校车接送费;代收费项目为意外伤害保险费、床上用品费。与保教费的缴纳有所不同,在幼儿园中,伙食费是根据幼儿每个月实际在园吃饭的天数进行结算的,一般情况下,幼儿园会预先向家长收取一个月的伙食费,然后按照幼儿实际的吃饭天数进行结算,将多收的费用退还给家长。

目前,济南市公办幼儿园的收费有明确的标准,而民办幼儿园的收费标准全靠自主定价。物价部门对民办幼儿园价格实行备案制度,各个民办幼儿园自行确定收费标准,到物价部门备案后即可收费。只要幼儿园的实际收取费用不超出它当时备案的收费标准,那就是符合规定的。但是,物价部门的工作人员也提醒市民,新的收费标准执行后,民办幼儿园"一费制"的收费管理方式与公办幼儿园无异,如果市民遭遇到幼儿园违规收费的事情,可以拨打价格举报电话12358进行反映和举报。

(二) 支出管理

支出是指幼儿园开展教学、科研及其他活动发生的各项资金耗费和损失。幼儿园支出包括事业支出、经营支出、自筹基本建设支出、对附属单位补助支出、拨出经费、上缴上级支出等。[①]

1. 事业支出指幼儿园开展教学、科研及辅助活动发生的支出,事业支出的内容包括基本工资、补助工资、其他工资、职工福利费、助学金、公务费、业务费、设备购置费、修缮费、业务招待费和其他费用。

2. 经营支出是指幼儿园在教学、科研及其辅助活动之外开展非独立核算经营活动所发生的支出,经营支出与经营收入应相互配比。

3. 自筹基本建设支出是指幼儿园用财政补助收入以外的资金安排基本建设所发生

---

① 王绪池,郑佳珍.幼儿园总务管理[M].重庆:重庆大学出版社,2013:158-159

的支出。自筹基本建设资金与国家拨给的基建资金统一纳入基本建设财务管理,按项目进行核算。

4. 对附属单位补助支出,即幼儿园用财政补助收入以外的收入对附属单位进行补助所发生的支出。

幼儿园支出应严格执行国家财务规章制度及上级主管部门开支范围及开支标准,没有统一规定的由幼儿园结合本园情况规定,并报上级主管部门备案。按预算正常执行,各项支出应按实际发生数列支。各部门的财务支出审批,应指定一名负责人签字,实行专人负责。

(三)代收代支管理

为方便幼儿在园学习与生活,幼儿园还可以收取代办服务性费用(简称代办费),代办费项目主要包括伙食费、校车接送费、延时服务费等。幼儿园应对代办费进行独立核算。幼儿园应严格按有关教育局规定收取代办费金额,并严格控制代办费的支出项目,严禁支列无关的费用。代办费应每学期进行结算,且向家长公布支出明细,并清退余款。

幼儿园应按标准收取幼儿伙食费,支出幼儿一餐两点、净水及食堂使用的水电煤气费等其他成本。幼儿园应根据制定的带量食谱采购每日食品,严格控制采购量,不得在幼儿伙食费中列支无关的内容。

教师伙食应与幼儿伙食严格分开,单独建账,保证幼儿伙食专款专用,严禁挤占幼儿伙食费。食堂应建立物品进库、出库、每日过秤记录,每月进行盘库。幼儿园应建立公示制度。每日公布购菜明细,每月公布伙食费使用明细及库存情况,接受家长监督。

四、幼儿园流动资产管理

流动资产包括现金、银行存款等货币资金及应收、暂付款、借款、存款等。幼儿园应建立、健全货币资金的内部管理控制制度。

1. 对货币资金收支保管业务建立严格的授权批准制度,相关机构和人员应相互制约,确保货币资金的安全。

2. 审批人应根据货币资金授权批准制度的规定,在授权范围内进行审批。

3. 幼儿园有关部门或个人用款时应按照提交用款申请、支付审批、支付复核、办理支付等程序执行。会计、出纳应按签字齐全、票据规范、支出合理等标准认真复核后方可办理支付手续。

4. 单位对于重要货币资金支付业务,应当实行集中决策和审批,并报上级主管部门审批。建立责任追究制度,防范贪污、侵占、挪用货币资金的行为。

5. 对于大额的支出应使用转账支票,不得以现金直接支付。

6. 现金收入应当及时存入银行,不得用于直接支付单位自身的支出。

7. 单位借出款项必须执行严格的授权批准程序,严禁擅自挪用,借出货币资金。

8. 单位取得的货币资金收入必须及时入账,不得私设"小金库",不得账外设账,严禁收款不入账。

五、幼儿园财产管理

幼儿园的各类财产是保证幼儿园各项计划完成所必须的物质条件,园内各部门都要管好用好,做到物尽其用。健全财产管理制度,是为了保证幼儿园工作的顺利进行。幼儿园财产管理的内容比较丰富,涉及到各个部门的物品。从价值上看既有贵重的电脑等物品,也有相对廉价的一张纸、一支笔。幼儿园财产的管理影响到幼儿园正常保教工作的开展,是幼儿园管理的重要内容。本文结合上海市某幼儿园的财产管理制度①,从管理形式、物品的使用与保管、物品领用、物品外借、贵重仪器与物品的管理、物品的报废与报损角度讲述幼儿园财产管理的具体要求。

(一)管理形式

幼儿园财产保管实行责任制,采用分级管理制度,总务处负责管理全园财产。各部门所属的财产由组室负责人负责,组室全体人员共同执行保管任务。教室财产由班主任老师和保育员负责保管。

(二)物品使用与保管

幼儿园要建立财产登记制度,财产在学期初发放,在学期末验收入库,如有缺损应查明原因加以处理。全体教职工都要爱惜财产,注意保管,防止遗失。办公室中的贵重物品要小心保管,防止失窃;教室中的电教仪器要经常擦拭及时加盖布,延长使用寿命;财产的自然报废要填写报告单,经领导批准后登记注销;每学期结束前贵重物品应上交保管员,不得放在办公室或教室中过假期;带班教师变动前应办好移交手续;注意安全使用电器。

(三)物品领用

园内各类财产统一由总务处管理,领用(借用)物品必须登记,如遇调动要办理财产移交手续方能离园。领用物品如有自然损坏应本着勤俭节约的原则,能修复再用的一律不予领新的,做到物尽其用;不能修的应以物调换。如遗失或人为损坏时,借用人负责修理或照价赔偿。不得随意挪用他室物品,并养成用毕归还原处的好习惯。

(四)财产、物品外借的规定

幼儿园的一切财产、物品的外借必须凭借用人的借条或单位的介绍信,写明物品名称、规格、数量、归还日期,经园领导同意后向总务处借取,并开出门证,如有损坏或遗失,借用人员负责修理或照价赔偿。幼儿园财产出门必须要有出门条,如无出门条,门卫人员有阻止的权力。

---

① 檀香幼儿园.幼儿园财产管理制度[EB/OL]. http://www.txyey.sjedu.cn/ywgl/zdjs/201111/150138.sht-ml,2014-01-19

（五）物品的管理规定

1. 贵重物品

对贵重物品要指定专人保管。使用时一定要按照其说明书上指定的使用方法使用，借时交接清楚，办理手续。

2. 仓库保管

（1）根据不同财产进行分类，建立固定资产、低值耐用品、低值易耗品三本账。

（2）每学期进行核对，做到账目清楚，账账相符，账物相符。

（3）验收、领用、保管、出借都要登记。凡办公需要的用品，应及时供应，做好记录，注意节约。

（4）对各组、室所保管的物品，要做到心里有数，每年年初登记，年终核实，如有缺损应追查责任并赔偿。

（5）仓库每天打扫一次，玻璃窗应保持清洁。

（6）进仓库的财产应分类，放整齐，保持仓库整洁。

（7）运用园局域网建立财产信息，做好资产的登记，便于财产保管与使用。

3. 财产防盗

（1）养成随手关门的习惯，谨防外人进入室内实施盗窃，贵重物品应上锁。

（2）安装自动报警系统，门卫负责早、晚关启报警装置开关，严防盗窃事故发生。

（六）物品的报废报损

1. 教学仪器、设备及教玩具因自然老化或无法修理，可以报废。

2. 教学仪器、设备及教玩具一次修理费用超过原价的一半，可以报废。

3. 报废报损仪器、设备及教玩具须填写报废报损申请单，经幼儿园主管领导批准，方可报废报损。

4. 准备报废报损的仪器、设备及教玩具，要及时到财务部门销账，同时调整教学仪器、设备账册。

5. 报废报损的仪器、设备及教玩具，可拆零件作维修用，或交总务部门处理，不得再存放在仪器室内。

拓展阅读7-3 》》》

某幼儿园空调使用管理制度①

为更好地为幼儿提供舒适的学习生活环境，保持适宜的温度，以及切实保障空调的有效使用和管理，特制定空调使用制度。

---

① 豪园幼儿园. 空调使用管理制度［EB/OL］. http://xxgk. pte. sh. cn/hyyey/article/2012/0507/40187/default. html，2014-01-01

1. 幼儿园空调为贵重电器设备，教工应爱护，并保持外表清洁，无灰尘。

2. 空调遥控器统一由班级教师管理，专班专管。当班级搬离原教室，应及时到事务室办理空调遥控器移交手续，不得随意带走空调遥控器。

3. 各班级须爱护使用和保管空调及空调遥控器，若人为损坏或遗失空调遥控器，应照价赔偿。

4. 冬季室内温度低于8℃，夏季室内温度在摄氏温度32℃以上，方可使用空调，为避免室内外温差太大，夏季空调的温度设定最低不能低于28℃，冬季空调的温度设定最高不能高于20℃。夏季建议：教室使用空调的时间为：7:45～8:30；10:30～11:30。

5. 出于为幼儿午睡温度适宜考虑，教师在上述可开空调的前提下，在幼儿午睡前可适当提前打开寝室空调，待幼儿午睡起床离开寝室后，教师必须关闭空调。

6. 教室内开关空调由教师负责。两位教师各自负责其带班期间空调的开关。如造成人为浪费，责任人将适度承担幼儿园电费支出。

7. 全体教职工必须节约用电、安全用电，要按照正确的操作方法进行操作。为保证室内恒温，开空调时关闭门窗。保证适度的新鲜空气流通，定时开关门窗。使用完毕，应按要求及时关机、断电。下班前要检查空调是否已经关闭。

六、幼儿园财务分析

财务分析是财务管理工作的重要组成部分。借助财务分析，幼儿园能及时评估办园效益，总结管理经验，提高资金使用效率。幼儿园财务分析主要包括前期预测、中期监测、终期评测三大步。①

财务分析要进行前期预测。某幼儿园经园务会商议决定，计划未来几年增加资金投入，提高职工待遇，维修改造园舍，提升办园品质。财务部门要积极为园长献计献策，从财务角度提前告知风险，科学预测幼儿园改革发展的利弊得失，使财务分析发挥出"指南针"作用。

财务分析要做好中期监测。幼儿园财务部门要以依法理财、科学理财为核心，加强预算管理，提高预算管理水平和资金使用效益。定期分析目标达成情况和资金使用情况，实施动态监控，让分析指标"动"起来，让数字变得会说话，帮助园长及时调整管理策略。

财务分析要提供终期评测。在一定时间内，幼儿园可以借助于会计报表等进行财务分析。通过财务分析，幼儿园可以及时发觉异常信息，聚焦风险管理，包括办园资金充足情况，经费来源渠道、教师流失情况、生源流失情况、保教质量是否下滑、服务质量是否下降、办园声誉是否良好等等，并把相关信息及时转告给园长，帮助幼儿园提前进行关注，

---

① 叶峰.幼儿园财务管理应着重财务分析[N].中国教育报，2013-12-22(02)

预先进行处理,最终发挥出财务分析对提高管理效益的促进作用。

七、财务清算、监督和年度审计

幼儿园发生划转、撤并或园长、主管会计离任、外调时,应进行幼儿园财务清算。在上级主管部门监督指导下,对园内的财务、债权、债务进行全面清理,做好移交、接收的交接工作,并妥善处理各遗留问题。

财务监督是贯彻国家财经法规以及幼儿园财务规章制度,维护财经纪律的保证,各幼儿园必须接受国家有关部门的财务监督,并建立严密的内部监督制度。幼儿园的财务监督包括事前监督,事中监督,事后监督三种形式,各园可根据实际情况对不同的经济活动采取不同的监督方式。幼儿园的财务人员有权按《会计法》及其他有关规定行使财务监督权,对违反国家财经法规的行为,有权提出意见并向上级主管部门反映。中心会计定期对所辖幼儿园进行财务指导监督,发现问题及时要求整改,并向上级主管部门汇报。

年度审计就是会计师事务所根据《中国注册会计师审计准则》对某单位财务状况所开展的年度审计工作,并在实施审计工作的基础上对一个会计年度的财务报表的合法性和公允性发表审计意见的书面文件。通常公允地反映了被审计单位的财务状况、经营成果和资金变动情况。会计师事务所对所出具的审计报告承担法律责任。

第二节 幼儿园档案管理

一、幼儿园档案的概念界定

幼儿园档案管理是指幼儿园在各项活动中对有价值的材料所开展的搜集、整理、保管以及利用工作。做好幼儿园档案管理工作,我们首先要明确什么是档案,以及档案与文件的区别,然后才能有针对性的从当前文件中选择有价值的材料进行系统归类保存。

(一)档案的含义

档案是人类在各项实践活动中直接形成的历史纪录,留存以备查考的历史文件。"直接形成"说明档案继承了文件的原始性。"历史纪录"说明档案在继承文件原始性的同时也继承了文件的记录性,是再现历史真实面貌的原始文献。正因为档案继承了文件原始记录性,具有历史再现性,所以档案才具有凭证价值的重要属性。

(二)档案与文件的关系

很多档案来源于直接的文件。这里的"文件"是指由文字、图表、声像、实物等形式形成的各种材料。如世界上现存最早的一份完整的外交条约档案,约公元前1296年,埃及法老拉美西斯二世与赫梯国王哈图舒尔三世在卡迭石战役后签订了和约,并结成军事同盟,条约原本用银板制成。但不是所有的文件都是档案,档案是对文件的有条件转化。从信息的内容和形式来说,两者完全相同的,但从时效性、价值性和系统性上来说,档案是对文件的不断扬弃。从时效性看,文件在前,档案在后,没有文件就没有档案,档案是已经办理完毕的文件;从价值性看,不是所有的文件都是档案,档案是有价值的文件,没有价值的文件是要被舍弃的,可以说档案是文件的子集;从系统性看,档案分门别类,可以按照时间顺序,也可以按照材料的种类把文件进行有规律地存放。因此,有学者指出,文件是档案的前身,档案是文件的归宿;文件是档案的基础,档案是文件的精华;文件是档案的素材,档案是文件的组合。

(三) 幼儿园档案的含义

幼儿园档案是指在幼儿园全部活动中形成的,具有保存价值的各种文字、图表、音频等不同载体的历史记录材料。幼儿园档案随着幼儿园的建立而产生,幼儿园在建立之初就积累了很多文件,如申请注册办学、购买设备、教职工招聘等活动中的各类材料。幼儿园档案随着幼儿园的发展而逐渐增加,在后续的幼儿园教学工作、保教工作、卫生保健工作、家长工作、安全工作、财务工作、食堂工作等实践活动会陆续积累很多有价值的材料。幼儿园档案是反映各项实践活动的原始记录。

拓展阅读7-4 >>>

河南省省直机关第一幼儿园档案安全工作[①]

目前,河南省省直机关第一幼儿园有档案库房3间,包括人事档案库、文书档案库和财会档案库,总面积超过260 m²。另有幼儿教师教育参考资料室1间。幼儿教具实物档案保存室1间,面积约120 m²。档案种类有照片档案、声像档案、教学档案(光盘)、幼儿节目档案(光盘)等。其中,照片档案有1 500幅(其中包括河南省历任省长、副省长等省级领导在节日期间看望幼儿的照片约30张);声像档案、教学档案(光盘)、幼儿节目档案(光盘)共80盘;文书档案874卷(册)、人事档案192册、财会档案782卷(册)。

"十一五"期间,为了改善档案保存条件,在相关领导的大力支持下,幼儿园先后购买和添置了9套高级实木书柜;22套开放式书柜;80套铁皮档案柜和1套保存声像档案的保险柜。档案库、室的温湿度都采用中央空调控制,温湿度符合国家相关标准要求。

在日常工作中,工作人员按照防火、防盗、防水、防光、防鼠、防高温、防高湿、防霉、防尘、防空气污染等档案保护技术要求开展工作,并不断完善修订保障幼儿园档案安全的各种规章制度。其中《实物教具紫外线消毒制度》《档案借阅必须在阅览室阅读制度》《档案库房按时进行杀虫灭菌制度》的实施,为确保档案安全奠定了良好基础。

---

① 刘煜.基层档案室的档案安全工作——以河南省省直机关第一幼儿园为例[J].河南科技,2011(3):23

二、幼儿园档案管理的价值

幼儿园档案管理是指在幼儿园各项活动中对有价值的材料进行搜集、整理、分类、排序、编号、装订成册、归位、保管、销毁等专门系列工作。个人档案是一个人一生生命轨迹的缩写,随着你工作的调动"如影相随",是记录一个人的主要学习经历、政治面貌、奖励惩罚等个人情况的文件材料,起着凭证、依据和参考的作用。同个人档案一样,幼儿园档案也有重要价值。很多人一提起幼儿园首先想到的是活泼开朗的孩子和能歌善舞的教师,很难想到幼儿园的档案管理工作。很多幼儿园忽视幼儿园档案管理工作,认为与保教工作相比无足轻重,甚至是画蛇添足。其实幼儿园档案管理工作是幼儿园规范管理的重要基础。

(一)档案管理是提高幼儿园品质的手段

幼儿园保教工作质量是幼儿生存发展的关键,而保教工作质量的提升是建立在前期工作基础之上的,而非朝夕所能完成。幼儿园在发展的过程中会不断地积累很多资源,如果不能很好地保存会导致资源的浪费。如幼儿教师在教学工作中积累了很多优秀的教学活动案例和课件,幼儿教师在每周的教学研讨活动中积累了很多教学智慧等等,这些珍贵的材料都可以加以保存。平常默默无闻的档案工作能积累很多优秀的保教资源,如果每次都随手丢了就不会有集腋成裘的可能。

1. 开发园本课程

很多幼儿园在日积月累的基础之上,将多年的优秀教学案例进行整合,开发了具有鲜明特色的园本课程,如深圳第一幼儿园的《幼儿园综合教育课程主题活动方案》,杭州幼儿师范学院幼教集团编写的《故事在主题中开始——蛛网式幼儿园主题活动案例集》,湖北省实验幼儿园的《幼儿园一日体育活动整合手册》等等,此类园本课程不胜枚举。园本课程是幼儿园的特色,也是幼儿园多年课程的一个提炼总结。

2. 积累保教经验

有的幼儿园对历年的公开课、亲子活动进行了认真的录像,刻成光碟,成为年轻教师学习的宝贵资料,大大提高了新入职教师的教学开展能力。有的幼儿园将历年教师的保教经验进行了总结,形成一套系统资料,如山东淄博市实验幼儿园开发的《幼儿园一日生活环节的组织策略》,北京师范大学实验幼儿园的《保育员工作指南》等。保教经验积累的系统化有利于幼儿园保教工作的科学有序开展。

3. 档案管理是幼儿园行政管理的手段

有的幼儿园将每次发生的家长投诉事件进行详细记录,每年都进行一次总结,并查看往年投诉事件档案,居安思危,不断总结反思,进而改进工作,避免重蹈覆辙。档案管理也是记录保教工作人员行为的一种载体,是教职工每月考核、学期考核、年终考核的重要依据,是教职工奖励惩罚的重要凭证。档案管理工作让很多活动可以有据可查。

（二）档案管理为各类评估考核做好铺垫

幼儿园经常会遇到各种各样的评估，评估的一项重要内容是查看以往材料。如各省在评估省级示范幼儿园的时候，一般会认真查阅一些档案资料，这些资料往往包括账目材料、教师培训材料、儿童健康检查材料（如每日晨检记录、定期体检材料等）、食谱材料、安全排查材料、自制玩教具材料、教学反思材料、幼儿成长观察记录材料、教师自编教学案例材料、承担课题材料、园本教研材料、论文成果材料、开放日活动材料、家长工作材料等等。比如安全检查工作，上级需要检查一些安全教育演练材料、幼儿园值班记录等。如果平常没有做好档案管理工作，即便你做过了一些工作，但缺乏必要的佐证材料，面对评估会"哑巴吃了黄连有苦说不出"。相反，如果档案管理工作很完善，积累了丰富的材料，面对评估，直接从档案室调取档案材料即可，也无需弄虚作假。由此可见，档案资料越齐全，评估效果越好。

（三）档案管理为对外宣传积累宝贵素材

幼儿园的发展需要对外做好宣传工作，既需要招生时向家长宣传，也需要与其他幼儿园进行友好交流，也需要向社会宣传。宣传需要一些材料，尤其是照片等电子材料，而有些材料是不能临时准备的，这就需要做好档案管理工作。如六一儿童节文艺演出、教师公开课、幼儿园去军队参观等活动的视频和照片，都是对外宣传的宝贵资料，需要有意识去收集。黑龙江省绥芬河市教育幼儿园针对每一名幼儿做了一份成长手册，幼儿在毕业的时候幼儿园会送上一份精美的相册和光盘，里面记录了孩子三年来生活学习的点点滴滴，深受家长的欢迎。做好档案管理工作，积累很多宝贵资料，能为幼儿园赢得了一定的经济效益和社会效益。

（四）档案管理为后人研究留下原始资料

档案的珍贵在于它的原始性、真实性。幼儿园档案管理既没有轰轰烈烈的场面，也没有可以大书特书的功绩，有的只是日复一日、年复一年的平淡、朴实、细心、耐心和恒心。但正是这极其平凡、琐碎的工作为后人留下一个脉络清晰、准确可信的真实世界。[①]学前教育的发展是一个历史性的过程，前人有很多宝贵的经验与教训值得后人学习，这也是高校学前教育专业开设"中外学前教育史"课程的原因之一。而历史资料的获得除了代代口耳相传，更需要档案的记载。有些档案并不是为今人的利用而保存的，而是为后人、为未来服务保存的。因为随着时代的发展，人们研究的领域在拓宽，后人会关注不被今人注意的问题。幼儿园档案工作往大的方向说，就是为子孙后代保存好这些财富，保存的本身就是其意义所在。[②]幼儿园很多宝贵的教学资料、管理材料等都可以留给后代。因此幼儿园档案管理工作不能急功近利，需要以高瞻远瞩的态度认真对待。

---

① 小草的博客.《档案利用实例》序言［EB/OL］. http://blog. sina. com. cn/s/blog_530321f70100ad7s. html, 2013—12—24

② 刘东斌. 档案利用和档案价值的反思［J］. 档案管理，2004(1)：10

南京市鼓楼幼儿园前身是鼓楼幼稚园,由著名教育家陈鹤琴于 1923 年创办。在陈鹤琴的指导下,鼓楼幼稚园取得了令世人瞩目的实验成果,编写出版了《幼稚园单元教学》《儿童游戏》《儿童节奏》等书籍。1928 年,教育部根据鼓楼幼稚园的课程实验成果,拟订了《幼稚园课程标准》。鼓楼幼稚园成为当时全国幼稚教育实验中心,在国内外幼教界享有盛誉。如果鼓楼幼稚园不注意平时收集整理资料,也很难将优秀的研究成果对外推广。全国解放后,1952 年 8 月,陈鹤琴主动要求将鼓楼幼稚园交给南京市人民政府接办,改名为南京市鼓楼幼儿园。当前鼓楼幼儿园依然很好地保留着陈鹤琴纪念馆,因为档案工作完善才得以使陈鹤琴的很多研究成果留传给后人。鼓楼幼儿园开展的生活课程资料以及教师带领孩子去户外的场景照片依然清晰可见,令现在的很多幼教工作者汗颜,给后代留下宝贵的幼教财富。

三、幼儿园档案的分类

档案的来源很广泛,幼儿园教学工作、卫生保健工作、家长工作、安全工作、财务工作等实践活动都会产生档案,这些档案不能杂乱无章的堆放在一起,因此需要归类,以便保存和检索。档案可以按照内容进行划分,也可以按照载体进行划分。河南省优秀教师、原郑州市金水区新建幼儿园园长曾大庆将幼儿园档案划分为行政管理类资料;规划和计划类资料;一日活动、课程、游戏、培训与教研、科研类资料;各种账目资料;工作过程性资料;成果性的资料六大类。[①] 按照内容划分档案,没有统一的标准,因幼儿园而异。下文以南京市北京东路小学附属幼儿园吴邵萍园长的研究成果为模板,介绍下幼儿园档案的分类。[②]

（一）按档案的内容划分

将幼儿园档案管理划分为党群类档案、行政类档案、教育教学类档案、基建类档案、设备类档案、会计类档案、安全管理类档案、卫生保健类档案八大类。

1. 党群类档案

基本内容有:

（1）主要是党群工作中形成的会议记录;

（2）党建、共青团、工会、教职工代表大会、家长委员会等活动形成的文件;

（3）各组织的学期工作计划、总结和日常开展各类活动的过程中形成的有价值的文字、声像资料等。

2. 行政类档案

基本内容包括行政事务档案和人事劳务档案两大类。

（1）上级行政部门和教育主管部门颁发的有关幼教的方针、政策、指示、决定等方面的文件;

---

① 曾大庆.谈谈幼儿园档案建设[J].河南教育(幼教版),2013(9):25-27
② 吴邵萍.幼儿园管理与实践[M].南京:江苏教育出版社,2012:242-249

（2）行政管理中形成的计划、总结、考核、人员、工资等文件。

3. 教育教学类档案

基本内容有：

（1）幼儿园各个部门的学期计划、过程性研究和管理资料

主要有会议活动记录、公开课教案、录音、录像、照片、教具、玩具、研讨记录、评比表格、观摩评价意见、论文获奖、学期总结等。

（2）教师的个人业务档案

① 个人的基本情况，如：性别、年龄、学历、毕业年限；

② 培训时间和考核成绩评语；

③ 教学计划与记录；

④ 有代表性的调查报告、经验总结，发表和未发表的论文；

⑤ 创作的教材、教具，观摩活动的计划与评议记录；有代表性的儿童作品、录音、录像、照片等材料；

⑥ 评比的奖惩材料，业务素养、教学能力等材料；

⑦ 家长的表扬、批评、外单位的反映材料。

4. 基建类档案

主要是指幼儿园基本建设管理和基本建设工程项目中直接形成的、具有保存价值的文字、图纸和声像载体等。

基本内容有：

（1）上级有关基建工作的文件；

（2）上级有关基建规划、征地、建设、投资等的协议、合同、批文；

（3）设计的总平面图，基建工程财务预、决算材料；水、电、气管道分布图；

（4）地质勘探、地形测量材料；

（5）基建项目可行性研究、设计、施工、监理、招标工作材料，施工文件，竣工文件；

（6）每年假期维修中的小工程项目资料。

基建类档案具有重要价值，如后续的装修工程，如果没有保存完好的水、电、气管道分布图会很麻烦。基建类档案一方面记录基建历史，另一方面也是分管此项工作的同志责任明确和廉政的佐证。

5. 设备类档案

基本内容有：设备档案卡、设备使用情况登记表、购买发票复印件、保修卡、说明书、设备使用情况登记表。设备类档案的良好管理有利于及时寻找并联系厂家上门维修保养，快速地解决机器故障。

6. 会计类档案

一般由财务部门自己整理、归档、装订入库。归档档案主要有会计报表、会计账簿和

会计凭证三类。会计要认真及时填写好会计报表档案目录表、会计账簿档案目录表、会计凭证档案目录表。

7. 安全管理类档案

《中小学幼儿园安全管理办法》第二十七条规定："学校应当建立安全工作档案,记录日常安全工作、安全责任落实、安全检查、安全隐患消除等情况。安全档案作为实施安全工作目标考核、责任追究和事故处理的重要依据。"安全档案工作是幼儿园档案管理的重点之一。安全管理类档案主要包括以下内容:

(1) 幼儿园各项安全制度、岗位职责、安全管理的组织机构图和人员名单等;

(2) 幼儿园领导定期研究幼儿园安全工作的会议记录;

(3) 幼儿园总值班人员表、消防队等群众组织名单;

(4) 班级集体外出、幼儿园大型活动的安全预案以及报批手续;

(5) 幼儿园配备物防技防设施设备(监控设备、报警系统、灭火器、消防栓、辣椒水、钢叉)登记表和摆放地点的照片等;

(6) 幼儿园重点部位示意图,报警器示意图;

(7) 值班表、值班记录;

(8) 派出所民警来校巡查记录;

(9) 幼儿园消防安全责任体系,消防安全责任人、消防安全管理人、消防安全管理人员的文字资料;

(10) 幼儿园每学期进行的不少于一次的消防安全教育与演练的文字与影像资料;

(11) 管理人员定期检查和维护各种消防器材的记录;

(12) 食堂卫生许可证以及从业人员的"三证"(体检合格证、培训合格证、上岗证)复印件;

(13) 幼儿园自有、承租接送幼儿车辆的管理资料;

(14) 安全、法制、禁毒、心理健康、自我保护和自救教育活动的文字或影像资料;

(15) 各类矛盾排查调处,纠纷得到及时化解的文字资料;

(16) 上级下发的关于安全管理工作的文件和资料;

(17) 按要求上报的各种计划、总结、值班表、自查报告、各种统计报表、各种突发信息的留存资料等;

(18) 幼儿园开展安全隐患排查、治理台账的资料;

(19) 自然灾害、事故灾难、公共卫生事件、社会安全事件等突发公共事件的应急预案。

最近几年幼儿园安全事故频发,家长以及行政部门对幼儿园安全工作的开展要求不断提高,安全工作的内容越来越多,安全责任越来越大。上级领导来园检查、指导、评估,除了实地查看,查阅档案也成为了必不可少的评估手段。

8. 卫生保健类档案

卫生保健档案是反映卫生保健工作的重要指标,保健人员应对各种保健项目分类管理,做好详细记录。卫生保健资料主要分为登记类、统计类、营养膳食类和其他类四种。

（1）登记类

常用的有体检手册、晨间记录、全日观察记录、健康教育记录、传染病记录、意外伤害记录、卫生消毒记录、常见病记录、患病儿童管理记录、出勤记录、喂药记录等。

（2）统计类

体格发育评价、体格增长速率统计、体检情况统计、体弱儿五官患病情况统计、龋齿情况统计、沙眼患病统计、常见病统计、传染病统计、预防接种统计、儿童意外伤害统计等。

（3）营养膳食类

膳食计划、伙委会记录、带量食谱、食物用量、食堂用量、食品验收、食物营养素、参考摄入量、伙食月结算、营养分析等。

（4）其他类

卫生保健工作计划和总结、健康证明、培训记录、药品出入账登记（仅限具有医师资格的人员）等。

拓展阅读7－5 >>>

表7-1　南京市北京东路小学附属幼儿园档案划分标准①

一级类目	编号	二级类目	编号
党群类	1	党支部	01
		团支部	02
		工会	03
		教工大会	04
		家长委员会、社区	05
行政类	2	行政事务	01
		人事劳务	02
教育教学类	3	班级	01
		年级组	02
		教研组	03
		课题组	04
		教科室	05
		日常保育教育管理	06
		教师个人业务档案	07

① 吴邵萍.幼儿园管理与实践[M].南京:江苏教育出版社,2012:242-243

一级类目	编号	二级类目	编号
基建类	4	按工程项目设置	
设备类	5		01
会计类	6	凭证类	01
		报表类	02
		账簿类	03
安全管理类	7		01
卫生保健类	8	登记类	01
		统计类	02
		营养膳食类	03
		其他类	04

（二）按档案的形态划分

传统的档案以纸质的文书档案为主,现在档案的形态日益丰富,既有文书档案,也有实物档案、声像档案和电子档案等。

1. 文书档案

文书档案通常是由办理完毕的有保存价值的文书转化而成。文书档案来源广泛,党群类档案、行政类档案、教育教学类档案、基建类档案、设备类档案、会计类档案、安全管理类档案、卫生保健类档案中都有文书档案。

2. 实物档案

实物档案是指以物质实体为载体,能够反映幼儿园职能活动和历史真实面貌的具有保存价值的特定有形物品。

幼儿园实物档案的归档范围主要包括以下几类:

（1）幼儿园或个人在各类公务活动中获得的奖杯、奖状、奖牌、锦旗、荣誉证书等;

（2）幼儿园活动中获赠的物品;

（3）上级领导、知名人士的题词字画等,如南京鼓楼幼儿园在 80 周年园庆之时,有很多知名人士给幼儿园题词,既有教育界知名教育家,也有政治界知名领导以及军区首长等;

（4）幼儿园使用过的牌匾、停用的各种印章、园徽、园刊、各种重大活动中形成的纪念品和宣传品等;

（5）其他有保存价值的实物等。

3. 声像档案

声像档案是指幼儿园在从事保教等活动中形成的对幼儿园有保存价值的照片、影片、录音带、录像带等材料,并辅以文字说明的历史记录。声像档案主要以磁性材料或感光材料为载体、以音像为主要反映方式。声像档案相对于纸质载体档案而言,具有直观形象性。给人以强烈的时空感和真实客观的感受。

幼儿园声像档案的归档范围主要包括以下几类:

(1)幼儿园公开课教学、文艺演出活动、亲子活动、外出活动等声像材料;

(2)上级领导机关授予幼儿园或个人奖状、奖旗、证书等时的声像材料;

(3)幼儿园召开各类重要会议的主要声像材料;

(4)幼儿园教职工外出培训获得的声像材料;

(5)幼儿园领导、学者在国内外重大活动中形成的声像材料;

(6)上级领导来本园视察、检查工作时形成的声像材料;

(7)幼儿园重要工程建设中形成的主要声像材料,包括现场原貌、开工仪式、重要施工阶段、竣工仪式、工程全貌等;

(8)历届幼儿的毕业照片及毕业典礼视频等声像材料;

(9)其他重要活动、重要事件或重大事故的声像材料。

音像材料形成后,承办人应按规定进行整理并加以必要的文字说明。文字说明要准确反映以下要素:事由、地点、人物、时间、背景、摄影者等。

4. 电子档案

电子档案是由数字电子计算机处理的档案。传统的档案基本上是以纸质材料为主,整理起来相对繁琐,保存管理也很麻烦,档案查阅使用率低,很多地区的档案馆门可罗雀。随着网络时代的发展,传统的档案管理模式已经不能满足信息化社会发展的需求,社会对网络档案资源的需要较为强烈。以学术资源为例,现在幼儿园教师查阅资料,足不出户,便可在知网、万方等数据库下载文章资料。网络改变了人的生活,也逐渐影响着档案管理工作。建立数字化的电子档案是幼儿园档案管理的重要内容。幼儿园可以建设自己的网站,将一些教学资源上传网络方便大家查阅。

幼儿园网络信息平台就是利用网络服务器,为幼儿园教育教学构建一个属于自己的信息平台,管理者、教师以及家长都可以在这个平台上进行信息查询、工作管理、信息交流、资料上传与下载等一系列活动。具体做法是:配备专门的网络终端服务器,购买专业的幼儿园信息管理软件,聘请专职或兼职的管理人员进行网络维护,在做好纸质档案存档的同时,实行幼儿档案的微机化管理,把信息输入计算机,实现数据共享,以方便查阅,简化办事程序,提高工作效率。

四、幼儿园档案管理的流程与要求

幼儿园的档案管理是一个经常性工作,需要在平时做好档案的收集、整理、保管和利用工作。利用是档案管理工作的最终目的,能否有效利用,需要建立在合理的收集、整理和保管工作基础之上。

（一）档案的收集

档案收集是指按照档案形成的规律，把分散的材料接收、征集、集中起来。通过建立和健全归档制度，将需要上交的档案材料及时上交到档案室，实行统一管理。归档的材料由谁负责收集以及由谁上交档案室都要责任明确，不能出现活动开展的轰轰烈烈，档案资料收集工作无人问津或者相互推诿的局面。什么材料有价值需要归档，要有明确的规定，具体收集的材料可以列出清单，明确告诉收集人，让收集人做到心中有数，免得丢失遗漏。归档的材料什么时间上交，也要明确规定，不能拖拖拉拉，要及时完成。上交的材料要达到什么标准，也要有明确的规定，要整洁、清晰、完整。

（二）档案的整理

档案的整理是指按照一定原则对档案实体进行系统分类、组合、排列、编号和基本编目，使之有序化的过程。上交的档案比较零散，档案管理人员需要进一步将这些材料条理化。平时积累的档案材料不要随手丢弃，要及时归类保存。如果没有专门的档案管理人员，兼职档案管理人员若不能及时归档，也要完整保存档案资料，另找时间及时进行系统的归类整理。

（三）档案的保管

档案的保管，是指根据档案的成分和状况，所采取的存放和安全防护措施。档案保管工作的任务，就是了解档案损坏规律，通过经常性工作，采取专门的技术措施，最大限度地防止和减少档案的损毁，延长档案的寿命，维护档案的系统性和完整性。

（四）档案的利用

档案利用，是指档案利用者通过档案利用工作系统查找、利用档案信息，满足其利用需求的行为过程，也是档案的利用价值得以实现的过程。

拓展阅读7-6 >>>

某幼儿园档案管理制度①

一、定期把各部门上交的具有保存、查考、利用价值的各种载体形式的历史记录收进档案室。

二、室藏档案、资料要分类单独存放，档案柜、架等要排列整齐、美观。

三、档案的收进、整理、利用要详细统计，并做到数字准确、真实。

四、查阅档案要严格履行手续，阅完经核对无误后，及时入库。对借出的档案要按期限及时归还。

---

① 妈咪爱婴网. 幼儿园档案管理制度［EB/OL］. http://www. baby611. com/jiaoan/gl/zcfg/201307/15113382. html, 2014-02-09

五、室藏档案、资料要每半年清点一次。

六、要加强对档案的安全工作，制定"八防"，配齐防火、防盗、防虫等设备，室内严禁吸烟，确保档案资料万无一失。

七、档案室由档案干部专人管理，查档人员及其他人员不得随便进入。

八、对应该立卷归档的材料必须由幼儿园各部门收集齐全，并进行整理，定期交档案室集中统一管理，任何部门或个人不得据为己有或拒绝归档。

九、归档范围：凡是幼儿园工作活动中形成的能反映本园工作活动，具有查考利用价值的文件、材料、图片等均属归档范围。

十、归档时间：各部门应在每学期放假前将本学期的文件材料收集齐全，按照归档要求整理好，移交幼儿园档案室。交接双方根据交接目录清点校对，并履行签字手续。

十一、归档要求：

1. 归档的文件材料要字迹清楚工整，一律使用蓝黑墨水或者碳素墨水书写，禁用铅笔、圆珠笔、纯蓝墨水、彩色笔、复写纸。

2. 归档的文件材料要保持他们之间的历史联系，科学的立卷、分类、编目。

3. 档案标题要简明确切，保管期限划分准确，便于保管和利用。

检 测

一、思考题

1. 幼儿园财务管理的指导思想。
2. 幼儿园财务预算的基本原则。
3. 幼儿园财务管理的主要内容。
4. 幼儿园财务预决算的主要工作要点。
5. 幼儿园档案管理工作重要性的具体体现。

二、实践题

组织一个讨论活动，首先讨论下每个人每学期或每月的生活费开销情况。大家可以针对其不合理开支提出建议。然后组织大家从幼儿园财务、财产管理的角度，谈谈如何做好幼儿园的财务、财产管理工作。学习委员负责做研讨记录。

幼儿园师资队伍建设与管理

1. 掌握幼儿园教师招聘途径、考核、试用等工作环节的基本要点。
2. 理解《幼儿园教师专业标准(试行)》对幼儿教师素养的基本要求。
3. 学会运用幼儿教师专业发展的常用手段,促进教师专业成长。
4. 理解幼儿园师德建设的重要意义,掌握常见师德问题管理方法。

第一节　幼儿教师的招聘

"善之本在教,教之本在师",幼儿园教师队伍是幼儿园保教质量提高的关键。建设并管理好一支师德高尚、热爱儿童、业务精良、结构合理的幼儿教师队伍是幼儿园发展的重要基础。幼儿教师的招聘工作是幼儿园教师队伍建设的关键环节。幼儿园园长应提前确定新学期新教师的人数和能力需求,并积极开展招聘活动。幼儿教师的招聘工作由幼儿园的性质决定,公立幼儿园和民办幼儿园在教师招聘工作上存在一定差异。公立幼儿园的教师招聘工作在招聘时间和方式上相对统一,但也存在一定的地区差异。民办幼儿园教师招聘工作主要由各举办单位负责,招聘方式较为灵活。

一、招聘途径

招聘的途径有很多,比如各种大小型现场招聘会、在网站上刊登招聘信息、推荐或定向培养等。其中现场招聘会和网络招聘信息是当前常用的两种途径。

(一)现场招聘会

招聘会一般是由政府所辖人才机构及高校就业处或其他单位举办,主要服务于待就业群体及用人单位。现场招聘会可以吸引大批应届毕业生,对补充幼儿园新教师起着重要作用。幼儿园参加招聘会的时间宜早不宜迟,太迟往往会错失一些优秀人才。

现场招聘会的特点是能直接与待就业群体面对面接触,对应试者能有更直观的了解,能获得比网络招聘更正确和直观的信息,发现一些真正的人才。现场招聘对于岗位职务的说明比招聘简章更直接明了。现场招聘更能关注应聘者的个性品质,能更好地对其岗位适宜性作出判断,甚至当场签约,提高效率。现场招聘会也有缺点,比如用人单位和应聘者接触时间短,彼此的了解比较肤浅,容易做出错误的判断;招聘单位鱼龙混杂,场面混乱嘈杂等。

(二)网络招聘信息

刊登招聘信息的手段可以是报纸,也可以是电视、网络等。随着信息技术的发展,在网络上以刊登信息的方式招聘幼儿教师是现在幼儿园招聘常见的方式。有较多的专业招聘网站会及时发布大量招聘信息,常见的幼儿教师招聘网站有:教师招聘网、中国教师人才网等。幼儿园也可以在自己的网站上发布招聘信息。网络招聘的好处是信息传播快,范围广,能够在短时间内获得大量新教师候选人。网络只是一个信息发布平台,缺点是信息的可靠性不够,难辨真伪。

二、资格审查与考核

申请职位的材料应该包括个人信息、教育背景、获奖情况以及工作经历等方面的材料。幼儿园相关人员或政府相关人事部门对申请职位的人员进行资格审查,淘汰不合格人员,并通知考核时间、地点等事项。

考核应本着"公开、平等、竞争、择优"的原则。考核主要分为笔试和面试两大部分。笔试考核的具体内容没有统一规定,一般涉及学前教育学、幼儿园课程、幼儿教育心理学、七大学科教学法、幼儿园管理等方面的知识。公立幼儿园面向社会的公开招聘往往第一关以闭卷考试的方式进行。民办幼儿园教师招聘往往以面试为主,面试环节涉及的内容较为广泛灵活,既包括个人的言谈举止、外貌气质、专业情感、专业知识、专业技能等内容,也包括实际教学能力展示环节,如写教案、说课、讲课、现场技能展示、临场应变能力等。公办园往往会对社会公布考核结果。用人单位应尽快与考核成功者签订劳务合同。民办园除了通知成功应聘者,还应尽快通知其他竞聘者,并表示感谢。

三、教职工的试用

笔试面试优秀,拟招聘的人员将进入试用期。试用期是用人单位进一步考察应聘者职业能力的一种方式。一般3～6个月不等,按照《合同法》等相关规定,最长的试用期不得超过6个月,一般不得超过3个月。招聘阶段因为时间短暂,很难全面准确地了解应聘者的优缺点。但试用期,新入职教师更多的优缺点会展现出来。试用期正是对一个人的言行举止、行为习惯、工作素质等综合素质全面考察的过程,更是对一个教师实际教学能力考核的过程,试用期可以对新手教师开展入职培训,让新教师更快适应幼儿园工作,更快成长起来,满足幼儿园实际工作的需要。试用期能使真正优秀者脱颖而出,并淘汰不适合人员,它是面试过程的延伸和深化。试用期幼儿园可以给试用人员发部分工资,以缓解试用人员的经济压力,增强试用人员的归属感和责任感。试用期结束以后,由考核人员对其综合表现进行评议,确认最后的录用结果。

第二节 幼儿教师的专业标准

幼儿教师综合素质的好坏直接影响到幼儿园的教学质量。可以说,有了好老师才有幼儿园的好发展,好老师也是幼儿园顺利管理的基础。幼儿园教师是履行幼儿园保教工作职责的专业人员,需要经过严格的培养与培训,应该具有良好的职业道德,掌握系统的专业知识和专业技能。幼儿教师的素质决定着学前教育的质量,直接影响着幼儿的健康成长与发展。

什么样的教师才是合格的幼儿教师?幼儿教师应该具备哪些基本素养?2011 年教育部颁布的《幼儿园教师专业标准(试行)》[①]给出了明确的答案。《幼儿园教师专业标准(试行)》基于"幼儿为本、师德为先、能力为重、终身学习"四个基本理念,从"专业理念与师德、专业知识、专业能力"3 个维度列出了 14 个领域,并进一步细划分为 62 条基本要求。《幼儿园教师专业标准(试行)》是国家对合格幼儿园教师专业素质的基本要求,是幼儿园教师开展保教活动的基本规范,是引领幼儿园教师专业发展的基本准则,是幼儿园教师培养、准入、培训、考核等工作的重要依据。

一、基本理念

(一)幼儿为本

尊重幼儿权益,以幼儿为主体,充分调动和发挥幼儿的主动性;遵循幼儿身心发展特点和保教活动规律,提供适合的教育,保障幼儿快乐健康成长。

(二)师德为先

热爱学前教育事业,具有职业理想,践行社会主义核心价值体系,履行教师职业道德规范。关爱幼儿,尊重幼儿人格,富有爱心、责任心、耐心和细心;为人师表,教书育人,自尊自律,做幼儿健康成长的启蒙者和引路人。

(三)能力为重

把学前教育理论与保教实践相结合,突出保教实践能力;研究幼儿,遵循幼儿成长规律,提升保教工作专业化水平;坚持实践、反思、再实践、再反思,不断提高专业能力。

---

① 中国教育部. 幼儿教师专业标准[EB/OL]. http://www. moe. edu. cn/publicfiles/business/htmlfiles/moe/s6127/201112/127838. html,2015-01-04

（四）终身学习

学习先进学前教育理论，了解国内外学前教育改革与发展的经验和做法；优化知识结构，提高文化素养；培养具有终身学习与持续发展的意识和能力，做终身学习的典范。

二、基本要求

维度	领域	基 本 要 求
专业理念与师德	（一）职业理解与认识	1. 贯彻党和国家教育方针政策，遵守教育法律法规。 2. 理解幼儿保教工作的意义，热爱学前教育事业，具有职业理想和敬业精神。 3. 认同幼儿园教师的专业性和独特性，注重自身专业发展。 4. 具有良好职业道德修养，为人师表。 5. 具有团队合作精神，积极开展协作与交流。
	（二）对幼儿的态度与行为	6. 关爱幼儿，重视幼儿身心健康，将保护幼儿生命安全放在首位。 7. 尊重幼儿人格，维护幼儿合法权益，平等对待每一个幼儿。不讽刺、挖苦、歧视幼儿，不体罚或变相体罚幼儿。 8. 信任幼儿，尊重个体差异，主动了解和满足有益于幼儿身心发展的不同需求。 9. 重视生活对幼儿健康成长的重要价值，积极创造条件，让幼儿拥有快乐的幼儿园生活。
	（三）幼儿保育和教育的态度与行为	10. 注重保教结合，培育幼儿良好的意志品质，帮助幼儿形成良好的行为习惯。 11. 注重保护幼儿的好奇心，培养幼儿的想像力，发掘幼儿的兴趣爱好。 12. 重视环境和游戏对幼儿发展的独特作用，创设富有教育意义的环境氛围，将游戏作为幼儿的主要活动。 13. 重视丰富幼儿多方面的直接经验，将探索、交往等实践活动作为幼儿最重要的学习方式。 14. 重视自身日常态度言行对幼儿发展的重要影响与作用。 15. 重视幼儿园、家庭和社区的合作，综合利用各种资源。
	（四）个人修养与行为	16. 富有爱心、责任心、耐心和细心。 17. 乐观向上、热情开朗，有亲和力。 18. 善于自我调节情绪，保持平和心态。 19. 勤于学习，不断进取。 20. 衣着整洁得体，语言规范健康，举止文明礼貌。
专业知识	（五）幼儿发展知识	21. 了解关于幼儿生存、发展和保护的有关法律法规及政策规定。 22. 掌握不同年龄幼儿身心发展特点、规律和促进幼儿全面发展的策略与方法。 23. 了解幼儿在发展水平、速度与优势领域等方面的个体差异，掌握对应的策略与方法。 24. 了解幼儿发展中容易出现的问题与适宜的对策。 25. 了解有特殊需要幼儿的身心发展特点及教育策略与方法。

（续　表）

维度	领域	基 本 要 求
专业知识	（六）幼儿保育和教育知识	26. 熟悉幼儿园教育的目标、任务、内容、要求和基本原则。 27. 掌握幼儿园环境创设、一日生活安排、游戏与教育活动、保育和班级管理的知识与方法。 28. 熟知幼儿园的安全应急预案，掌握意外事故和危险情况下幼儿安全防护与救助的基本方法。 29. 掌握观察、谈话、记录等了解幼儿的基本方法。 30. 了解0～3岁婴幼儿保教和幼小衔接的有关知识与基本方法。
	（七）通识性知识	31. 具有一定的自然科学和人文社会科学知识。 32. 了解中国教育基本情况。 33. 掌握幼儿园各领域教育的特点与基本知识。 34. 具有相应的艺术欣赏与表现知识。 35. 具有一定的现代信息技术知识。
专业能力	（八）环境的创设与利用	36. 建立良好的师幼关系，帮助幼儿建立良好的同伴关系，让幼儿感到温暖和愉悦。 37. 建立班级秩序与规则，营造良好的班级氛围，让幼儿感受到安全、舒适。 38. 创设有助于促进幼儿成长、学习、游戏的教育环境。 39. 合理利用资源，为幼儿提供和制作适合的玩教具和学习材料，引发和支持幼儿的主动活动。
	（九）一日生活的组织与保育	40. 合理安排和组织一日生活的各个环节，将教育灵活地渗透到一日生活中。 41. 科学照料幼儿日常生活，指导和协助保育员做好班级常规保育和卫生工作。 42. 充分利用各种教育契机，对幼儿进行随机教育。 43. 有效保护幼儿，及时处理幼儿的常见事故，危险情况优先救护幼儿。
	（十）游戏活动的支持与引导	44. 提供符合幼儿兴趣需要、年龄特点和发展目标的游戏条件。 45. 充分利用与合理设计游戏活动空间，提供丰富、适宜的游戏材料，支持、引发和促进幼儿的游戏。 46. 鼓励幼儿自主选择游戏内容、伙伴和材料，支持幼儿主动地、创造性地开展游戏，充分体验游戏的快乐和满足。 47. 引导幼儿在游戏活动中获得身体、认知、语言和社会性等多方面的发展。
	（十一）教育活动的计划与实施	48. 制定阶段性的教育活动计划和具体活动方案。 49. 在教育活动中观察幼儿，根据幼儿的表现和需要，调整活动，给予适宜的指导。 50. 在教育活动的设计和实施中体现趣味性、综合性和生活化，灵活运用各种组织形式和适宜的教育方式。 51. 提供更多的操作探索、交流合作、表达表现的机会，支持和促进幼儿主动学习。
	（十二）激励与评价	52. 关注幼儿日常表现，及时发现和赏识每个幼儿的点滴进步，注重激发和保护幼儿的积极性、自信心。 53. 有效运用观察、谈话、家园联系、作品分析等多种方法，客观地、全面地了解和评价幼儿。 54. 有效运用评价结果，指导下一步教育活动的开展。

（续　表）

维度	领域	基 本 要 求
专业能力	（十三）沟通与合作	55. 使用符合幼儿年龄特点的语言进行保教工作。 56. 善于倾听，和蔼可亲，与幼儿进行有效沟通。 57. 与同事合作交流，分享经验和资源，共同发展。 58. 与家长进行有效沟通合作，共同促进幼儿发展。 59. 协助幼儿园与社区建立合作互助的良好关系。
	（十四）反思与发展	60. 主动收集分析相关信息，不断进行反思，改进保教工作。 61. 针对保教工作中的现实需要与问题，进行探索和研究。 62. 制定专业发展规划，不断提高自身专业素质。

第三节　幼儿教师专业发展途径

　　教师的专业发展是指个人成为教育事业的成员并且在教学中越来越成熟的一个转变过程。幼儿园应为教师创造有力条件，促进幼儿教师专业成长，提升幼儿教师专业化水平。

一、幼儿教师专业发展的内涵

　　教师的专业发展，是指教师作为专业人员，在职业道德、专业思想、专业知识、专业能力、专业品性等方面由不成熟到成熟的发展过程，即由一名专业新手发展成为专家型教师的发展过程。取得教师资格证书并不代表已成为优秀教师，当了一辈子教师其专业性也不一定都得到充分发展。教师的专业发展固然与时间有关，但绝不仅仅是时间的累积，更是教师专业素养的不断提高、专业理想的逐渐明晰、专业自我的逐步形成，直至成为教育世界的创造者。

　　幼儿教师专业发展的内涵是多方面的，其中尤以职业道德、专业知识和技能的提升为首要。具体而言包括幼儿教师职业道德的提升、专业知识拓展、专业能力提高、专业思想的升华、专业品性（或专业人格）的沉淀等。要通过加强自我修养来提升职业道德，通过不断学习来拓展专业知识，通过不断实践来提高专业能力，包括活动设计能力、语言表达能力、人际交往能力、班级管理能力、教育科研能力等。要通过学习、实践和总结凝炼专业思想，最终沉淀个体的专业品性。

二、幼儿教师专业发展的途径

（一）新老教师"师徒结对"

　　"师徒结对"主要是为了促进新入职教师的专业成长。具体做法是由幼儿园一位资深老教师以"师傅"或"主班教师"的身份对刚入职的新教师进行一对一指导带教,通过"做中教与学",进而帮助新教师进入工作状态,提高工作能力,促进专业发展。

1. "师徒结对"的作用

幼儿园新任教师主要是指刚从大学毕业的年轻教师。教师的培养分为职前与职后两个阶段。短暂的大学教育不再是一劳永逸,进入幼儿园工作是人生学习新的起点。幼儿师范学校或者高校学前教育本科专业等机构培养的大学生虽具备一定的理论素养和弹唱跳画等专业技能,也经历过见习与实习,但是从校门走向幼儿园,完成从"学生"向"幼儿教师"角色的转变,还需要一个过程,这个过程是一个不断学习的进程。面对一群孩子,即便满腹经纶,如果没有实践经验,新教师工作往往会不知所措,甚至出现教学效率低下、情绪紧张焦虑、职业压力倍增等不良现象,直接影响着教师职业生涯的发展。

丽莲·凯兹曾将幼儿教师担任教师的头一年称为"求生阶段",认为刚入职的幼儿教师内心充满恐惧和忧虑,有严重的挫折感,特别需要精神上的安慰和技能上的指导。如果新教师在入职初期只靠自己单打独斗来熟悉职业过程,这个过程相对来说会比较艰辛,新入职教师会走很多弯路,甚至给幼儿园的保教工作带来一定的负面影响。师徒制在传统手工艺和文艺领域早已存在,教育领域历史上也有"艺友制"的提出。以老带新,老教师与新教师搭班。老教师作为"师傅"言传身教,新教师作为"徒弟"则通过观察和模仿来学习。"师徒结对"可以发挥幼儿园骨干教师的带动作用,将优秀的教学经验传给新人,帮助新入职教师尽快适应工作节奏、进入工作状态,能促进新入职教师的专业发展,加快使其逐渐成为幼儿园教师队伍中坚力量的速度。

2. 开展"师徒结对"工作要点

"师徒结对"带教工作的开展是一个系统性工作,不是随意指定一个老教师带领新教师的口头命令。如果"师傅"选择不慎,以及缺乏有效的激励和督导,反而会造成负面效果。

学练结合8-1

为什么如此待我[1]

雪儿大学毕业后进了一家示范园,园里安排米老师做带教老师,同时与雪儿配班。米老师工作6年,业务能力强,是园中骨干教师。因为雪儿是新来乍到,班上家长不太信任她,态度也是不理不睬。但是家长对米老师就很不一样,有事情大多数家长只找米老师,一些与雪儿有关的事情还要通过米老师转告。米老师比雪儿长两岁,因为是幼师毕业,所以工作时间较长,并通过努力取得如今成绩。雪儿让米老师感到了压力,雪儿教育

---

[1] 陈群.幼儿园危机管理实务[M].北京:中国轻工业出版社,2013:162-163

背景好,悟性高,又好学,看样子迟早要超越自己。虽然是带教老师,米老师却从不指导雪儿,雪儿有问题要请教,她不是搪塞,就是置之不理。

有一天雪儿路过园长办公室,无意间听见米老师正在打自己小报告。回来后,出于气愤,雪儿前去质问,米老师不予理睬,还在背后说雪儿自恃是大学生,不把人放在眼里,难带,很多老教师因而对雪儿印象不好。园长为此事也批评了雪儿。这时,有人告诉雪儿如果群众关系不好,一年后转正会有麻烦。雪儿很紧张,开始努力讨好周围人。园里老师有事,她主动帮助带班,还帮保育员干活。一次雪儿端汤进班,走得匆忙,一个孩子从里面跑出来,撞在汤盆上,汤水烫着了孩子,好在问题不大。但孩子家人很不高兴,找园长说雪儿和孩子一起疯,还玩水,孩子衣服湿了也不管。园长对她的表现很失望,现在就要求她当"高级保姆",把孩子看好,不要让家长说话就行!雪儿很难过,变得消沉,带班时也心不在焉。终于一天当班,一个孩子打闹时摔成了骨折。园长火了,当着全体职工的面狠狠批评了雪儿。雪儿提出辞职。

思考:

1. 为什么雪儿会提出辞职?
2. 针对新入职教师开展"师徒结对"工作需要注意哪些问题?
3. 如果您是园长,您怎样推动有效的"师徒结对"工作?

① 选择一个好师傅

好教师是好"师傅"的基础,但好教师不等于好"师傅"。很多老师虽然业务能力强,但是却存在"同行是冤家"的狭隘心理,在带教过程中时时"留一手",以防徒弟超过自己,影响自己在幼儿园的地位和发展。这样会消解"师徒结对"工作开展的实际功效。

"师徒结对"工作不仅仅是一种业务关系,更是一种心理关系,需要师徒之间的默契配合。如果不考虑师徒教师在教育信仰专业理念以及个人气质性格方面的因素,有可能造成他们的冲突和对立,这种师徒结对的破坏性显然会大于建设性。[①] 为了避免选错"师傅"带来业务与人际上的隔阂与冲突,开展"师徒结对"工作的首要任务是选对师傅。

好的"师傅"要德才兼备,不仅保教工作能力突出,爱岗敬业,还应该有着"青出于蓝而胜于蓝"的胸怀。选择前,需要对"师傅"和"徒弟"的性格特点以及教学思想、能力等有个细致的前期考察,尽量使其达到取长补短、相得益彰的效果。

② 做个好徒弟

好徒弟面对师傅,应懂得虚心好学,尊敬长辈。要善于沟通,消除隔阂。懂得人际交往的基本技能技巧,会正确处理好师徒关系。积极上进同时又谦虚谨慎。在师徒关系

---

① 马力克·阿不力孜. 中小学师徒结对带教机制的优化[J]. 教学与管理,2011(4):30-31

中,要承担起相应的职责和义务。师傅有指导之责,徒弟有感恩之心。师徒双方应是互惠共生关系,而不是谁教谁,谁依赖谁。双方都是平等、主动的。若任何一方感到压力,感到权利不对等,感到得失不平衡,都会影响师徒关系,进而影响班级乃至幼儿园和谐,最终必然影响幼儿园教育工作。

③ 给予师傅合理的激励

"师徒结对"工作的开展会增加"师傅"的工作压力。每位教师都不是不食人间烟火的天使,除了强调奉献精神,给"师傅"名誉上的精神鼓励,还应该建立适当的物质激励机制,调动骨干教师愿意作为"师傅"的积极性。比如评选出"优秀师傅"并给予一定奖励等,具体激励措施因园而异。适宜的激励措施能够提高"师傅"帮带工作的热情和责任意识,进而加强"师傅"对"徒弟"的指导。营造出"师傅诚心实意地教,徒弟谦虚诚恳地学"的良好氛围。

④ 鼓励适当的创新

幼儿园应建立适当的创新机制,鼓励新教师在谦虚学习的基础上进行大胆创新,走出按部就班模仿"师傅"成为"翻版"的弊端,尤其是要克服"师傅"本身的弊端,毕竟"人无完人,金无足赤"。新教师尽管实践经验不足,但是并非一无是处成为老教师的"累赘"。刚迈出大学校门迈进幼教岗位的新教师,具备一定的优势,比如教学热情高涨、教育理念先进等。作为"师傅"的老教师不应该倚老卖老颐指气使地指使命令作为"徒弟"的年轻人做这做那,也不应该死要面子不屑一顾地排斥打击作为"新人"的新教师优秀创新,而应该尊重新教师的独立性、创造性,留给新教师适度的个性化发展空间。

"师徒结对"工作不仅仅是"师傅"对"徒弟"的单向教导引领,而是一个教学相长的双向进步过程。新手教师通过老教师"手把手"地"教"获得专业上的成长,而老教师也在"教"的过程中不断打破固有的思维方式,反思自己的教育和教学工作,从而获得进一步的成长。① 作为"师傅"的骨干教师与作为"徒弟"的新入职教师之间的关系是平等、友好的,是相互学习的互惠过程。在"师徒结对"工作期间,如果新教师在工作上表现优异,幼儿园既要对新教师进行表扬鼓励,也应该连带对相应的"师傅"进行奖励,以便达到共赢的局面。

⑤ 建立监督与考评机制

幼儿园应该把"师徒结对"工作作为专项工作列入园务工作计划,提高该工作的严肃性和科学性。如果"师徒结对"仅仅是前期指定了"师傅"和"徒弟",而没有后续完善的监督、考评,势必会导致"师徒结对"流于形式,虚于应付。"师傅"如何指导"徒弟"开展工作,指导的效果如何,如果没有明确的要求和标准,会导致"师徒结对"工作无从抓手,出现很强的随意性和肤浅性。幼儿园可以依据《幼儿教师专业标准(试行)》提出的62条专

---

① 宋静,王侠.幼儿教师入职教育中师徒结对模式的构建策略[M].学前教育研究,2012(9):58-59

业标准作为"师徒结对"工作监督和考核标准,"师傅"知道教什么,"徒弟"知道学什么,幼儿园知道怎么评,从而使得"师徒结对"规范化、系统化、科学化。

(二)幼儿园园本教研活动

苏联教育家苏霍姆林斯基曾经说过:"如果你想使教育工作给教师带来欢乐,使教师每天的上课不变成单调乏味的义务,那就请你把每个教师引上研究的幸福之路。"园本教研活动是指以幼儿园为研究基地,以一线教师为研究主体,以教师在教育教学实践中所遇到的真实问题为研究对象,以提高教师教学水平以及幼儿园保教质量为目的的研究活动。园本教研活动是幼儿园管理工作的重要组成部分,是促进教师专业发展的有效手段,是提高幼儿园保教质量的有力工具。

开展园本教研活动要把握以下要点:

1. 重视园本教研工作,完善教研管理制度

幼儿园应该加强园本教研工作管理,通过有效的园本教研促进保教质量的提升。很多幼儿园忽视园本教研工作,或很少开展园本教研工作,认为教研工作可有可无,是高校或其他研究机构的事情。教师年复一年只是在原有的能力和经验水平上打转。仅仅看护孩子已经无法满足现代社会对幼儿教育的需求。幼儿教师也不仅仅是教书匠,应该成为研究儿童、研究教学的专业教师。

幼儿园不仅需要在认识上提高对园本教研的重视程度,还需要建立完善的规章制度,并认真执行,进而保障园本教研活动的有序开展。否则,教研活动很容易被其他繁琐事务挤掉,成为"镜中花,水中月"。幼儿园教研制度应明确领导职责以及教学主任、年级组长等具体人员的分工,对教师的教研要求、教研过程的组织和记录、经费保障等内容有明确的规定。让教师知道为什么做、做什么、如何做,进行精细化管理,从而使教研活动有章可循。

2. 创设良好教研环境,提高教师参与积极性

教研活动从幼儿园管理者的角度,应该有利于幼儿园保教质量的提高,是一种上级愿意组织的活动。教研活动的真正主体是全园的幼儿教师,对其而言,应该有利于教师的专业发展,是广大教师乐于参与的活动。教研活动是严肃的学术活动,对教育问题的研究应该严谨科学,但幼儿园教研活动又不同于高校的艰深学术研究。园本教研活动争取做到"严肃而又不失活泼",既能促进教师专业发展以及幼儿园整体保教质量的提升,又能让参与者感受到教研的乐趣。

在教研活动中,管理者不应是高高在上坐而论道的权威,而应该是以朋友的身份,做与大家一起学习进步的引领者、合作者、学习者。管理者作为教研主持人一般是幼儿园园长或教学主任,往往经验比较丰富,应该引领大家思考,提升教研水平。在教育研究问题面前,人人平等,管理者应该实事求是,秉着谦虚学习进步的态度,与大家一起探究,成为教研活动的合作者、学习者。管理者应该努力创造出科学严谨而又积极参与的良好教

研氛围。

教研活动不应该是套在教师身上的额外负担,教师在参与教研活动中不是被动倾听者。理想的教研活动氛围应该具有以下特点:参与者畅所欲言,各抒己见,教育问题在群力群策下得到解决,教育质量在激烈的碰撞中升华;参与者之间以诚相待,不吹毛求疵,在教研平台中,互帮互助,共同进步。

3. 教研内容要具有针对性、实践性

园本教研活动不是为了应付上级检查,也不是为了装点门面,不能"雷声大,雨点小",不能搞搞形式,演演戏。园本教研活动具有行动研究的特点,即具有很强的实践价值,研究的内容应该来源于教师日常教学工作中实际存在的问题。通过教研活动边研究边实践,以解决问题为目的,因此研究的内容比较广泛,可以涉及到幼儿园工作的方方面面。园本教研为了避免大而空、形式化、缺乏实效等问题,可以从小处着手,接地气,找准问题,以问题解决为中心,把教研活动做的踏踏实实。只有能实实在在解决教师现实面临困惑和问题的教研,才能有效地调动教师参与活动的积极性。

每次教研活动的内容要具体明确,不能眉毛胡子一把抓。问题的提出可以是参加教研活动的任何人员,尤其是突出一线教师发现问题的能力。以发现问题为出发点,以问题解决为落脚点。每次研讨结束后,要对研讨活动中的信息进行整理、归纳、分析,主持人去粗取精、去伪存真,提炼出具有积极意义的成功经验和有效措施。[1] 教研是否成功的检验标准,是将教研的结果运用到实践中,看看能否解决实际问题。即从实践中来,回到实践中去,有始有终。

4. 教研形式多样化

园本教研形式不是单一的,是形式多样的,如专题式教研、课题式教研、观摩式教研、对话式教研等。福建省泉州幼儿师范学校颜晓燕教授曾对幼儿园园本教研形式做过系统的概括[2],在借鉴其划分标准基础之上,介绍几种常见园本教研形式。

① 专题式教研

专题式教研是教研前先确定一个专题或主题,大家共同汇集相关的资料和信息,进而组织教师围绕这一专题进行学习和讨论的教研活动。专题式教研的内容范围较为广泛,但是不能选题太大,应该在幼儿教师的接受范围内,要求具体、明确、合理。

② 课题式教研

幼儿园以课题为切入口,以课题来牵引幼儿园教研活动的开展。幼儿园可以结合本园实际情况,选择课题方向,并积极申报各种类型的课题项目。无论是国家级、省级,还是市级、区级的课题,幼儿园都应该积极申报。并根据课题研究方案,认真实施,努力完成课题任务。

① 彭兵,谢苗苗.幼儿园园本教研活动实施的策略[J].学前教育研究,2010(3):60
② 颜晓燕.园本教研多样化模式探析[J].教育导刊(幼儿教育),2005(9):24-27

③ 问题式教研

问题式教研是以问题为核心，强调实际问题的解决。幼儿园管理者以及一线教师应该具有很强的问题意识，及时发现教育教学中存在的问题，进行分析问题，解决问题。问题式教研是幼儿园行动研究的具体表现，具有很强的针对性和实用性。

④ 观摩式教研

观摩式教研具有很强的直观性，是指立足于教学现场，通过"身临其境"观摩现场，针对看到的内容，展开的研讨活动。观摩式教研是幼儿园最常见的一种教研方式，又可以进一步划分为：园内观摩、园际间观摩和区域间观摩等不同范围的观摩活动。观摩的具体内容往往以教师的实践教学为主，也可以对幼儿园的环境创设等其他方面进行观摩研讨。独学而无友，则孤陋寡闻。无论是园内教师之间的教学观摩，还是对外其他的观摩活动，对教师及幼儿园的发展都有一定益处。

⑤ 对话式教研

对话式教研主要是指创设一个平等的交流和沟通平台，邀请幼教领域的专家、学者以及经验丰富的幼教工作者等，进行面对面的交流沟通研讨活动。比如，国家颁布一些新的学前教育政策，幼儿园可以邀请专家来园进行解读。幼儿园也可以开展公开课，邀请专家等人进行深入分析点评，进而改进教学。

（三）幼儿园教学反思

叶澜教授曾指出：一个教师写一辈子教案不一定成为名师；如果一个教师写三年反思则有可能成为名师。美国学者波斯纳也曾提出教师成长的公式：成长＝经验＋反思。教学反思，也可以称为教育笔记、反思笔记等，是指幼儿教师在教育教学过程中，对一些教育现象、教育问题等进行的记录和思考。教育反思是教师专业成长的有效途径，更强调教师的主体地位，是一种内在的专业发展机制。

很多幼儿园都开展教学反思活动，要求老师每周交一篇教学反思。很多老师没有意识到教学反思的重要性，将上交教学反思作为不得不完成的外在任务，带着抵触情绪写反思，敷衍了事。导致幼儿园天天谈反思，周周写反思，有数量却无质量，教学反思成了形式主义，成了套在教师身上的负担。幼儿园应该做好思想动员工作，使教师明白教学反思的价值，并建立配套的激励机制，如每月或每学期评选出优秀的教学反思，给予一定的奖励。优秀的教学反思也可以投稿，如《早期教育》等幼教刊物，如果能够发表，幼儿园可以追加奖励。将教学反思由"让我写"转变为"我要写"的状态。

简单地说，教学反思是指一线老师对发生在身边周围的教育现象进行描述并分析的过程。教学反思强调内容的鲜活性，强调个体的能动性，而不是等同于记流水账，要有一定的思考和理论依据。很多老师的教学反思有记录但缺乏反思，反思往往讲一些套话，缺乏深度。教学反思可以着眼点小，但反思的问题要有价值，要深挖掘，不能寥寥数字对事件进行简单描述。除了描述教育现象"是什么",还要描述"为什么"以及"怎么样"才能会更好。落脚点是提出问题后,如何改进教学。教学反思是一个"慢功夫",记录了教师成长的点点滴滴,能够增强教师的自我效能感。

第四节　幼儿园教师职业道德建设

教师是教育的根本,师德是教师的灵魂。俗话说"千好万好不如学生说好,金杯银杯不如家长的口碑",师德师风的好坏往往影响和决定了幼儿园保教质量的高低,甚至关系到国家未来人才培养的成败。崇师德、铸师魂、正师风,好师德塑造好教师,好教师造就好学生,好学生谱写好未来。

一、幼儿园教师职业道德的内涵及作用

(一)幼儿园教师职业道德的内涵

教师职业道德简称师德,是教师在长期的教育教学中形成的稳定的道德观念、道德品质和行为规范的综合,是教师思想觉悟、道德品质、个性魅力和精神面貌的集中体现,是教师的专业伦理规范。幼儿园教师职业道德是指幼儿园教师在从事保教活动时应遵守的行为准则和道德规范的总和。[①] 根据《中小学教师职业道德规范》,师德从具体内容上可以分为爱国守法、爱岗敬业、关爱学生、教书育人、为人师表和终身学习六大部分。著名文学家夏丏[②]尊先生说过,"教育之没有情感,没有爱,如同池塘没有水一样。没有水,就不成其池塘,没有爱就没有教育。"托尔斯泰曾指出,如果一个教师把热爱事业和热爱学生结合起来,他就是一个完美的教师。马卡连柯直截了当地指出,没有爱就没有教育。如果没有对幼儿的爱,任何高超的教育技巧都会形同虚设,成为无本之源,教育显得苍白无力。简而言之,幼儿园教师职业道德的根本落脚点在于关爱幼儿,爱是师德的核心要素,爱是幼儿教师工作的基石。

学练结合8-2

致中A班张老师的感谢信[③]

中A班张老师:

您好!我是小雨的妈妈,请允许我向您致以最衷心的感谢!4月15日晚上接孩子回

---

① 全国师德教育研究课题组.师德突出问题典型案例评析:幼儿园教师读本[M].北京:北京师范大学出版社,2014:1-2

② 丏:miǎn

③ 案例由长春中海国际幼稚园园长张宏伟提供。

家，才知道孩子中午时把便便拉在短裤上了。当时接孩子的人多，也没细问是怎么回事。回到小区院里，孩子走在草坪边的马路牙子上，自言自语说："我把臭臭拉倒裤头上，张老师都不生气。"回到家我给她洗屁屁时逗她说："真臭。"孩子说："张老师沾水给我擦屁股，擦好几遍都不嫌臭。"孩子说这话时，微笑挂在了她的脸上，感激却流进了我的心窝。而且您还把孩子的短裤给洗了，其实您完全可以把它扔掉。但是您没有。您不怕脏，不怕臭，不去埋怨孩子，用手去洗沾满了便便的短裤。作为妈妈的我，内心是多么的感激、感动和感谢啊！您以极大的耐心、爱心和责任心，来关心她、爱护她、照顾她，把爱无私地渗透到孩子幼小的心灵里。您是一位可敬、可爱、可亲的好老师！

孩子回家常说，"张老师说，老师就是妈妈。"是呀，我要谢谢您这位爱岗敬业的好老师，好妈妈。千言万语汇成一句话——谢谢您张老师！

此致

敬礼

小雨妈妈

2015 年 4 月 19 日

思考：

1. 这封感谢信对您有什么启示？

2. 请谈谈幼儿园教师应具备哪些素养。

（二）幼儿园教师职业道德的作用

1. 师德决定着幼儿教育质量

《幼儿园教师专业标准（试行）》明确指出，一名合格的幼儿教师应"师德为先"，教师应热爱学前教育事业，具有职业理想，践行社会主义核心价值体系，履行教师职业道德规范。幼儿教师需要关爱幼儿，尊重幼儿人格，富有爱心、责任心、耐心和细心，为人师表，教书育人，自尊自律，做幼儿健康成长的启蒙者和引路人。美国幼教专家莉莲·凯茨指出，对于幼儿园老师来说，之所以必须重视建立道德规范、强调师德的原因在于，幼儿园教师的权力、地位相对于幼儿更大。幼儿园教师服务的对象是一群稚嫩的幼儿，无论是在体力上、生理上、心理上还是价值上，幼儿几乎无力改变或修正教师的行为，除非教师觉察并修正自己的不良行为。[①] 幼儿教师虽然平凡，却有神奇的影响力。教师的话就像圣旨一样，教师不经意间一言一行、一举一动、一情一态，都对幼儿起着潜移默化的熏陶和教化作用。正如第斯多惠所言，教师本人是学校里最重要的师表，是最直观的、最有效的模仿，是学生最活生生的榜样。一名师德高尚的教师必是一名认真负责的老师，只有认真负责的教师才能更有效地保证幼儿保教质量。

---

① 张燕.幼儿教师专业发展[M].北京:北京师范大学出版社,2005:96

学练结合8-3

小雅当"老师"①

在家人眼里,小雅虽然只有三岁半,但已经像个小淑女一样了,文文雅雅的。开学了,小雅上了一所条件不错的幼儿园,但不到两个月,小雅就做了件让妈妈大吃一惊的事情。星期六下午,妈妈正在把一些用过的塑料袋折叠成小三角,准备收拾好再用。这时,小雅走过来,先把自己的三个娃娃摆在沙发上坐好,然后对妈妈说:"妈妈,我们一起玩上课的游戏吧! 你也坐在沙发上当小朋友吧!"妈妈边答应,边走到沙发上坐下了,但手里还拿着一个塑料袋。"你是怎么回事,你没有听见我说上课了吗?"突然,一个凶巴巴的声音传过来,妈妈吓了一跳,抬头一看,小雅正瞪着眼睛看自己。妈妈不由自主地赶紧把塑料袋放到一边。"你! 请把嘴闭上!"小雅的脸扭向另一个娃娃。"没有听见啊?! 说他不是说你啊?""小雅,你这是从哪里学的啊?"妈妈真是弄不明白了。

思考:

1. 为什么小雅会有以上惊人的行为?

2. 请谈谈如何规范教师教学行为。

2. 师德制约着幼儿教师专业发展

荀子曰:"凡百事之成也必在敬之,其败也必在慢之,故敬胜怠则吉,怠胜敬则灭。"当一名幼儿教师,心无旁骛,便是敬业,敬业是幼儿教师职业的基本要求。只有敬业才能有好的保教质量,只有敬业幼儿教师才能有更大的专业发展。叶澜教授从敬业的角度把教师分为三种不同的层次:一是"生存型"教师,他们主要是从生计出发,站在较为功利的角度对待自己的职业。把自己看作知识的搬运工,把教师的工作看作无可奈何的选择,身在曹营心在汉,多数情况下以一种被动和消极的心态来面对自己的工作,因而在繁重的工作面前很容易感到困惑和痛苦;一种是"享乐型"教师,他们主要从兴趣出发,站在非功利的角度对待自己的职业。把学生的成长当做教师最大的快乐,对平凡的工作充满了爱,以对教育事业和学生的热爱为快乐的源泉;三是"发展型"教师,把教师看作教育活动的反思者和研究者。以终身自我教育作为教师生涯的推动力,视教师职业不仅是给予也是收获的活动。② 正如朱熹言,"敬业者,专心致志事其业"。只有敬业者,才能在工作中获得内在的快乐感、满足感、幸福感以及成就感,才能凭着内在的热情不断地学习提高,推动自身专业发展。否则,日复一日,年复一年,终老还是一位重复性劳动的教书匠。

---

① 李季湄,冯晓霞.《3~6岁儿童学习与发展指南》解读[M].北京:人民教育出版社,2013:95-96

② 叶澜.教师角色与教师发展新探[M].北京:教育科学出版社,2001:82-93

学练结合8-4

三个砌墙工人的故事

三个工人在同一工地干活,三人都勤勤恳恳,手艺精湛。工人A总是觉得工资低、劳动强度大,抱怨自己命不好。工人B一心想着赚钱,工人C则每天哼着小曲快乐的工作着。一天一位哲学家问他们:"你们在干什么?"工人A没好气地回答道:"我在砌墙,你没看见吗?"工人B笑笑:"我在造一座大厦。"工人C笑容满面地说,"我在建一座美丽的城市"。10年后,工人A仍在工地干活,工人B当起了工程师,而工人C坐在办公室里——他是前面两个工人的老板。三个工人开始干着同样的活,吃着同样的饭,但工人A每天怨天尤人,他的工作只是为了完成任务,不带丝毫的理想色彩。工人B,他要生活,要养家糊口,他钻研业务,以便提升自己工资。而工人C对生活充满了信心,以饱满的热情投入工作,对未来充满憧憬。三个工人对工作的不同态度,让他们得到了不同的结果。无论干什么事,都要奋力把它做好,即使是工人,也能建设出一座美丽的城市。

思考:

1. 上述案例反映了什么问题?
2. 请谈谈工作态度对一个人的影响。

二、幼儿园师德建设基本策略

师者,传道、授业、解惑也。由于教师社会角色和社会职能的特殊性,社会对师德有着较高的要求,远远超出对一般社会成员的道德规范要求,对师德不良现象容忍度低。长期以来,全国广大幼儿园教师教书育人、敬业奉献,为我国教育事业改革和发展作出了重要贡献,赢得了全社会的广泛赞誉和普遍尊重。但是,近年来极少数幼儿教师严重违反师德的现象时有发生,引起社会广泛关注,损害了教师队伍的整体形象。幼儿园应加强师德建设,提升幼儿教师职业道德修养,预防教师失德行为,促进幼儿教师以德治教、以德育人。

(一)安居乐教,提升幼儿教师职业认同感

当前一些幼儿教师存在心理浮躁、动力不足、热情不高、专业认同感低、职业倦怠严重等问题。职业倦怠是指从业者在职业环境中,长期面对工作压力而引发的一系列心理、生理综合征,并主要表现出情绪、态度和行为的衰退状态。职业倦怠是一种三维结构的心理状态,即情绪衰竭、人格解体(去个性化)和成就感降低。其中情绪衰竭是职业倦怠的核心成分,是指个人工作热情的耗尽,表现为厌倦、易怒,是一种情绪情感过度疲劳的状态。长期的情绪衰竭会导致个人对工作对象的冷漠、疏离,持消极的否定态度等,即为人格解体。成就感降低是指在工作中效能感的降低和对自己消极评价

倾向的上升。① 当个体出现职业倦怠、工作满意度比较低时,幼儿教师跳槽现象会更频繁,其工作效率与效果也会大幅度下降,影响保教质量,对孩子缺乏爱心、耐心、细心和责任心。

幼儿教师职业倦怠是师德建设中的瓶颈。丁海东等人的研究表明,引起职业倦怠的因素是多方面的,其中工资福利待遇低则是主要因素。② 无须讳言,幼儿教师所取得的工资报酬与其繁重的工作状况不成正比,导致"价值失落",这种不平衡影响着幼儿教师的工作热情,制约着幼儿教师的社会地位。浙江温岭虐童事件曝光后,社会纷纷指责教师素质低下师德败坏,但是关心幼儿教师工资待遇以及工作幸福感的人却为数不多。事发后,温岭市教育局的一位官员透露当地民办园幼儿教师工资很低,肇事者颜某每个月拿到手的工资只有区区一千多元。在浙江温岭这个相对经济发达的地区,一个月一千多块钱的工资维持基本生活都困难,何谈工作的积极性。再加上民办幼儿园教师无编制,身份不明确,权益缺乏保障,职称晋级和培训机会少之又少,自然让人觉得前途无望。在这种生活状态下,幼儿教师很难有较高的职业幸福感,以致于工作中对待幼儿的方法简单粗暴,缺乏爱心、耐心、细心和责任心。

我们很难想象一群生活困窘、精神忧虑的幼儿教师能斗志昂扬地投身幼教工作。幼儿教师不是不食人间烟火的天使,也需要物质和精神的激励,我们不能强求或"道德绑架"幼儿教师以超功利的崇高职业道德境界在幼教岗位上默默奉献,这不是长久机制,不符合国际教师队伍建设规律,何况这样也不公平。从国家的角度,政府应加大对学前教育的财政投入,改善幼儿教师群体的整体生活状态,尤其是保障非在编幼儿教师的合法权益。早在 1993 年《教师法》第二十五条就已经对教师的工资待遇问题做出了明确的规定:"教师的平均工资水平应当不低于或者高于国家公务员的平均工资水平,并逐步提高。建立正常晋级增薪制度,具体办法由国务院规定。"《国家中长期教育改革和发展规划纲要(2010—2020)年》(2010)第五十四条又进一步做出规定:"提高教师地位待遇,不断改善教师的工作、学习和生活条件,吸引优秀人才长期从教、终身从教。依法保证教师平均工资水平不低于或者高于国家公务员的平均工资水平,并逐步提高。落实教师绩效工资。"时隔不久,2012 年国务院出台的《国务院关于加强教师队伍建设的意见》第十七条指出:"强化教师工资保障机制。法保证教师平均工资水平不低于或者高于国家公务员的平均工资水平,并逐步提高,保障教师工资按时足额发放。"

作为幼儿园的管理者,可以适当提高工资福利待遇、办理五险一金保证教师合法权益、通过丰富文化娱乐活动、增加外出培训机会、缓解教师工作压力等多种手段努力提高幼儿教师的职业幸福感。依照马斯洛需求金字塔理论,只有在基本的物质和精神需求得

到满足后,幼儿教师的经济收入和生活质量达到当地中等及其以上水平,幼儿教师群体才能以更加饱满的精神状态投入到工作中,才能激起更大的专业发展动力。幼儿教师需要摆脱尴尬的生存困窘状态,要累得有所值,从"安贫乐教"转向"安居乐教",从"依靠教育生存"走向"为教育而生存"。惟其如此,幼儿教师才能更加热爱幼儿教育事业,安心工作,积极投身幼教工作,幼儿园的管理工作才会更加顺畅高效,幼儿园的保教质量才能更好得到提升。

学练结合8-5

A老师的烦恼[①]

在巡视时,我接连几天都发现A老师在大声训斥班里的孩子。我感到很诧异,一向轻声细语的她怎么会有这样的行为?当时,我很想走进活动室去批评、指正她,可转念一想,A老师之所以会这样,一定是有原因的,如果我这时走进去,敏感细腻的她可能会更加不安。所以,下班时我特意在门口等她,她一看我特意在等她,就显得很紧张,没等我开口就向我道歉,并作了自我批评。我轻声地对她说:"我想知道原因。"见我没责怪她,A老师长长地舒了一口气,边走边诉说她的烦心事。原来她已经连续几年参加编制考试都没有通过,家人让她辞职,不要做幼儿园教师了,回家经商,她不想放弃,于是便与家人发生了冲突,因此,她晚上经常失眠,白天心情就特别烦躁,常常迁怒于幼儿。要解开A教师的心结不是一两句话就可以的,所以当时我只是说了几句安慰的话,并提醒她一定要控制好自己的情绪,不要发泄在幼儿身上。

首先,为了帮助参加编制考试的教师,我把幼儿园的骨干教师及已通过编制考试的教师召集起来成立"考编智囊团",随时给有需要的教师以相关的辅导,让他们有心理上的依靠,感觉到有很多人在做他们坚强的后盾。

其次,我带着鲜花来到A老师的家。首先感谢她家人对她工作的支持,然后就A老师是否辞职问题与他们作了沟通。我告诉他们,A老师非常喜欢幼儿园教师这个职业,尽管工作比较辛苦,目前工资待遇也不高,但她还是不想放弃,希望家人能够支持她、帮助她。我还承诺会尽可能为非编制教师争取福利待遇。她家人表示一定会支持她工作。

再次,我找A老师长谈,跟她讲了"球员打球"的故事:一个著名的台球运动员每次比赛都是第一。有次参加比赛,一只苍蝇飞到球杆上,怎么都赶不走,球员愤怒了,用球杆去揾苍蝇,不料球杆擦着主球,主球滚动了一英寸,就这样球员失去了继续击球的机会,输了那场比赛。第二天人们在河里发现了他的尸体,他自杀了。我跟A老师说,在人的一生中会有很多不如意,比如没有编制、收入微薄、家人抱怨等,很多不如意就如那只赶不走的苍蝇,但是我们不能因为一只苍蝇输了整个人生,我们要坚持自己的梦想,努力管

---

① 吴益斐.宽容,让笑容在教师脸上绽放[J].幼儿教育,2012(6):45

理好自己的情绪,绝不能稍有不顺心就迁怒于幼儿。A坚定地说,"谢谢您对我的宽容,谢谢您为我做的一切。我一定会努力成为一个好教师的。"笑容又回到了A老师的脸上,我相信,无论她在编制考试中是否通过,都会是一位好老师。

思考:

1. 案例中,园长是如何处理A老师的问题的?
2. 请谈谈如何提高教师的职业认同感。

(二) 尊重儿童权利,杜绝体罚和变相体罚

随着社会的发展,尊重儿童、以儿童为本的教育理念被广泛宣传,但我国幼儿园中至今还存在着各种形式的惩罚和变相体罚现象,甚至是直接的体罚,而且各种报道层出不穷。近年来,幼儿园教师虐童事件频频发生,山西太原某幼儿园被媒体曝光"有教师因为孩子算不出十加一,连扇女童70余下耳光"的消息还未平息,又有浙江温岭蓝孔雀幼儿园教师虐童的数张照片疯传网络。有些教师打着"严加管教"的幌子,对幼儿厉声斥责,将自己的喜怒哀乐转嫁到幼儿身上,诸如此类漠视儿童权利的现象不胜枚举。这虽然不是幼儿园普遍现象,但屡屡曝出的桩桩事件,不得不令人深思。幼儿园教师虐童事件的频频发生,严重损害了幼儿教师的光辉形象,更重要的是对幼儿本身产生了身心伤害。这些行为和现象归根结底是幼儿教师不能尊重幼儿的表现,也是师德缺失的反映。

《世界人权宣言》第一条规定:"人人生而自由,在尊严和权利上一律平等",儿童作为一个自然生命体的存在,我们不能因为儿童的软弱而漠视对儿童权利的尊重。《联合国儿童权利宣言》指出,儿童应被保护不受一切形式的忽视、虐待和剥削。《幼儿园管理条例》第17条规定:"严禁体罚和变相体罚幼儿""情节严重,构成犯罪的,由司法机关依法追究刑事责任"。早在上个世纪,在《敲碎儿童的地域,创造儿童的乐园》一文中,陶行知就明确提出,我们应该承认儿童的人权,尊重儿童。教师不应强迫孩子去做什么,教师与儿童的关系是平等的,师生的互动是和谐的,这种民主平等的关系,体现的是对儿童权利的尊重。杜威曾指出:"我们不能强加给儿童什么东西,或迫使他们做什么事情。忽视这个事实,就是歪曲和曲解人的本性。"

成人追求权利的平等,我们成人在为构建民主和谐的社会而努力,但是日常生活中我们却忽视了儿童也是权利主体地位这一事实,越是年龄小的儿童,其权利往往越被忽视。儿童是权利主体意味着把儿童看做与成人人格平等,具有相同的社会地位、享有基本人权的、积极主动的、人格独立的人,是拥有权力并能行使自己权利的自由体。[①] 现实教育情境中存在诸多忽视儿童权利的现象,不是因为教育者不知道要尊重

---

① 姚伟. 儿童观及其时代性转变[M]. 长春:东北师范大学出版社,2007:215

儿童权利,而是这种意识太薄弱,整个社会还没有真正地将"尊重儿童权利"这一教育理念转化为现实的教育行为。人权最安全的庇护所不在于公开签署的文件,而在于人的心中。① 幼儿园保教人员应树立尊重儿童权利的理念,这种理念不仅仅体现在教学目标的制定、课程内容的安排、教学活动的实施、教学方法的选择以及幼儿发展的评价上,更要将这种理念渗透到日常的生活中去,尊重儿童权利最有效的方法就是将这种理念根植在心中。

(三)增强责任意识,保护幼儿健康安全

责任意识是幼儿园师德的主要内容。责任是指把工作认认真真做好,是一种能力、一种精神、一种品格,是优秀人才必备的基本素质。梁启超曾说过:"凡属我应该做的事,而且力量能够做到的,我对于这件事便有了责任,凡属于我自己打主意要做的一件事,便是现在的自己和将来的自己立了一种契约,便是自己对于自己加一层责任。"人生须知负责任的苦处,才能知道尽责任的乐趣。"天下兴亡,匹夫有责",强调的是热爱祖国的责任;"孟母三迁,择邻而居"讲述的是母亲教育子女的责任。天地生人,有一人当有一人之业;人生在世,生一日当尽一日之勤。教师虽然平凡,但却承担着教书育人的伟大职责,不仅仅是养家糊口的一份工作,教师应该意识到这份责任,并勇于担当。

幼儿教育当中存在一些保教人员责任意识淡薄,对幼儿缺乏足够的爱心,危机幼儿身心健康和生命安全的现象。学前儿童是一个非常脆弱、容易受到伤害的群体。他们生性好奇、好动,但又很稚嫩,缺乏自我保护能力,尤其需要成人的时时刻刻关注。责任的表现平常而又朴素。责任无大小之分,责任重于泰山。如活动室内插座是否覆盖,幼儿能否触及电线、插头;柜子、桌椅是否有锋利的棱角;消毒液是否存放在安全位置;户外活动场地是否有玻璃碎片等不安全物品;玩具是否太小导致被幼儿吞下;准确清点人数,幼儿是否被遗忘在校车内等等,保教人员责任意识差,很小的问题也有可能酿成大祸。

马卡连柯曾指出,教师的威信首先建立在责任心上。一个人若是没有热情,他将一事无成,而热情的基点正是责任心。《幼儿园教师专业标准(试行)》明确指出,一名合格的幼儿教师应履行教师职业道德规范,富有爱心、耐心、细心和责任心。责任心是幼儿园保育人员必备的专业素养,没有责任心再简单的工作也会出现险情,有责任心的老师受人尊敬,招人喜爱,让家长放心。幼儿园应提高保教人员的责任意识,把履职和问责结合起来,没有问责,责任制形同虚设。事前问责是提醒,事中问责是督促,事后问责是诫勉。幼儿园应对认真负责的保教工作人员给予奖励和表彰,树立榜样的作用,鼓励大家见贤思齐;失职渎职,责任心差,影响保教质量,甚至出现严重安全事故的,要予以追究和惩罚,有则改之无则加勉。

---

① 湛卫清. 人权与教育[M]. 北京:北京师范大学出版社,2009:34

（四）为人师表，树立幼儿教师职业形象

学高为师，师德之基；热爱幼儿，师德之魂；身正为范，师德之本。为人师表是师德的本质，为人师表的优劣是师德水平高低的直接体现。很多幼儿教师在自己的工作岗位上兢兢业业，默默耕耘，为教育事业、为幼儿成长呕心沥血，将为人师表作为基本的职业道德准则。但也有部分幼儿教师为人师表示范性差，有待提高。有的幼儿教师利用职务之便向家长索取或变相索取财物，谋取私利；有的幼儿教师语言粗俗，行为不雅；有的幼儿教师仪表不端，浓妆艳抹过分追求时尚；有的幼儿教师心胸狭隘，勾心斗角；有的幼儿教师工作态度敷衍，得过且过等等。这些现象表明，部分幼儿园教师为人师表的示范性正在减弱，影响着幼儿教师群体的职业形象。

为人师表是幼儿教师师德的底线。具体来说，幼儿教师为人师表主要体现在以下四个方面：一是要遵守法律和教育规律；二是在外表上能够做到仪表整洁、性格乐观开朗；三是在道德上做到作风正派、言传身教；四是在经济方面能够廉洁自律，自觉抵制不正之风。[①] 教师作为普通公民本就应该遵纪守法，传播社会文明。一位教师的违法行为产生的负面影响会扩大，影响儿童正确价值观、世界观的形成。教师的仪表体现了教师的精神状态，折射出教师的文明修养，是一种物化的教育资源。作风正派、言传身教、言行一致、是非分明、严于律己、宽以待人都是衡量幼儿教师职业道德品质高低的主要标志。廉洁自律是幼儿教师为人师表的重要内涵，唯利是图的行为会羞辱玷污教师的光荣称号。

2013 年教育部印发了《关于建立健全中小学师德建设长效机制的意见》。2014 年又印发了《中小学教师违反职业道德行为处理办法》，明确规定教师不可触犯的十条禁行行为，为教师划定了"师德底线"。教师应具有敢为人师的抗俗勇气，平易博爱的仁者胸怀，公正无私的高尚人格，诲人不倦的奉献精神，应该遵纪守法、依法执教、爱岗敬业、热爱孩子、廉洁从教、乐于奉献，牢固树立为人师表的良好形象。亲其师，则信其道；信其道，则循其步。幼儿教师只有做到了为人师表，才能更好发挥言传身教的作用，促进幼儿身心健康成长。

拓展阅读8-1 >>>

上海一幼儿教师婉拒家长购物卡，回信内容引发关注[②]

"收到你们和孩子精心制作的贺卡，我们很开心。贺卡我们收下了，但里面的购物卡我们不能收，放在迪迪书包里退回，请查收。"这几天，一封字迹隽秀的信在网上热传，人

---

① 全国师德教育研究课题组. 师德突出问题典型案例评析：幼儿园教师读本[M]. 北京：北京师范大学出版社，2014：87

② 钟菲菲. 上海一幼儿教师婉拒家长购物卡，回信内容引发关注[EB/OL]. http://www. haixia. edu. cn/htmls/201209/8814_2. html，2015-04-15

们纷纷赞扬信中散发的师德正能量。9月14日,记者走进上海市浦东新区民办爱绿幼儿园,见到了写信的教师钟艳。

教师节那天早上,迪迪外公送孩子来到幼儿园,说迪迪书包里有3张贺卡送给老师们。钟艳随后发现贺卡里面夹着超市购物卡。她和同班的姜老师、保育员张老师早就达成共识,不收受学生家长赠送的贵重礼物。她想,家长的心情可以理解,但如果把礼物上交由幼儿园出面退还,或者直接给家长打电话,都会让家长很难堪。她决定给家长写封信。

"从事幼儿教育6年的时间,我读懂了每位家长对孩子的殷切期望,从我毕业的那天起,就发誓要做一位好老师,这些年我也一直坚持着。"

"教师这个职业很神圣,我们在付出的同时,收获的是孩子对我们的依恋,家长对我们的信任。和家长们一起看到他们开心、健康地成长,我们也会很幸福!作为爱绿幼儿园的一员,我们三位老师都会遵守对爱绿幼儿园的承诺,照顾好每个孩子!"

姜老师和张老师也在上面签了名。回信和购物卡在放学时放进了迪迪的书包。迪迪妈妈读了信后,非常感动,当天晚上就把信的照片贴到了网上。她觉得,需要为这样的老师献上掌声和支持。

信很快在网上传播开来,网友纷纷转发、评论,赞扬她们坚守教育良知,认为这样的事、这样的人多多益善。网友"秋日的寂寞"写道:"新一代老师的新作风,值得尊敬。"

上海市静安区市西小学校长蔡骏认为,教师拒收家长所赠礼物,有利于维护教育的正气,确保正常教学活动的开展。她说:"学校本来就要照顾好每个孩子,金钱、礼物会腐蚀这种正气和秩序。"

今年28岁的钟艳老家在湖南常德,家庭条件并不优裕,读高中、大学时,学费的筹措都异常艰难,直到今年教师节发工资之后,她才把外债还清。远在湖南的钟艳的伯父听说此事,心情格外激动,称赞侄女做得好。钟艳的哥哥在网上发来一张大拇指图片,表达对妹妹的支持。

这几天,不期而至的社会关注让钟艳承受着不小的压力。身边有人悄悄对她说:"社会就是这个样子,你一个人不收礼,又能怎么样?"

钟艳说:"我不能改变大的环境,但我可以从自己做起,保证做得正,坚持当初的理想,为教育做一点有意义的事情。"在她眼里,写信谢绝收礼是一件再平常不过的事,昧心收礼才是反常的。她说:"如果收了不该收的,就会觉得欠家长一份人情,不可能按照教育规律秉公办事,那样就把教育弄得乌烟瘴气了。"

爱绿幼儿园园长潘建琴认为,良好的教育生态需要家、校共同营造,幼儿园正在构建师德考核体系,社会评价是其中重要一环。爱绿集团董事长听了钟老师写信退礼物的事,对幼儿园的师德考核体系给予肯定,表示完善后将在集团内30多家幼儿园推广。

检 测

一、思考题

1. 幼儿园对新教师的招聘工作包括哪些内容?
2. 《幼儿园教师专业标准》的基本理念和主要内容。
3. 如何做好幼儿园虐童事件预防管理工作?
4. 幼儿园廉洁文化建设的具体方法。
5. 幼儿园开展"师徒结对"工作的基本要点。

二、实践题

开展辩论活动:不是幼儿专业出身的人就不是合格的幼儿教师。正反双方就是否专业出身与合格幼儿教师之间关系开展辩论。深入理解怎样才能成为一个合格的幼儿教师?幼儿教师的专业素养包括哪些内容?幼儿教师专业素养水平受到哪些因素的影响?等等。

第九章

幼儿园危机管理

学习目标

1. 了解幼儿园危机管理的类型,理解幼儿园危机的基本特点。
2. 理解幼儿园危机管理的原则,掌握理解幼儿园危机管理的程序。
3. 掌握常见幼儿园危机的管理方法。

情景导入

西安两所幼儿园给孩子服处方药病毒灵事件①

3月10日,有家长通过微博反映陕西省宋庆龄基金会枫韵幼儿园给孩子服用不明药物,白色药片上面写着"ABOB"字样,查询后才知道这是一种俗称"病毒灵"的抗病毒药物,引起众多家长的关注和不满。服药事件不断发酵,3月12日,陕西省宋庆龄基金会鸿基新城幼儿园也发生了服用该药造成家长聚集的情况。在过去的五年里,这两家幼儿园里的孩子没有生病,却在幼儿园里吃了老师发的药,而且这药还属于处方药品。这一事件也引发了社会舆论的强烈关注,据最新消息,当地已将两家幼儿园园长和保健医生等3人依法刑拘,并安排幼儿分批体检。

思考:

1. 请分析上述案例危机产生的原因。
2. 结合实例请谈谈如何避免幼儿园危机事件的产生。

第一节 幼儿园危机与幼儿园危机管理

一提起幼儿园,人们脑海中便浮现出天真可爱、活泼开朗、欢声笑语、安全整洁等形

---

① 刘盾,冯丽,柯昌万.西安两所幼儿园给孩子服处方药病毒灵事件调查[N].中国教育报,2014(5)

容幼儿园的词语。幼儿园应该是儿童的乐园,但这个乐园需要成人用心去营造和呵护。幼儿园也存在很多危机,这个危机会影响幼儿身心健康发展,甚至会危及幼儿生命,诸如校车事故、踩踏事件、虐童事件、食物中毒、传染疾病爆发、幼儿被拐骗、幼儿走失等等,都是幼儿园危机的具体体现。

一、幼儿园危机的定义

一般而言,危机是指潜伏的祸机,系指组织因内外环境因素所引起的一种对组织生存具有立即且严重威胁性的事件或状态。管理学家巴顿认为,危机是一种会引起潜在负面影响的、具有不确定性的大事件,这种事件及其后果可能对组织及其员工、产品、服务、资产和声誉造成巨大损害。

幼儿园危机主要是指发生在幼儿园内外,或与幼儿园成员有关的,尚未爆发的或者已经发生的,威胁到幼儿园生存发展,使幼儿园的经营活动陷入严重困境的事件或演变趋向。所谓的演变趋向是指危机尚未爆发,处于潜伏期,如果未能及时发现并消除,有可能转化为真实事件的隐患状态。

在幼儿园管理中,幼儿园危机并不等同于"幼儿园安全事故"。安全事故主要是指发生在幼儿园内,或与幼儿园相关的活动场所,对教师、幼儿可能带来的人身伤害、伤亡事故和对幼儿园、师生员工的财物损坏事故。幼儿园发生的安全事故只是幼儿园危机的重要表现形式之一,属于子集。

幼儿园危机也不等同于"幼儿园突发事件"。突发事件是指突然发生,造成严重危害,需要采取应急处置措施予以应对的自然灾害、公共卫生事件和校园安全事件等。突发事件强调事件发生时间出乎意料,而且有一定的偶然性。幼儿园突发事件数量种类繁多,但并不是每一个突然发生的事件都会构成幼儿园危机。突发事件与危机是交叉关系。从危机形成的角度来看,突发事件有时是引发危机的导火索,有时则是潜伏的危机状态最后的爆发阶段。从危机的预防和控制角度来看,危机的应对包括预防制度的建立、日常管理计划的拟定、危机管理小组的成立、全员参与体系的构建等一整套体系,但一般突发事件的应对却仅仅涵盖了事件发生后的应急和恢复机制。①

二、幼儿园危机的类型

(一) 安全性危机

幼儿园安全性危机是幼儿园危机的主要类型,幼儿园安全性危机是指危及幼儿园幼儿和教职工生命健康安全的事件。

一是,自然性安全危机事件。如地震、台风、洪水、泥石流、雷电等自然因素引发的

---

① 陈群.幼儿园危机管理实务[M].北京:中国轻工业出版社,2009:7-8

危机。

二是，社会性安全危机事件。如天然气事故、漏电事故、建筑事故、社会动乱等社会因素引起的危机事件。

三是，人为性安全危机事件。这类事件通常由幼儿园内部教职工、外来肇事者和幼儿本身三个方面的一方或者多方原因导致的。

由幼儿园教职工造成的危机事件是幼儿园人为性危机事件的主体，主要是由于幼儿园管理方面的漏洞以及教职工行为不当引起的。如由于教职工工作失误导致幼儿窒息死亡、扎伤、刺伤、摔伤、烫伤、走丢等事件，幼儿园内部的教职工负主要责任或全部责任。这类危机同时会给幼儿园的发展带来严重的信誉危机。

外来肇事者引发的危机主要是指幼儿园安保事件，外来人员对幼儿园的幼儿和教职工进行的暴力伤害事件，比如一个仇恨社会的极端分子通过砍杀幼儿园的孩子报复社会等。

由幼儿本身引发的危机是指危机的来源主要是幼儿，幼儿园负次要责任或者完全没有责任，如家长故意隐瞒病情将病弱的幼儿送至幼儿园导致幼儿猝死等事件。

（二）非安全性危机

非安全性危机与安全性危机相比，对人的生命安全不产生直接的影响，但是同样会对幼儿园的健康发展产生一定的负面影响，甚至直接影响到幼儿园的存亡。非安全性危机包括的范围较为广泛。如：教学方法危机，教师采用简单粗暴的方法进行教学，体罚幼儿，遭到社会的广泛批评；课程危机，课程内容存在不科学，甚至伪科学的现象，教学内容小学化等等；师德危机，送礼成风，教师接收家长的礼物钱财，对幼儿不公平对待等；资金危机，幼儿园发展规划存在问题，资金链断裂，导致幼儿园无法运转；生源危机，幼儿园附近又开设了一所幼儿园，收费低廉而且保教质量很高，导致生源大量流失等等。

安全性危机和非安全性危机是相对的，非安全性危机控制在一定的范围之内，可能不会威胁到生命健康安全。但是非安全性危机超出一定的范围，可能会转化为安全性危机，比如某地区两所幼儿园为了生源展开竞争，本来处于非安全性危机，但是一家幼儿园因为竞争不过另外一家幼儿园，在报复另一家幼儿园的过程中导致幼儿中毒死亡。这种事件就属于由非安全性危机转化为安全性危机。

三、幼儿园危机的特点

幼儿园是一个有机的组织，管理涉及到的人、事、物较为繁杂，事无巨细，一件不起眼的小事情就有可能给幼儿园的发展带来致命的危机。为维持幼儿园保教工作的正常运行，为保障幼儿园组织及其成员的利益不受到损害，幼儿园的管理工作应该充分意识到危机管理的重要性，只有全面了解幼儿园危机的特点，才能更好地预防幼儿园危机的发生。幼儿园危机往往具有以下特点：

1. 潜伏性

幼儿园危机从表面看是由突发事件引起的，但危机的发生往往大都要经历一段潜伏期。危机的潜伏性给幼儿园危机管理的预警留下了可能。处于潜伏期的危机表现并不明显，比较隐蔽，如果能将危机的苗头扼杀在摇篮里，则会降低危机发生的可能性。反之，如果不能及时觉察潜伏的危机，或者觉察了危机，但视而不见，不能及时消除危机爆发的潜在因素，危机则有可能一触即发。比如幼儿园有一堵低矮废旧的墙体，一些大班的男孩没事的时候喜欢在下面垒一些砖块往上爬，教师视而不见，任其玩耍。久而久之，这堵墙上面的砖块有些松动，把一个正在攀爬的幼儿砸得头破血流。如果教师能及时消除隐患的话就不会有悲剧的发生。

2. 突发性

突发性是指幼儿园危机事件的发生往往突如其来，无法预料，甚至来势凶猛，尤其是严重的安全性危机事件，往往让管理者茫然不知所措，甚至惊慌失措。比如一个仇恨社会的激进份子，为了报复社会，发泄心中的不满，在早晨或下午家长接送孩子的时候，在幼儿园门口砍杀幼儿。因为幼儿园没有任何保卫措施和应急预案，导致孩子伤亡严重。

3. 危害性

幼儿园危机的发生往往会带来一定的危害，危害和损失的内容因为危机的类型而异。一般幼儿园危机所带来的危害具有以下几大类：对人的身体健康造成一定的危害；对幼儿园经济财产带来一定的危害；对幼儿园的形象带来一定的危害；对幼儿园的保教质量造成一定的危害。对人的身体造成的危害，尤其是对幼儿的健康和安全造成的危害比较常见。

4. 连锁性

危机发生初期，幼儿园的危机往往会产生连锁反应或"蝴蝶效应"，另一个危机在前一个危机发生后接踵而至。"蝴蝶效应"是指在一个动力系统中，初始条件下微小的变化能带动整个系统的一连串的、巨大的连锁反应。危机的连锁性使得事态极有可能朝着失控的方向发展。一些危机，所产生的影响远远超出危机本身，会波及到幼儿园其他方面。它就像一粒石子投进水中引起阵阵涟漪一样，对内对外都会产生一系列的影响。比如，在无人看管的情况下，保育员将滚烫的午饭放在教室内。由于带班教师和保育员的疏忽，一个孩子在嬉闹中不慎跌入热汤中，被严重烫伤。幼儿园除了赔付高额的医疗费之外，家长还经常去幼儿园哭闹，威胁其他教师和幼儿的生命安全，导致教师流失和大量幼儿转园，幼儿园陷入生存危机。

5. 传播性

幼儿园危机的发生来的突然，传播的很迅速，可谓"好事不出门，坏事传千里"。很多幼儿园危机事件会在很短的时间内在幼儿园教职工群体中、家长群体中以及当地居民区传播开来。随着现代网络的发展,信息传播的速度更加迅速,甚至在短短的几个小时内传遍大江南北,引起社会的广泛关注。比如近几年不少幼儿园发生的危机事件经媒体的报道都成为了全国关注的热点话题。

6. 规律性

幼儿园危机的发生、发展虽然具有突发性、隐蔽性,但同时它也具有一定的规律性。危机全程从酝酿到解决一般要经历四个不同的阶段:潜伏期、爆发期、恢复期、解决期。每个阶段都有一定的特征,如果幼儿园管理者认识、把握其特征,找到规律,就可制订与之相匹配的预防、应对、恢复和解决策略。

拓展阅读9-1 >>>

河北幼儿园投毒嫌犯以铅笔本子作诱饵①

2013年4月24日,平山县公安局接报警:4月24日下午,两河乡两河村发生一起投毒案,村民任某某于当日7时55分在送外孙女任乐乐、孙女任悦悦上幼儿园的途中,拾到一个用塑料袋包装的不明物,打开查看,内有一支铅笔、一个笔记本和一桶小洋人饮料,任某某将其带回家中,当日17时20分左右,任某某与两名孩子饮用后发生中毒,导致任乐乐当日21时左右死亡、任悦悦和任某某在医院抢救治疗,任悦悦30日经抢救无效后死亡,任某某已康复出院。

案发后,经专案组民警紧张工作,警方在酸奶中检出了毒鼠强成分。正是这瓶小洋人酸奶要了这对表姐妹的命。据民警走访调查,最终锁定了犯罪嫌疑人,酿成这起惨剧的,竟是当地另一家幼儿园平安幼儿园负责人。两河村有两个幼儿园,一个是这对小姐妹所在的两河中心幼儿园,一个是平安幼儿园。4月29日,两河村平安幼儿园负责人史某某和该村村民杨某某分别被传唤到公安局进行审查。经审讯,二人交代了投毒的动机就是报复两河村"中心"幼儿园。4月的一天,史找到杨商量,杨提出利用幼儿上学的时机,以铅笔、笔记本为诱饵,在小洋人饮料内放入"老鼠药"投放在幼儿上学的必经之路上,引诱幼儿喝后发生后果,给中心幼儿园造成影响。4月24日7时55分,杨骑着电动车将装有放了"老鼠药"的饮料、笔记本、铅笔的塑料袋投放到公路上,任某某在送两个孩子的途中发现,便带回家中。17时左右,两个孩子回到家中饮用,感觉味道不对,任某某在试尝中也发生了中毒。

疑犯涉投放危险物质罪。

---

① 李超,刘一丁. 河北幼儿园投毒嫌犯以铅笔本子作诱饵[EB/OL]. http://learning. sohu. com/20130503/n374686316. shtml,2015-02-10

第二节　幼儿园危机管理的基本原则

危机管理是指个人或组织为了预防危机的发生,减轻危机发生时造成的损害,以及尽早从危机中恢复而采取的管理行为。从时间上看,危机管理包含对危机事前、事中、事后的管理。幼儿园危机管理是指幼儿园管理者为了达到有效预防危机、及时处理和消解危机而采取的一系列有组织、有计划、有步骤的动态管理过程。幼儿园管理工作要强调危机管理的重要性,提高幼儿园危机管理水平,杜绝各种危机隐患,防患于未然,为幼儿的健康成长、为幼儿园的正常发展保驾护航。

学练结合9-1

一个网络帖子引发的风波[①]

某幼儿园是一所民办寄宿制幼儿园,园内硬件设施良好,也初具规模,师资力量较强,在当地有着较好的口碑和影响力。该园园长通过多年的工作,将幼儿园管理的井井有条。

一天,分管后勤工作的副园长突然告诉园长,在当地的"教育视窗"网站论坛上有一篇帖子涉及该幼儿园。园长打开电脑找到了名为《××幼儿园把孩子的菜打包带回家》的帖子,内容为"尊敬的×园长:我是××幼儿园大三班幼儿的家长,我向您反映一个亟待解决的突出问题:一些老师把孩子的菜打包带回家。此事我一直想对您说。不管怎么说,每个孩子都按规定交了同样的伙食费,不管小孩吃不吃,他们都有权利得到应该得到的那一份。现在的小孩子很懂事,在幼儿园里不敢说,只好回家来讲,还不让我们向老师反映,我们感到很寒心。请×园长在百忙之中抽出时间来,整顿一下,让孩子们吃好,不要影响到孩子们的身心健康,要让家长真正放心。"

帖子发于2月3号,副园长发现这篇帖子时已是第四天了,其后已经有数十人进行了跟帖。有的网友说"这种事也能干出来? 真丢脸! 不过这在民办幼儿园也正常!"也有网友将信将疑"应该不会吧,你可以到幼儿园网站上去留言询问这种情况是否属实。"

园长对此事高度重视,调查了解了相关情况后,便马上在论坛做了答复:"家长朋友您好! 今天一早我们幼儿园成立了调查小组,已经对您反映的问题作了细致的调查,现将具体情况反馈给您。我们首先将最近一段时间大三班幼儿用餐全过程的录像做了回放,根据录像,我们没有发现您所述的情况。在幼儿用餐过程中,配班老师一直在教室看护孩子用餐,主班老师在用幼儿园提供的工作餐。而且大三班幼儿的食量非常好,在录

---

① 周丹,江东秋.卓越园长21条——幼儿园管理策略[M].南京:江苏教育出版社,2012:178-180

像可以看见,保育老师跑了两趟厨房为幼儿添饭加菜。"

"除此之外,我们还找老师了解了情况,班级老师说:'我们不会做出这种让人看不起的事情,而且,各班都有摄像头,我们更不可能明知故犯,给自己找这种麻烦。这学期,我们唯一一次吃孩子的东西是在迎新年的包饺子活动中,当时班上家长都参加了活动,饺子煮好后,我们先让孩子端一碗送给家长,然后让孩子吃,后来家长邀请我们老师也来分享他们的劳动成果,我们三个老师才一人盛了一碗。'家长朋友,不知道我们给您的反馈能否让您了解事情的原委,对于这件事给您带来的困扰我们深表歉意!在伙食方面,我们幼儿园对孩子的饭菜包括点心是不限量提供的,幼儿园厨房里也有备份。如果您还有需要和我们交流的,可以直接拨打我的电话,我的电话号码是……"

自从看到家长发的帖子以后,帖子中涉及的几位教师备感压力和委曲。她们情绪激动,没办法认真工作,她们要求园长快点澄清事情的真相,恢复自己的名誉。

为了安抚教师的情绪,园长于三天之后又发帖请那位家长到园里说明情况:"家长朋友您好!您在帖上提到的这件事情我们已经做了回复,不知道您可有关注?现在,我以幼儿园园长的身份请您站出来,请您来到我的办公室!我们大三班的几位老师要求幼儿园还她们一个清白,保护她们的声誉。她们说如果事情属实,会自动辞职,因为做出这种低级、不道德事情的人根本不配为人师表。既然幼儿园做了调查,事情并非如您所陈述的那样,她们就必须为自己澄清这无中生有的事情。为了能更好地给家长和老师一个交待,我们请办公室保留了录像内容。所以,请您务必配合我们的工作,我们将会为您和老师提供一个交流的平台!"

最终,那位家长一直没有现身。后来,园长将此事的全过程在本园网站上公布出来,并做好了几位教师的思想工作。不久,幼儿园恢复了平静。同时,园长还带领几位副园长认真地排查了幼儿园可能存在的各种危机事件因素,并制订了相应的应对预案。

思考:

1. 案例中园长面对危机采取的方法有哪些是值得借鉴的?
2. 谈谈幼儿园危机管理工作中我们应该遵循哪些原则。

一、以人为本原则

幼儿园危机管理涉及的范围较为广泛,其产生的危害既可能涉及到人员的健康安全,也可能涉及到经济损失以及精神伤害、声誉损失等。面对危机的发生,如何处理,需要当机立断。处理问题不要因为经济上和名誉上的损失,而不顾及人的健康安全,应该突出"人"的核心价值和首要地位。面对危机,幼儿园要设身处地的为幼儿着想、为家长着想、为教职工着想,本着"以人为本"的原则处理问题,才能淡化危机,转危为安。反之,幼儿园奉行经济利益之上的原则,则会因小失大,影响幼儿园的名誉,丧失民心,只会扩大和加剧危机的发展。危机结束后,要继续关注受影响的师生的身心发展状况,积极提供帮助。

二、预防性原则

"存而不忘亡,安而不忘危,治而不忘乱",存、安、治,指的都是一种常态,亡、危、乱,指的都是非常态,强调的是在常态中,要想到非常态,在常态中预防非常态问题的发生。生于忧患,死于安乐。预防是解决危机的最好办法。危机一旦发生,就不可避免地产生一些损失,危害幼儿园的利益,给幼儿园造成一定的负面影响,影响幼儿园的健康发展。没有管理者希望幼儿园经常发生危机,而危机又无处不在,因此最好的方法就是居安思危,防微杜渐,提高危机意识,未雨绸缪,及时发现危机的苗头,并设法消除各类危机发生的可能成因,避免亡羊补牢。只有坚持不懈地做好危机预防工作,加强检查,消除隐患,才能降低危机发生的可能性。

制度是幼儿园管理的重要方面,有了科学明确的规章制度,幼儿园的管理才会良性循环。幼儿园很多危机的发生往往是因为规章制度出现了问题,很多幼儿园的工作"无法可依,有法不依,执法不严,违法不究",这里面的"法"指的就是幼儿园各项规章制度。建立完善的规章制度,并认真遵守,是做好危机预防工作的重要组成部分。

学练结合9-2

一条长纱巾引发的安全教育①

晶晶(化名)一大早入园时,脖子上系着一条非常好看的花纱巾。晶晶很骄傲地说:"胡老师,您看我的漂亮围巾。"我笑了说:"恩,真漂亮。我们也可以把它叫做纱巾。"晶晶得到了我的认同,显得很开心,趁晶晶没注意,我对她的母亲说:"纱巾很漂亮,可在幼儿园的集体生活中,最好不戴这类长带状的东西。因为纱巾较长,在孩子的玩闹中,容易被拉扯,引起不必要的危险,甚至发生安全事故。我等会儿和晶晶说说,让她把纱巾交给您带回去。"晶晶的母亲恍然大悟,理解并赞成我的意见。可当我对晶晶说时,她怎么也不肯取下这条她喜欢的花纱巾。为了不影响我对其他孩子的安全监护,我决定等晨间锻炼完了,进入活动室再慢慢对晶晶进行劝导。

思考:

1. 案例中反映了幼儿园危机管理的什么原则?
2. 请谈谈您对这一原则的理解。

---

① 陈群.幼儿园危机管理实务[M].北京:中国轻工业出版社,2013:34-35

三、组织性原则

危机管理不是园长一个人所能全部承担的，一定要发动和依靠全园教职员工的力量，群策群力，广泛凝聚共识，增进沟通协作。因此，幼儿园危机管理的有效开展需要一个健全的领导组织体制，可以是"幼儿园危机处理办公室"或者"幼儿园危机管理小组"，做好幼儿园危机管理的组织保障。危机管理组织机构应该是一个常设性机构，不能在危机发生后才临时成立。日常工作中，危机管理部门就应该加强危机管理工作，加强检查，强化各部门各岗位的危机意识，加强对危机的预防和演练。危机一旦发生，危机管理小组应迅速做出反应，各司其职，妥善解决危机，而非一盘散沙乱作一团，不知所措。

危机管理小组的组长通常是园长，副组长是副园长，除此之外还有后勤保障员、家长联系人、媒体代言人、法律顾问等。园长作为负责人要果断决策，全局指挥；副组长辅助园长协调指挥，部署任务，在园长不在或联系不上的时候可以暂时作为总指挥；后勤保障人员负责根据危机情境的需要，合理安排资源，及时添置危机必需品，保证危机管理过程中所需物资齐全；如果危机涉及家长利益，尤其是频发的有关幼儿安全健康的危机事件，家长联系人需要及时与家长沟通，做好家长工作；媒体代言人能够全面了解幼儿园危机事件及其处理过程，对待媒体可以代表幼儿园向外界传达有利于幼儿园但又不违背事实的信息，解除公众的疑虑和误解，帮助幼儿园赢得社会的理解和支持，使幼儿园尽快渡过危机。

四、快速反应原则

危机的一个重要特点就是突发性。不管幼儿园对该危机事件之前有没有预案，都需要幼儿园在短时间内迅速做出正确决策，当机立断。尤其是幼儿园安全伤害性事件，更需要幼儿园迅速做出决策。时间就是生命，丝毫耽误不起。危机发生初期，只有抓住了最初时间，才能有效避免危机的进一步恶化和扩大，争取将已经发生的危机所带来的危害降到最低。同时，幼儿园管理者避免出现"鸵鸟心理"，"鸵鸟心理"是一种逃避现实的心理，也是一种不敢面对问题的懦弱表现，常会导致危机向更坏的方向发展，造成更大的损失。

学练结合9-3

幼儿园儿童喝开水烫伤生殖器[①]

6岁男童元元（化名），在拿取饮用水时造成大腿内侧及生殖器烫伤，目前仍在治疗。

---

① 张蕾.幼儿园儿童喝开水烫伤生殖器[EB/OL]. http://health. people. com. cn/n/2012/1029/c14739-19426187. html,2013-12-29

如今,元元父母将阳光幼儿园园长郭某和事发当天的主班老师王某告上法院,索赔医药费、住院费等 7 000 余元,以及 2 万元精神损害抚慰金,并主张进行司法鉴定以确定伤残赔偿金以及后续治疗费。上午,此案在朝阳法院开庭。

幼儿园喝水烫伤生殖器。

元元的父亲在一家汽配城打工。据元元父母讲,今年(2012 年)5 月 7 日上午,主班老师王某将热开水倒入元元的水杯中,导致元元喝水时被开水烫伤。

"当天上午 9 点多,我接到幼儿园的电话,说孩子烫伤了,让我过去。我一个小时后赶到幼儿园,看见小孩还在园长办公室里坐着,烫得很厉害。两条腿和生殖器上全是水泡,生殖器肿得很大。"

元元父亲说,他一看这种情况,赶紧抱孩子去了医院。治疗期间,孩子因烫伤发炎还引起了发烧感冒。上午,元元的父母表示,现在孩子还小,这次烫伤是否会对孩子将来造成影响,现在还不得而知。

幼儿园:愿承担医疗费。

上午,园长郭某亲自出庭应诉,同时也作为当天主班老师王某的代理人。"这肯定是幼儿园发生的事,幼儿园愿承担一切责任。"郭某没有推卸责任,他表示愿意负担合理的医疗费和交通费,但拒绝承担其他费用,包括给元元治疗感冒的费用。

据郭某讲,阳光幼儿园每班配置两名教师,由主班教师负责,另设一名协助教师,辅助进行儿童在园期间的照看工作。郭某说,幼儿园有三个保温桶,是专门放白开水用的。孩子每天按点儿有五次喝水的时间。

郭某称,事发时是在上课期间,主班老师在教室里给孩子上课,配班老师出去给孩子们打水。"我们幼儿园有规定,水、饭、汤交到孩子手里的时候不能烫。当时老师给每个孩子的杯子里倒上水后,准备凉一会儿,到时候让孩子们一块儿喝。结果老师一扭头,元元就自己端起水来喝上了。"

老师看见元元烫着后,赶紧拿凉水帮他冲洗。"当时他的生殖器有点红,我就赶紧给父母打电话,并把小孩抱到了办公室。孩子的父亲说他开车送孩子去医院,我看也不严重,就同意了。我当时就跟父母讲,回来医药费我给报销。"郭某说。

庭后,元元的母亲对园长的态度非常不满。她告诉记者,元元回来告诉她,当时装着开水的杯子就放在桌子上。"你说有点烫? 那能叫有点烫吗? 孩子都烫成那样了。""我们走到那都一个多小时了,你就让孩子在那坐着,也不送孩子去医院!"双方一度发生争吵。

思考:

1. 元元被烫伤,幼儿园工作存在什么失误之处?
2. 元元被烫伤后,幼儿园处理该问题存在有何不妥之处?

五、日常演练原则

幼儿园危机的管理除了强化危机意识,还要培养大家实际应对危机的能力。"说着容易,做着难",这种能力不仅仅是书面的、口头的知识,知道应该怎么做,还要加强实际应对危机的能力,即不仅知道怎么做,还要学会真正会做。因此幼儿园危机管理工作,尤其是安全性危机管理工作更加要求加强对教职工以及幼儿应对危机的各种实际技能的训练。"说一百遍,不如做一次",训练的最好方法就是模拟演练。很多人觉得虚假的演练没有必要,但一旦事故发生看似没有必要的演练却可能会挽救许多生命。在模拟的危机情境中,各岗位人员各司其职。通过置身其中的训练,教职工以及幼儿园才能更好地提高面对危机的能力。

六、教育性原则

不管幼儿园危机预防工作做的有多完美,幼儿园管理工作多多少少都会遇到一些大大小小的危机事件。遇到危机幼儿园需要临危不乱,做到"兵来将挡,水来土掩"。每一次危机过后,幼儿园需要痛定思痛,认真总结经验教训,举一反三,尽力避免重蹈覆辙,以及其他危机事件的发生。千万不能好了伤疤忘了痛,或者逃避责任。只有勇敢的面对危机,诚恳地接受批评,以积极的态度认真分析危机产生的根源,进而加强危机管理工作,提高危机管理水平,赢得家长、社会的理解和支持,才能淡化危机,转危为安。

七、沟通性原则

面对突发危机事件,幼儿园往往需要取得到家长、社会的理解、支持与配合。有效的沟通是必不可少的。危机发生后幼儿园不能捂着掖着封闭消息,要采取坦诚的态度,不回避问题,以一种负责任的姿态,及时沟通,客观发布消息,这对于平息事态具有重要的作用。

拓展阅读9-2 >>>

幼儿园园长地震中抢出 400 名儿童[①]

5 月 12 日 14 时 28 分,强震突袭。都江堰市幼儿园的 400 余名 2 岁～6 岁的幼儿正在酣甜的午睡中,情况万分紧急!该园园长苏文立即指挥全体教职工抢救幼儿,结果全园 400 余名幼儿毫发无损。当孩子家长焦急地来到幼儿园看到自己孩子安然无恙时,都感动得哭了,并送了全园女教师一个好听的名字——铁娘子。据悉,都江堰市幼儿园"六

---

① 华西都市报.幼儿园园长地震中抢出 400 名儿童[EB/OL]. http://edu. people. com. cn/. html,2015-02-22

一"儿童节后正式复课。

惊险一幕,铁娘子守护 400 小天使。

当地震突然袭来时,都江堰市幼儿园的 3 层教学楼剧烈摇晃,楼内块状的水泥不断向下掉。午睡室里,孩子被吓得哭喊起来。老师们立即大喊:"孩子们,跟着老师快跑,跑到外面操场去!"孩子们凭借着以往"逃生演习"的经验,快速而有序地开始撤离。苏文在各个楼层指挥着,帮助孩子和老师撤离。宝宝班的孩子已吓得只知道哭了,根本跑不了。老师们就一人抱三四个向外冲。留守在最后的老师冷静地挨着床掀开被子检查着,她们心里只有一个信念:"不能漏掉一个孩子!"

经过奋战,全园 400 余名幼儿和 50 多位教职工都毫发无损。很快,心急如焚的家长赶到幼儿园,当看到自己家的孩子安然无恙时,很多家长们都痛哭流涕,并一个劲地向苏老师们表示谢意。

第三节 幼儿园危机管理的基本程序

幼儿园危机管理的基本程序主要包括以下内容:幼儿园危机预防阶段的管理、幼儿园危机应对阶段的管理、幼儿园危机善后阶段的管理、幼儿园危机后的媒体公关与法律维权等。

一、幼儿园危机预防阶段的管理

预防是解决危机的最好办法。危机管理最理想状态是将危机消灭在萌芽状态。管理者应设法消除各类危机的可能成因,将种种意外或潜在的祸因转化为可预测及可控制的,并做好长远准备,预防或减轻未来危机带来的可能危害。

(一)组建危机管理小组

在危机面前,人人都是"灭火员"。但是,危机处理是一个系统工程,需要多部门、多人员、多工种共同协作才能完成。为了更好的应对危机,幼儿园应该提前筹建危机管理小组,做好幼儿园危机管理的组织保证。幼儿园的危机管理小组成员包括:园长、副园长、园长助理、信息联络员、安保人员、后勤保障人员、家长联络人、媒体代言人、法律和心理顾问、医生等。

在危机管理小组中,人员应该权责清晰。

1. 园长或副园长是危机管理的最高决策者,统筹全局,发出最权威性的指令;

2. 副园长或园长助理应担当教师的联络员,调控所需人员,进行危机常规演习,协助园长主持大局;

3. 信息联络员为危机处理部门传递信息,确保各部门根据危机情况和最新决策,调整和实施具体工作；

4. 安保人员组建监测制度，做好安全保卫布置工作，确保园所安全；

5. 后勤保障人员负责根据危机情境的需要，合理安排各部门资源，提供并有效管理幼儿园的物资等；

6. 家长联络人与当事人家长联系、沟通和协调，为当事人家属提供支援；

7. 媒体代言人负责口径一致地向外界传播有利于幼儿园而又不违背事实的信息，解除公众的疑虑和误解，负责危机公关，使幼儿园渡过信誉危机；

8. 法律顾问为幼儿园对外沟通及评估危机事件等方面提供专业意见及支援；

9. 心理顾问为有需要的幼儿、家长及教职员工提供及时的个别或小组心理辅导等。

（二）制定危机应急预案

组建危机管理组织后，紧接着就要着手制定一系列科学、规范的幼儿园危机应急预案，主要包括以下内容：

1. 指导思想：结合国家、地方出台的相关的法律法规和规范性文件，如《中华人民共和国传染病防治法》《突发公共卫生事件应急条例》等，结合本园实际，提出危机应急预案总体的工作原则、工作要求等。

2. 危机管理小组：危机管理小组的组长通常是园长，副组长是副园长，除此之外还有后勤保障员、家长联系人、媒体代言人、法律顾问等。在园长的统一领导下，幼儿园危机管理小组中园长和成员之间要权责清晰，责任分担，从而实现事事有人管、人人有事做、时时把责担。

3. 危机预防措施：危机管理最理想状态是将危机消灭在萌芽状态，应急预案中必须包括危机发生前的预防措施，可以从管理、实施、监控、预警等方面进行阐述。

4. 危机应急程序：包括幼儿园发生危机后的一系列的应急程序。可以按照危机的类型有针对性的制定行之有效的应急程序。建议应急预案的制定和实施采用"分类管理、分级负责"的原则，分别设定幼儿园危机管理"总体预案"和幼儿园危机管理"专项应急预案"。

5. 其他：还包含信息发布方案、利益纠纷处理、应对媒体和公众的危机工作程序、负责公关人员的工作权限、危机信息收集机制等其他补充资料。

（三）加强危机预案演练

危机预案演练可以较为真实地呈现危机情境，使受训师生能够切身感受危机状况，运用化解危机的各种技能和知识，可以检验危机管理预案的可行性，以便及时发现问题，加以修正和完善。幼儿园危机预案演练，还可以增强管理人员的危机意识，提高应对危机的技术水平、管理能力和效率。因此，要加强模拟演练的逼真性、常态性，不断完善危机预警和监控系统，增强幼儿园所有人员的危机意识。

（四）强化危机应对培训

危机教育是危机管理的基础，也是提高危机应对能力的重要举措。然而当下我国很多幼儿园的危机预防教育培训流于形式，没有起到应有的作用。幼儿园工作人员危机意识的强弱，直接关系到幼儿园危机管理的效果，而危机意识的提高，有赖于经常性的教育培训。幼儿园应加强危机教育，培养师幼应对危机的能力。这种危机教育不仅是危机意识的强化，而且要包含应对危机事件的各种技能的培训。生动的危机情境通常会给置身其中的人留下深刻的印象，在模拟情境中扮演的角色可以克服危机真正发生后的心理麻痹状态。培训内容包括：心理培训，如管理人员抗危机心理能力培训、对幼儿危机后心理辅导的培训；危机知识培训，如危机识别、防范、处理、恢复等知识培训；沟通培训，如与公共关系的良好沟通能力的培训；危机管理者培训等等。

二、幼儿园危机应对阶段的管理

危机应对阶段即事发阶段，也叫爆发期、紧急期。从危机管理的角度看，这是危机处置最紧迫、最关键阶段，处置妥当，可以缓解、阻止危机，可以减少危机造成的影响和危害；处置不当，危机事件可能迅速扩散、蔓延，造成严重的社会危害。对于幼小生命而言，任何伤害都有可能是致命的，无法逆转。危机控制的目的在于尽可能地减少危机损害、降低危机损失，并为危机事后恢复管理奠定基础。

无论面对的是何种性质、类型及起因的危机事件，幼儿园都应该主动承担义务，避免不作为的"鸵鸟式公关"，而应积极主动进行处理。即使起因在受害者一方，也应首先消除危机事件所造成的直接危害，以积极的态度去争取时间，以正确的措施去赢得家长和社会的理解，创造妥善处理危机的良好氛围。如果幼儿园失去了处理危机的最佳"时间节点"，那么危机的影响力就有可能会随着公众的种种猜测以及媒体报道的推波助澜一发不可收拾。幼儿园危机应对的步骤一般包括以下几个环节：

（一）迅速启动危机指挥系统与应急预案

突发性和意外性是幼儿园危机的重要特点。危机控制成功与否的关键，在于幼儿园能否尽可能缩短危机发生与开始采取应对措施的时间差。幼儿园危机发生时，幼儿园应该立即启动应急指挥系统，启动处于"战备状态"的危机处理小组，作为危机事件反应管理的领导核心，全面负责指挥和协调危机事件的紧急应对处理。

危机出现后，危机管理小组负责人需要在第一时间内迅速发布安全警报，对突发事件的级别和影响范围进行初步的研判。在突发事件超出幼儿园自身管辖权范围时，应迅速向上级主管部门和救援部门报告，以尽快获得消防、警察、医疗等机构的快速救援。

当幼儿园突发事件发生后，幼儿园应急管理人员要在研判突发事件类型和危害程度的基础上，选择和启动与之相应的应急预案。根据危机管理小组架构，通过信息联络员迅速联系危机管理小组内所有相关成员，并安排及时到位，紧接着分配各自任务和职责。媒体代言人需要及早发现、研判需要回应的相关舆情和热点问题，及时、准确发布权威信息，消除不实传言，正面引导舆论。

应急指挥系统和预案启动后，危机处理小组要 24 小时负责对危机事件的跟踪、回应和决策，实时关注危机进展，及时传递危机信息并加强相互之间的沟通，并尽可能保持幼儿园持续运转。解决危机，要求统一协调，规章齐全，快速行动，职责明确，不能出现层层请示，甚至相互扯皮的现象。

（二）迅速处理危机

在幼儿园突发事件应急救援的过程中，抢险救援人员应该坚持"生命至上"的原则，先救人、再救物。这是因为人的生命是不可复制的，而物质财富是可以再创造的，全力确保师生的安全。如有人员伤亡，按照"先救命后治伤、先治重伤后轻伤"的原则及时协助医疗部门，同时采取得力的措施迅速阻断、消除或隔离危害源，尽速安排危机受害者撤离危机现场。最后才是保护财和物的安全。在处理危机的过程中，应急指挥系统尤其是主要决策者一定要始终秉持大局观念，依照法律要求，坚持科学处理原则，善于抓住危机的主要矛盾和关键因素。

（三）及时监测和评估

根据危机事态的发展，进行密切关注与追踪决策，一方面努力消减危机事件及其造成的负面影响，另一方面，要防止危机事件的连锁反应，以避免更大的损失。危机管理小组应该综合各方观点，对危机处理过程进行动态性、科学性的分析，确保危机监测和评估的客观性和准确性。

三、幼儿园危机善后阶段的管理

幼儿园危机善后阶段的管理主要包括幼儿园危机后的恢复机制、幼儿园危机后的补偿与问责、幼儿园危机后的管理评估和预案修正、幼儿园危机后的反思、幼儿园危机后的法律维权等内容。

（一）幼儿园危机后的恢复机制

危机发生后，幼儿园应该尽快开展必要的重建和恢复工作，使幼儿园和幼儿园师生员工重新回归正常状态。危机事后的恢复主要包含以下内容：

1. 幼儿园物质的恢复：包含建筑物的重建或维修、受损资产及设备的复原或重置、事发现场的清理整顿、水或电恢复正常供应、电脑程序重新更新、安全管理设施的改进、信息联络渠道的重新畅通等。

2. 幼儿园秩序的恢复：包括师生教育教学秩序的重新恢复、损失的评估、幼儿园声誉和形象的公关、恢复秩序指标的设定、家长对秩序恢复的监督和评测等。

3. 师幼心理的恢复：在危机爆发后，许多教师或幼儿会遭受短时间内难以恢复的心理冲击，幼儿园需构建师生心理健康的反馈和心理治疗机制。

（二）幼儿园危机后的补偿与问责

1. 危机后的补偿

突发事件结束后，幼儿园要及时调查突发事件爆发的原因和进行危机后的相关补偿。如果出现幼儿死亡事件，要密切配合司法鉴定机构进行死因鉴定。如果幼儿园存在过错或过失，要根据国家法律法规的相关规定，及时处理事后补偿工作。

2. 危机后的问责

幼儿园危机问责是突发事件善后机制中不可缺少的一部分，可以警示幼儿园全体教职员工在预防和处置突发事件工作中要认真负责，不得马虎大意，更不能胡作非为，进而提高幼儿园教职员工的危机意识。问责起到警示作用，避免类似的突发事件再次发生，也有利于消除受害者，如幼儿家长和社会的不满情绪。

（三）幼儿园危机后的管理评估和预案修正

1. 危机后的管理评估

幼儿园危机后的管理评估，是指对幼儿园危机管理本身的有效性进行的事后评估，目的在于梳理幼儿园危机管理中的经验和不足，进而不断改进和完善危机管理工作，从而提升幼儿园危机的应对能力。对幼儿园危机管理工作的评价，包括对突发事件预防工作的内容、预警系统的组织、危机应变计划、危机决策和处理等各方面的评价，要详尽的列出突发事件管理工作中存在的各种问题。[①] 例如，对幼儿园危机爆发前的危机管理进行评价时，可评估危机风险预防是否得当、有效，以及如何调整等问题。对幼儿园危机爆发后的危机处理过程进行评价时，可评估幼儿园相关应急人员反应是否迅速、处理是否妥当等问题。

2. 危机后的预案修正

危机预防中，不存在一招制敌的武器，也没有一劳永逸的法宝，墨守成规只会僵化管理。幼儿园出现危机后，之前的危机应急预案可能也需要及时进行适当的调整、修正、补充与完善，以应对新形势的变化，进而更好地指导今后的危机预防和管理工作。修正和完善幼儿园危机应急预案的过程，也是一个增强幼儿园管理层面的危机意识、提高危机管理水平的过程。

拓展阅读9-3 >>>

危机后的预案修正[②]

日本大阪某小学曾发生过一起校外人员闯入学校，多名学生被砍杀丧命事件。事件发生后，给学生和家长、教师带来了巨大的心理伤害。以下是危机发生后，该学校应对外

---

① 彭青著.大型会展活动中的紧急事件预防与应对[M].南宁:广西人民出版社,2004:92
② 陈群.幼儿园危机管理实务[M].北京:中国轻工业出版社,2009:229

来侵犯事件的预案修正。

案发前学校的管理	案发后学校及时做出的改进
没有门卫制度。	争取政府支持,设置了门卫。
没有围墙。	设置特别设计的围栏,成人穿鞋是无法攀越的。
校外没有监视探头。	在学校门口、围栏等处设置监视探头与警报器。
校内缺乏监视探头。	在校内重要位置设置监视探头。
缺乏监视器。	在教师办公室设置可以观察校园各个角落的多个监视器。
报警器很少。	设置多个适合学生高度的报警器,仅一个卫生间,共设置5个报警器。
没有专门的常用防御工具。	设计了包括教具在内的多种防御工具。
有多个进出教室的出入口。	通过特质的门,为学校设计了一个入口、多个出口的防范、疏散通道。
学生来校、离校缺乏信息记录与监测。	开发研制了电子设备,学生来校或离校,通过佩带在身上的特殊徽章即可发射信息,学校的屏幕上会显示出学生到校或离校的特殊标记。
没有特殊的出入标志,即便是陌生人,因身份不明,出于礼貌也不便盘问。	设计多种色彩的胸牌挂绳,以便师生迅速识别来者的身份,对没有佩戴胸牌的人员,教师可以加以盘问。

(四)幼儿园危机后的总结反思

危机过后,幼儿园管理者则需要吸取经验教训,通过总结、反思、培训和学习的方式,不断提高幼儿园教师和工作人员的危机防范意识、责任意识、团队意识、危机预防、处置突发事件的能力,进而尽可能地减少危机事件的发生,使幼儿园的管理更趋完善。幼儿园也要善于从其他幼儿园发生的危机事件中吸取经验教训,避免重蹈覆辙。

(五)幼儿园危机后的法律维权

危机过后,很多幼儿园常常陷入"被要求"承担法律责任的困惑和不公中,园方常常抱着息事宁人的心态,尽量满足家长的索赔要求。在幼儿园能够负担的前提下,往往以"私了"的方式解决纠纷,其结果往往损害了幼儿园的合法权益。如果依法确认幼儿园没有过错而不应承担责任,或者有过错责任但受到来自幼儿家长的无理纠缠、取闹、冲击,幼儿园及工作人员的合法权益受到不法侵害时,幼儿园应维护自己的正当利益。

学练结合9-4

孩子从滑梯上摔下来[①]

某幼儿园门口新设了一片大型玩具区,平时由教师定期组织儿童来玩,其他时间不开放。后来发现很多家长不顾园里的规定,翻栏杆进园玩(当时,只是象征性地设了一些

---

① 张燕,邢利娅.幼儿园管理案例及评析[M].北京:北京师范大学出版社,2002:254

栏杆,其实非常低)。也有家长向园领导建议,能不能在晚上幼儿离园时仍然开放这片大型玩具区,由家长自己带领孩子玩耍。起初,园长不想答应,但是迫于家长的压力,同时也考虑到这片大型玩具就这样放置,确实有些可惜,便答应了家长的要求。但在入口处明确写着:凡出了事故,一切责任家长自负,与幼儿园无关。

　　某日,一位家长带孩子玩时,不慎从滑梯上摔下来,小腿骨折。家长找到幼儿园,要求赔偿。园领导认为此事与幼儿园无关,理由是:此时孩子已经离园,幼儿园对他不再负有看护的责任;况且园里已经明确通知,离园后幼儿在大型玩具区出了事故,是家长的责任,与幼儿园无关。可家长认为:孩子并没有走出幼儿园的大门,是在园内摔伤的,幼儿园就应该负责;虽然幼儿园贴了通知,但也并不表示所有的家长都看到了通知。家长扬言要到法院去告幼儿园,同时在家长中散布有损幼儿园声誉的话。

　　最后,幼儿园为了息事宁人,就派人到幼儿家中进行慰问,并承担了部分医疗费。以后,幼儿园再次关闭了大型玩具区,为了防止家长再翻爬栏杆,每天离园时还派专人守候。事后,园领导召集员工进行讨论,有许多教师认为此事与幼儿园无关,幼儿园不能害怕家长告状就放弃自己的立场;也有的教师认为当时就不应听从家长的要求而开放这片玩具区。

　　思考:

　　1. 幼儿园在整个事件的处理过程中,您认为存在哪些不妥之处?

　　2. 如果您是该幼儿园园长,您会怎么处理上述一些问题?

第四节　幼儿园常见危机管理

　　幼儿园常见的危机管理主要有:幼儿园火灾、幼儿园暴力入侵、幼儿园校车交通事故、幼儿园食品中毒、幼儿园传染病等等。

一、幼儿园火灾的危机管理

(一) 增强火灾危险源的识别

　　幼儿园的火灾危险源包含:食堂煤气灶忘记关火、易燃易爆物品使用保管不当、违章动用明火、乱扔烟蒂、幼儿玩火、线路老化、乱拉乱接临时线、违章使用电炉和其他电器设备、不法分子纵火、其他单位或个人失火殃及幼儿园以及其他原因火灾。

(二) 组建火灾危机管理小组

　　火灾危机管理小组人员由园长、分管后勤副园长、消防安全员、保健医生、各年级组长等组成,下设通讯组、灭火组、抢救组、紧急疏散组等。

　　火灾发生时,应立即报告消防安全工作组和上级相关部门,视火情拨119,报险救灾。

灭火行动组一般由后勤、行政人员组成,负责消防安排的培训,园所消防设施的准备、保养、操作等,对园所用电、用火、用气等进行安排检查,组织和参与灭火救灾;抢救组一般由保健医生组成,负责准备救护设备和物资,负责紧急处理和救护工作;紧急疏散组一般由各班教师、保育员等组成,需要了解疏散流程,清楚逃生路线,负责所在班级幼儿紧急逃生。

(三)严格幼儿园消防预警制度

1. 严格执行消防工作、安全工作相关法律、法规,本着完善设备,预防为主的原则,结合幼儿园实际制定幼儿园消防安全预警、应急制度等,落实幼儿园消防分区包片的安全责任制。

2. 安全负责人着力抓好幼儿园的消防安全预警工作,加强对幼儿和工作人员防火安全知识的教育与培训,进行防火演习,使其掌握紧急情况下的逃生技能。防火安全人人有责。幼儿和工作人员应该会熟练使用灭火器,掌握逃生方法。

3. 定期检查消防设备,如消防栓、灭火器、消防通道、班级紧急疏散图、楼道应急灯等,确保活动室前后门、走廊门、楼道门处于打开状态。各通道保持畅通、不随意乱堆物品。定期检查食堂、教室、活动室等安全用电情况,及其排除火灾隐患。

(四)完善幼儿园火灾应急处理程序

1. 识别火灾,迅速上报:发生火灾时,要及时报告园领导,由园领导通知广播室,由广播室指挥相关人员立即行动。快速查明火灾的基本情况(着火位置、火势大小、着火部位、有无其他易燃物体),然后迅速拨打 119 报警,并派人在醒目处等候引导消防车辆;立即拨打 120 救护电话;同时上报教育主管部门。

2. 切断电源,实施灭火:上报信息同时,迅速切断总电源并开启消防电源,打开应急照明设施和安全疏散标志;在消防人员到达前,灭火行动组应采取有效的隔离措施,贯彻"先救人,后救物"的原则,防止火势蔓延,找准着火点,果断扑救,不等不靠。

3. 组织幼儿,疏散引导:各班教师迅速带领幼儿,撤离到疏散地点(一般以操场为集合点,如遇紧急情况,直接疏散出校门),如有伤者要及时送往医院救治并及时通知家长。负责疏散的教师要顾大局,有序按计划快速撤离,严密控制下楼速度,以免造成挤压踩踏,同时负责稳定幼儿情绪。

4. 维持秩序,保护现场:火灾后,园方组织好秩序,阻止干扰救火的任何因素;同时,保护好现场,协助公安、消防部门进行事故现场分析,查明原因。

学练结合9—5

小蚊香引起大灾难①

2001 年 6 月 4 日 21 时许,隶属于江西广播电视发展中心的艺术幼儿园小六班幼儿

---

① 陈群.幼儿园危机管理实务[M].北京:中国轻工业出版社,2009:132

就寝时班主任杨慧珍点燃 3 盘蚊香,分别放置在床铺之间南北向 3 条走道的地板上。22时 10 分许,杨慧珍上 3 楼教师寝室睡觉,临走时,告诉当晚值班的保育员吴枝英点了蚊香,要注意。23 时 10 分许,幼儿园保教主任倪恧琛(当晚值班领导)和值班保健医生厥韵韵巡察到小六班时,发现该班点了蚊香。担心蚊香对幼儿呼吸道有影响,倪便要吴枝英将寝室窗户打开,保持空气流通。随后二人离去。23 时 30 分许,吴枝英离开小六班寝室并约有 45 分钟未到寝室巡视。5 日零时 15 分左右,吴枝英在活动室听到寝室内"噼叭"响,随即进入幼儿寝室,发现 16 号床龚骏杰的棉被和 14 号罗文康床上的枕头起火,随即将龚骏杰抱出寝室,并到小六班外呼救,然后又救出 3 名幼儿。此时,寝室内的烟火已很大,随后赶来的武警中队官兵和幼儿园工作人员赶紧扑救。但仍造成 13 名 3~4 岁的儿童死亡,1 人轻伤。

思考:

1. 上述案例反映了幼儿园管理中存在什么问题?
2. 如何完善幼儿园火灾应急处理?

二、幼儿园暴力入侵事件的危机管理

2010 年 5 月 12 日陕西汉中市南郑县一所幼儿园发生砍杀幼儿的恶性袭击事件。一名 48 岁男子持刀闯入幼儿园进行袭击,造成 5 名男童,2 名女童和 1 名女教师死亡。这已经是中国 2010 年 3 月以来继福建南平、广西合浦、广东雷州、江苏泰兴和山东潍坊之后发生的第六起以小学或幼儿园为攻击目标的恶性袭击事件。短短不到两个月的时间内中华大地连续发生了 6 起震惊全国的砍杀儿童的恶性案件。

学练结合9-6

江苏泰兴 4·29 残杀幼儿园师生的凶犯徐某某伏法[①]

4 月 29 日上午,徐某某携带单刃尖刀闯进泰兴市泰兴镇中心幼儿园,对幼儿和教师员工大肆残杀,致 29 名幼儿、3 名教工和群众共计 32 人受伤,其中重伤 4 人、轻伤 25 人、轻微伤 3 人。后徐某某被闻讯赶到的警察和群众当场抓获。5 月 15 日,被告人徐某某在江苏泰州中级人民法院对其进行一审时,当庭供认全部犯罪事实。

一审法庭经审理查明,被告人徐某某曾因干扰妻姐的正常生活、赌博,先后被公安机关行政处罚,又因冒用他人银行卡等被单位除名,后从事商品直销亏本,为发泄个人生活、工作中的不满情绪,遂产生行凶杀人的恶念。法庭认定,被告人徐某某故意非法剥夺

① 新华网. 江苏泰兴 4·29 残杀幼儿园师生的凶犯徐玉元伏法[EB/OL]. http://news. sohu. com/20100530/n272437779. shtml,2015-02-18

他人生命,虽杀人未遂,但犯罪动机极其卑劣,手段极其残忍,情节特别恶劣,后果特别严重,依法应予严惩。法院同时对该案附带民事部分进行了合并审理,依法判处徐某某死刑。

思考:

1. 请分析当幼儿园遭受不法分子侵害时,应该如何应对。

2. 请分析如何在日常工作中加强幼儿园安保管理。

生命高于一切,师幼的人身安全是幼儿园一切工作的重中之重。幼儿园防范歹徒侵害师幼人身安全可以采取以下几点措施:完善幼儿园安全管理制度、提升幼儿园门卫警卫能力、组建多方参与的幼儿园安全委员会、加强幼儿园师幼安全教育。[①]

(一) 完善幼儿园安全管理制度

幼儿园治安管理的目标是保护师幼人身财产免受歹徒侵害。血案发生前许多幼儿园治安安全没有得到足够的重视,缺少治安安全的相关管理制度。血案发生后,虽然许多幼儿园纷纷加强警卫提高安保能力,但是调查发现许多幼儿园依然缺少完善的治安安全管理制度,甚至没有治安安全管理制度。幼儿园安全管理存在的一个普遍现象是治安安全制度不完善、人治成分多、主观随意性大。

俗话说:"无规矩不能成方圆。"完善的安全管理制度是建构幼儿园安全长效机制的保障。治安安全是幼儿园安全管理的重要组成部分,不应该被忽视和遗忘,否则会付出血的代价。幼儿园治安安全管理制度的制定要避免出现笼统、抽象、难操作等弊端,应该根据本园的治安实际情况提出切实可行的具体措施,从宏观管理走向精细管理。比如制定详细的治安巡逻制度、幼儿园进出门卫制度和幼儿接送制度等等。安全工作应实行责任负责制,分工明确、落实到位、检查严格,这些在制度上应有所体现。幼儿园治安安全应该是一项常抓不懈的工作,做到有章可循,完善的治安安全管理制度是各项安保工作有效开展的前提。

(二) 提升幼儿园门卫警卫能力

袭童案件的频频发生也暴露了幼儿园门卫警卫能力的薄弱,给犯罪分子可乘之机。调查发现一些幼儿园的门卫人员年龄偏大,没有经过专业的保安培训,主要负责开关大门,收发报纸,打扫卫生等闲杂工作,在防范歹徒侵害师幼人身安全方面缺少必备的警戒保卫能力。每所幼儿园应该至少具有一名经过专业保安训练的门卫,规模较大的幼儿园应该增加保安人数。他们不仅仅是门卫同时兼有幼儿园安全保卫职责,其年龄不能太大。

血案发生之前我国很少幼儿园有配备基本的防御歹徒的设备,以至血案发生时缺少

---

① 时松,王宗浩.浅议幼儿园防范歹徒侵害师幼人身安全的几点措施[J].时代教育(教育教学),2010(10):288-289

有效的武器抵御不法分子的侵害。2001年6月8日上午,一名男子手持菜刀闯入大阪教育大学附属池田小学一间一年级教室,砍伤26名师生,其中8名儿童死亡。事发后,日本许多学校开始了一系列务实的补救:给各个教室配备催泪喷雾、钢叉、透明盾牌;在全校安装大量摄像头,确保不留死角;让教室外墙更透明,外人进入前远远就能被看到;给学生书包上安装GPS定位的电磁接收器,如遭人绑架,可按钮求救。日本的校园安全防御措施给我们提供了参考模板,给门卫配备一些必须的警卫设备,比如防刺手套、钢叉、钢盔、电棒、辣椒喷雾剂等。此外,条件具备的幼儿园可以在门卫室安装报警器和建立视频监控网络,提高门卫安全预警能力。

（三）组建多方参与的幼儿园安全委员会

在新西兰许多学校都成立安全委员会,其成员是由学校安全协调员、教职工安全代表、校长或部分校董会成员、学生代表组成。安全委员会定期举行会议讨论学校安全问题,参与学校安全计划的制定,承担部分学校安全管理工作。这里所指的幼儿园安全委员会其包含的成员更为广泛,包括幼儿园安全负责人、家长代表、社区负责人、派出所治安负责人、附近卫生所和医院负责人等等。幼儿园安全委员会应该定期召开一次全体大会,各单位相互协商,共同配合,争取将幼儿园安全做的更好。公安部门在安全委员会中的职责是帮助幼儿园建立警园联动机制,在幼儿园安装报警器,提高出警速度。同时在幼儿园附近增设治安岗亭和报警点,加强对幼儿园附近的巡逻和治安管制。组建幼儿园安全委员会的目的是调动社会各方积极参与到幼儿园安全维护之中,构建多方参与的安全网络。

（四）加强幼儿园师幼安全教育

幼儿园安全教育绝不能忽冷忽热、好了伤疤忘了痛。安全教育应该是一项常抓不懈的工作。2006年教育部、公安部、建设部等十个部委联合发布了《中小学幼儿园安全管理办法》,第五章第三十八条规定:"学校应当按照国家课程标准和地方课程设置的要求,将安全教育纳入教学内容,对学生开展安全教育,培养学生的安全意识,提高学生的自我防护能力。"由于幼儿社会认知能力差,缺乏自我保护意识,生理尚未成熟,缺乏自我保护能力,所以对幼儿展开安全教育,提高幼儿的安全意识和自我保护能力显得尤为重要。

幼儿的安全教育是多方面的,在治安安全方面主要表现为指导幼儿了解歹徒常用的伎俩,教给他们与年龄身体相适应的防卫技能与方法。比如与陌生人打交道要警惕,学会委婉拒接陌生人的礼物和食品,当面对歹徒侵害时要记住歹徒的特征,学会斗智斗勇,提高自我保护能力等等。幼儿园的安全教育不仅仅是针对幼儿的,还要对教师以及整个幼儿园的员工加强安全教育,提高整体员工的安全意识和防范能力。幼儿园应该充分考虑侵害师幼事件发生的各种可能情况,并展开针对的演练。平时可以请医务保健人员传授给教师和幼儿一些基本的自护和自救知识,切实提高师幼的防范能力。

当前许多幼儿园加固了幼儿园防卫能力,大大提高了幼儿园的保卫能力。但很多幼儿园为了防止意外事故的发生,禁止一切园外活动,幼儿整天被圈养在狭窄的空间内,严格控制活动范围,这点在部分空间不足的城市幼儿园表现尤为突出。保卫师幼人身安全本身并无过错,但是部分幼儿园打着保护师幼的名义取消一切园外活动,这是管理者极其不负责任的表现,而且违背儿童天性和教育规律。

从大的环境来看,社会总体上是安全的,不能以一叶而蔽全目。幼儿园的安全管理应该从消极安全走向积极安全。在幼儿园治安管理方面消极安全是一种被动性防御,积极安全是一种主动性保卫。户外活动是幼儿园一项重要的活动,幼儿可以接近大自然、贴近生活。一个人不能因为害怕吃饭被噎着而选择不吃饭,同样幼儿园不能因为担心师幼受到歹徒侵害而闷在园里放弃户外活动。在户外活动时幼儿园可以采取积极的安保措施,比如招募志愿者和义工妈妈来看护幼儿的出行等。

三、幼儿园校车交通事故的危机管理

随着幼儿园生源竞争的日趋激烈,"有校车接送"成为幼儿园招生时吸引家长的一个亮点,尤其是农村幼儿园。那一辆辆播放着某某幼儿园宣传广告并贴有幼儿园标志的中型或小型面包车,车上塞满一群孩子一路欢歌的景象曾是农村的一道"亮丽风景",然而,在欢快的歌曲中,却潜藏着许多令人担忧的隐患。

校车是指运送不少于 5 名幼儿园、小学、中学等教育机构的学生及其照管人员上下学的客车和乘用车。近几年,校车事故不时见诸报端。首先了解下,最近几年频繁发生的触目惊心的校车事故。

2006 年 11 月 21 日,黑龙江双城市周家镇中心小学 50 名幼儿上学途中,由于校车速度过快,方向失灵,导致车辆侧翻,从距水面约 3 米高的桥上坠下,造成 8 名幼儿死亡,39 名孩子受伤。

2009 年 10 月湖南娄底一辆核定载客 11 人,实载 32 人(其中 30 名儿童)的校车翻入路边池塘,造成 4 名幼儿死亡,26 名幼儿受伤。

2010 年 2 月 26 日,江苏如皋市一幼儿园校车超员,一名 4 岁女孩因拥挤致呼吸困难后不治身亡。

2010 年 12 月 27 日,湖南衡南县松江镇一辆由东塘村开往因果村的三轮车运送 20 名幼儿,在驶到因果桥时,整车坠入河中。事故致 14 人死亡。

2011 年 5 月,河南淮阳一家幼儿园校车载送孩子途中遇路边砖堆发生刮擦,导致车内一名 6 岁女童当场身亡,调查后发现该校车疑为报废车辆。

2011 年甘肃正宁县"11·16"校车事故震惊全国,19 名幼儿园的孩子在校车中丧生。

(一) 幼儿园校车安全事故发生的原因

幼儿园校车安全事故频发原因有很多,除了中小学教育布局调整导致上学距离加大,教育经费投入不足等原因,从微观幼儿园危机管理的角度,总体归纳起来,主要有以下几点：

1. 车辆使用不合格

很多幼儿园由于资金投入不足，经济实力薄弱，购买不起正规的校车。为了节省开支，使用报废的汽车，或者将其他不合格车辆改装后当做校车使用。一旦发生了碰撞、侧翻事故车辆损坏严重，容易导致幼儿受伤，严重威胁幼儿生命，酿成惨案。

2. 司机驾驶失误

很多幼儿园聘请不合格的校车驾驶人员，由于校车驾驶人员的疏忽导致校车出现事故。有的是因为校车驾驶员不具备相应车型的驾照，驾车技术有限，违规驾驶超出自己能力范围的车辆。有的是因为司机在开车的时候麻痹大意，责任心不强，违规驾驶导致校车发生事故。如，司机出车前喝酒、打麻将，出车时超速、急转弯、急刹车等。

3. 跟车管理不严格

很多幼儿园在接送孩子的时候因为跟车管理问题导致孩子闷死在车厢里或者走丢等事故。一些幼儿园在接送孩子的时候接车老师与带班老师在交接的时候没有认真核对孩子的数量，也没有及时地检查车辆，导致孩子被遗留在车内。尤其是夏天，天气炎热，孩子长时间遗留在车内被闷死。

4. 车辆严重超载

校车超载不是个案，很多幼儿园校车事故发生时都存在超载现象，众多孩子拥挤在一个狭小的车箱内，甚至存在被憋死的现象。根据调查，很多地区农村幼儿园往往用一辆面包车接送孩子，严重超载，超载问题在很多地区农村幼儿园甚至成为了"常态"。2011年甘肃正宁县的"11·16"校车事故，19名幼儿园的孩子在校车中丧生就是一个鲜活的例子。

（二）幼儿园校车管理

幼儿园校车管理是幼儿园危机管理的重要组成部分，不仅关系到幼儿园的生死存亡，更关系到幼儿的生命安全。为了加强校车安全管理，保障乘坐校车学生的人身安全，2012年国家颁布了《校车安全管理条例》，结合该条例幼儿园可以从以下方面加强校车管理。

1. 学校和校车服务提供者

幼儿园可以自己配备校车，也可以与其他单位或者个体合作使用校车。依法设立的道路旅客运输经营企业、城市公共交通企业，以及根据县级以上地方人民政府规定设立的校车运营单位，可以提供校车服务。依法取得道路旅客运输经营许可的个体经营者也可以提供校车服务。

《校车安全管理条例》对学校和校车服务提供者同时做出了以下规定：

第十条　配备校车的学校和校车服务提供者应当建立健全校车安全管理制度，配备安全管理人员，加强校车的安全维护，定期对校车驾驶人进行安全教育，组织校车驾驶人学习道路交通安全法律法规以及安全防范、应急处置和应急救援知识,保障学生乘坐校车安全。

第十一条　由校车服务提供者提供校车服务的,学校应当与校车服务提供者签订校车安全管理责任书,明确各自的安全管理责任,落实校车运行安全管理措施。学校应当将校车安全管理责任书报县级或者设区的市级人民政府教育行政部门备案。

第十二条　学校应当对教师、幼儿及其监护人进行交通安全教育,向幼儿讲解校车安全乘坐知识和校车安全事故应急处理技能,并定期组织校车安全事故应急处理演练。

幼儿的监护人应当履行监护义务,配合学校或者校车服务提供者的校车安全管理工作。幼儿的监护人应当拒绝使用不符合安全要求的车辆接送幼儿上下学。县级以上地方人民政府教育行政部门应当指导、监督学校建立健全校车安全管理制度,落实校车安全管理责任,组织学校开展交通安全教育。公安机关交通管理部门应当配合教育行政部门组织幼儿园定期开展交通安全教育。

2. 校车使用许可

幼儿园或者校车服务提供者申请取得校车使用许可,应当向县级或者设区的市级人民政府教育行政部门提交书面申请,同时提供证明其符合取得校车使用许可的材料。

条例第十四条规定了取得校车使用许可应当符合的条件:

(1) 车辆符合校车安全国家标准,取得机动车检验合格证明,并已经在公安机关交通管理部门办理注册登记;

(2) 有取得校车驾驶资格的驾驶人;

(3) 有包括行驶线路、开行时间和停靠站点的合理可行的校车运行方案;

(4) 有健全的安全管理制度;

(5) 已经投保机动车承运人责任保险。

国家明确规定禁止使用未取得校车标牌的车辆提供校车服务。校车标牌应当载明本车的号牌号码、车辆的所有人、驾驶人、行驶线路、开行时间、停靠站点以及校车标牌发牌单位、有效期等事项。取得校车标牌的车辆应当配备统一的校车标志灯和停车指示标志。校车未运载幼儿上道路行驶的,不得使用校车标牌、校车标志灯和停车指示标志。取得校车标牌的车辆达到报废标准或者不再作为校车使用的,学校或者校车服务提供者应当将校车标牌交回公安机关交通管理部门。

在校车的维护上,校车应当每半年进行一次机动车安全技术检验。为了在危机发生时做好救生准备,校车应当配备逃生锤、干粉灭火器、急救箱等安全设备。安全设备应当放置在便于取用的位置,并确保性能良好、有效适用。

幼儿园使用的校车应当按照规定配备具有行驶记录功能的卫星定位装置。配备校车的学校和校车服务提供者应当按照国家规定做好校车的安全维护,建立安全维护档案,保证校车处于良好技术状态。不符合安全技术条件的校车,应当停运维修,消除安全隐患。

校车应当由依法取得相应资质的维修企业维修。承接校车维修业务的企业应当按照规定的维修技术规范维修校车,并按照国务院交通运输主管部门的规定对所维修的校车实行质量保证期制度,在质量保证期内对校车的维修质量负责。

3. 校车驾驶人

质量再好的校车如果没有合格的驾驶人也无法确保幼儿的安全,因此合格的校车驾驶人员是校车危机管理的关键。幼儿园校车驾驶人应当取得校车驾驶资格,取得校车驾驶资格应当符合下列条件:

(1)取得相应准驾车型驾驶证并具有3年以上驾驶经历,年龄在25周岁以上、不超过60周岁;

(2)最近连续3个记分周期内没有被记满分记录;

(3)无致人死亡或者重伤的交通事故责任记录;

(4)无饮酒后驾驶或者醉酒驾驶机动车记录,最近1年内无驾驶客运车辆超员、超速等严重交通违法行为记录;

(5)无犯罪记录;

(6)身心健康,无传染性疾病,无癫痫、精神病等可能危及行车安全的疾病病史,无酗酒、吸毒行为记录。

机动车驾驶人申请取得校车驾驶资格,应当向县级或者设区的市级人民政府公安机关交通管理部门提交书面申请和证明其符合规定条件的材料。机动车驾驶人未取得校车驾驶资格,不得驾驶校车。禁止聘用未取得校车驾驶资格的机动车驾驶人驾驶校车。校车驾驶人应当每年接受公安机关交通管理部门的审验,应当遵守道路交通安全法律法规,严格按照机动车道路通行规则和驾驶操作规范安全驾驶、文明驾驶。

4. 校车通行安全

校车行驶线路应当尽量避开急弯、陡坡、临崖、临水的危险路段;确实无法避开的,道路或者交通设施的管理、养护单位应当按照标准对上述危险路段设置安全防护设施、限速标志、警告标牌。《校车安全管理条例》对校车通行安全做了如下规定,幼儿园可依据此规定管理校车通行安全。

第二十九条 校车经过的道路出现不符合安全通行条件的状况或者存在交通安全隐患的,当地人民政府应当组织有关部门及时改善道路安全通行条件、消除安全隐患。

第三十条 校车运载幼儿,应当按照国务院公安部门规定的位置放置校车标牌,开启校车标志灯。

校车运载幼儿,应当按照经审核确定的线路行驶,遇有交通管制、道路施工以及自然灾害、恶劣气象条件或者重大交通事故等影响道路通行情形的除外。

第三十一条 公安机关交通管理部门应当加强对校车行驶线路的道路交通秩序管理。遇交通拥堵的,交通警察应当指挥疏导运载幼儿的校车优先通行。

校车运载幼儿,可以在公共交通专用车道以及其他禁止社会车辆通行但允许公共交通车辆通行的路段行驶。

第三十二条 校车上下幼儿,应当在校车停靠站点停靠;未设校车停靠站点的路段可以在公共交通站台停靠。道路或者交通设施的管理、养护单位应当按照标准设置校车停靠站点预告标识和校车停靠站点标牌,施划校车停靠站点标线。

校车在道路上停车上下幼儿,应当靠道路右侧停靠,开启危险报警闪光灯,打开停车指示标志。校车在同方向只有一条机动车道的道路上停靠时,后方车辆应当停车等待,不得超越。校车在同方向有两条以上机动车道的道路上停靠时,校车停靠车道后方和相邻机动车道上的机动车应当停车等待,其他机动车道上的机动车应当减速通过。校车后方停车等待的机动车不得鸣喇叭或者使用灯光催促校车。

校车载人不得超过核定的人数,不得以任何理由超员。学校和校车服务提供者不得要求校车驾驶人超员、超速驾驶校车。载有幼儿的校车在高速公路上行驶的最高时速不得超过80公里,在其他道路上行驶的最高时速不得超过60公里。载有幼儿的校车在急弯、陡坡、窄路、窄桥以及冰雪、泥泞的道路上行驶,或者遇有雾、雨、雪、沙尘、冰雹等低能见度气象条件时,最高时速不得超过20公里。

5. 校车乘车安全

配备校车的学校、校车服务提供者应当指派照管人员随校车全程照管乘车幼儿。校车服务提供者为学校提供校车服务的,双方可以约定由学校指派随车照管人员。学校和校车服务提供者应当定期对随车照管人员进行安全教育,组织随车照管人员学习道路交通安全法律法规、应急处置和应急救援知识。

《校车安全管理条例》第三十九条规定随车照管人员应当履行下列职责:

1. 幼儿上下车时,在车下引导、指挥,维护上下车秩序;

2. 发现驾驶人无校车驾驶资格,饮酒、醉酒后驾驶,或者身体严重不适以及校车超员等明显妨碍行车安全情形的,制止校车开行;

3. 清点乘车幼儿人数,帮助、指导幼儿安全落座、系好安全带,确认车门关闭后示意驾驶人启动校车;

4. 制止幼儿在校车行驶过程中离开座位等危险行为;

5. 核实幼儿下车人数,确认乘车幼儿已经全部离车后本人方可离车。

校车的副驾驶座位不得安排幼儿乘坐。校车运载幼儿过程中,禁止除驾驶人、随车照管人员以外的人员乘坐。校车驾驶人驾驶校车上道路行驶前,应当对校车的制动、转向、外部照明、轮胎、安全门、座椅、安全带等车况是否符合安全技术要求进行检查,不得驾驶存在安全隐患的校车上道路行驶。校车驾驶人不得在校车载有幼儿时给车辆加油,不得在校车发动机引擎熄灭前离开驾驶座位。校车发生交通事故,驾驶人、随车照管人员应当立即报警,设置警示标志。乘车幼儿继续留在校车内有危险的,随车照管人员应当将幼儿撤离到安全区域,并及时与学校、校车服务提供者、幼儿的监护人联系处理后续事宜。

学练结合9-7

下车摔伤,幼儿园担责①

　　明明(化名)家住河南省信阳市固始县城郊乡淮堰村,是固始县某幼儿园的幼儿,上学、放学由校车负责接送。2010年11月29日下午,校车送明明回家至岔道口时,明明下车时不慎摔倒,致右胳膊损伤。明明先后被送往固始县第二人民医院、解放军第105医院住院治疗,被诊断为右肱骨髁上骨折。2011年3月1日,经安徽爱民司法鉴定所鉴定,明明为九级伤残。明明的家人要求幼儿园赔偿,对方却以伤者"受伤系交警不文明执法所致"为由不愿赔偿。明明的家人诉上法庭后,幼儿园又未能提供相关证据材料支持其抗辩意见。固始县法院经审理认为,原告明明作为无民事行为能力人,在乘坐被告校车回家途中下车时仍处于被告的管理之中,被告应对其人身安全承担安全保障和保护义务,故应对原告受伤承担相应的赔偿责任。幼儿园关于原告"受伤系交警不文明执法所致"的抗辩因无证据支持,法院不予采信。如果有其他外在因素,可以去追究他人的责任,但属于自己应承担范围内的责任不能推脱。近日,固始县法院对该案作出判决,被告固始县某幼儿园赔偿原告明明医疗费、护理费等各项损失合计34 298元。

　　思考:

1. 案例中孩子摔伤,幼儿园的态度是否妥当?
2. 如何杜绝此类校车乘车安全隐患?

四、幼儿园食品中毒事件的危机管理

(一)增强食品中毒事件危险源的识别

　　幼儿园的食品中毒事件危险源包含:购入的食品存在质量问题;食堂工作人员因操作不当,如消毒、加工、存放等原因引起食物变质等问题;个别人的恶意投毒,等等。

(二)组建食品中毒事件危机管理小组

　　食品中毒事件危机管理小组人员由园领导、保健人员、食品采购员、食品卫生管理员各年级组长、保育员、教师等组成。组长负责协调部门工作,组织抢救,统筹全局,安排善后。副组长负责食堂的食物、食品安全检查工作,并与当地防疫部门联系接受监督。采购员把好食物"进口关",严格检查登记购入食品。食品卫生管理员负责每日的卫生和食品检查,及时销毁过期及变质,认真执行"尝菜制"、食品24小时"留样制"。保健人员负责定期检查,不定时抽查幼儿健康状况。教师和保育员应认真观察幼儿,及时发现问题,

---

① 周惠,吴国磊.下车摔伤,幼儿园担责[J].百姓生活,2012(1):26

快速上报。

（三）严格幼儿园食品安全预警制度

1. 加强管理，严格监督。严格执行幼儿园食品卫生安全管理制度，严格按照《食品卫生法》的有关规定监管食品的采购、运送、储存、加工、运输等环节，做好防鼠防虫工作，从而从源头上杜绝中毒事件的发生。

2. 安全防范，谨防投毒。食品、原料的贮存和食品的制作间必须具备完善的安全措施，专人、专锁、专保管。严禁非食堂人员进入，强化安全防范措施，防止投毒事件发生。饭菜实行"尝菜制"，食品24小时留样制。加强饮用水管理，确保饮用水安全、卫生。

3. 防范危机，强化培训。园方应加强厨师等相关人员卫生安全、防范、操作以及卫生法规等方面的培训，从操作上杜绝实物中毒的发生。严禁无健康证人员在学校食堂上岗工作，食堂工作人员应按规定定期进行体格检查，做到持证上岗。对幼儿加强食品卫生教育，培养幼儿良好的饮食卫生习惯。

（四）完善幼儿园食品中毒事件应急处理程序

1. 及时救治，逐级上报。第一时间发现师生具有中毒体征，如呕吐、腹泻等现象时，立即拨打120转送医院救治，在等待医务人员到来期间，保教人员应积极开展救治。同时向应急处理小组、园长、教育主管部门、卫生监督部门报告，报告内容有：临床表现、中毒的时间、地点、中毒人数等，以利于有关部门进一步采取措施。若怀疑投毒，则向公安机关报案。

2. 保护现场，保留样品。保护好事发现场，防止人为破坏，封存造成食物中毒或者可能导致食物中毒的食品及其原料、工具、设备、餐具、病人排泄物（呕吐物、大便）和现场，以便卫生部门采样检验，为确定食品中毒提供可靠的信息。

3. 配合调查，查明毒源。配合卫生行政部门和公安部门对中毒源的调查，按卫生行政部门的要求如实反映本次中毒情况，如实反映病人所吃食品、进餐人数、中毒特点，以及食物来源、存放、加工等信息，并提供相关物品。并做好事后中毒食品的销毁和消毒工作。

4. 及时沟通，危机公关。及时沟通涉事幼儿家长，做好幼儿陪护工作和家长工作。为了避免出现舆论冲击波，幼儿园应及时发布信息，与新闻问题做好沟通，以防事态进一步恶化。

学练结合9-8

3·19云南幼儿园食物中毒事件①

2014年3月19日下午4时23分，丘北县双龙营镇平龙村佳佳幼儿园学生疑似发生

---

① 搜狗百科. 3·19云南幼儿园食物中毒事件[EB/OL]. http://baike. sogou. com/v76282048. htm,2015-02-10

食物中毒。经专家排查,疑似中毒的 32 名儿童中,中毒的有 7 名。目前,2 人(杨某某,女,4 岁;周某某,女,5 岁)经抢救无效死亡,3 人危重,2 人病情已经缓解转入一般病房,国家、省州医疗专家组正在对 3 名危重儿童进行抢救。经公安机关侦查查明:2014 年 3 月 19 日发生在云南文山佳佳幼儿园的中毒事件系一起人为投毒案,犯罪嫌疑人赵某某(女,44 岁)已被刑拘。经查,赵某因对幼儿园用房致其被迫搬走一事怀恨在心,将掺入"毒鼠强"的小吃扔入教室,致 7 名幼儿误食中毒,其中 2 名幼儿死亡。

思考:

1. 上述案例中,幼儿园应该如何防范该类事件的发生?
2. 当发生食物中毒事件时,幼儿园应该怎样处理?

检　测

一、思考题

1. 幼儿园危机管理的主要类型。
2. 幼儿园危机的基本特点。
3. 幼儿园危机管理的基本原则。
4. 幼儿园危机管理的基本程序。
5. 幼儿园常见危机及其处理方法。

二、实践题

请班级每位同学选择一所幼儿园,不限幼儿园的性质、规模及地域,幼儿园最好不要相同。每位同学针对该幼儿园近三年曾经发生过的危机事件进行调研,对某一危机事件进行详细描述和深入分析,撰写调研报告。班级组织研讨。

第十章

幼儿园与家庭、社区

学习目标

1. 了解幼儿园家长工作的意义与内容。
2. 掌握幼儿园家长工作的原则。
3. 掌握幼儿园家长工作的基本途径。
4. 理解社区资源的价值及内容。

情景导入

面对家长的指责①

在下午的游戏活动中,何芮小朋友拣皮球时跑得太快,与迎面而来的马超撞在了一起,鼻子被撞出了血,我及时进行了处理。第二天早晨,我正在组织幼儿上课。何芮的妈妈和她的外婆满面怒容地走了进来。不等我开口,何芮的外婆就说:"何芮昨天下午回家,声音都哭哑了。不吃晚饭,还吐血块。再有下次,我要你们负责的。"不容我解释,何芮的妈妈又板着脸说:"你们这些老师是怎样带孩子的,一点都不负责。"面对家长的恼怒、指责,我的心里酸酸的,想作解释,又怕正在气头上的家长误会我在推卸责任。于是,我只是热情地接待了何芮,并对她的家长说:"我理解你们的心情,是我们的工作没有做好。给你们添麻烦了,真对不起。"家长走后,我请校医给何芮小朋友作了检查,知道"吐血块"是药棉堵塞鼻孔时留下淤血造成的,现在已经没事了。为了把事情弄清楚,我拉着何芮的小手向她了解了昨天下午在家的情况,见并不像她外婆说的那样严重,我悬着的心才稍稍放了下来。

我对整个事情的经过作了分析,觉得我们的家园联系工作做得还不够细致,决定与何芮的家长好好谈谈。下午,何芮的妈妈来了,看得出她已经不像早上那样激动。我耐心地向她讲了昨天下午事情发生的经过,并从幼儿心理的角度分析了何芮回家后哭的原

---

① 胡春燕. 面对家长的职责[J]. 早期教育,2000(8):14-15

因：受伤后，何芮希望得到妈妈的关怀，见来接的是二叔，又是最后一个接走，本来就感到委屈的何芮就更加委屈了。我曾向何芮的二叔说明情况，因为走得急，他可能没有听清楚。我还向她妈妈说明了何芮吐血块的原因。最后，我检讨了自己工作不周的地方，并真诚地请她谅解。经过一番交谈，她对我的工作表示理解，并对自己上午的言行表示了歉意。一场误会，就这样烟消云散了。面对家长的指责，教师不能针锋相对，而是先要控制好自己的情绪，让家长"冷"下来，然后再站在家长的角度思考自己工作中不够细致的地方，坦诚地与家长交谈。交谈时要注意自己的口吻和态度，动之以情，晓之以理，要耐心地听取家长的意见，这样才能取得家长的理解和支持。

思考：

1. 面对案例中家长的指责，如果你是这位老师，你会怎么处理？
2. 案例中的教师开展家长工作的方法对我们有何启示？

《幼儿园教师专业标准（试行）》（2012）则指出："与家长进行有效沟通合作，共同促进幼儿发展，协助幼儿园与社区建立合作互助的良好关系。"幼儿园与家庭、社区合作共育具有的意义，有利于学前教育整体功能的发挥，适应儿童全面和谐的发展的需要、也有利于教育资源的整合利用。

第一节　幼儿园的家长工作

幼儿园家长工作是指以家园共育、促进幼儿全面健康发展为目的，在家长的支持配合下，幼儿园有目的、有计划地和家长共同实施保教活动的过程。幼儿园家长工作是密切家庭与幼儿园之间关系的重要手段。

《幼儿园工作规程》规定，"幼儿园应主动与家长配合，帮助家长创设良好的家庭环境，向家长宣传科学保育教育幼儿的知识，共同担负幼儿教育的任务。"《幼儿园教育指导纲要（试行）》（2001）提出，"家庭是幼儿园重要的合作伙伴。应本着尊重、平等、合作的原则，争取家长的理解、支持和主动参与，并积极支持、帮助家长提高教育能力。"幼儿园积极开展有效的家长工作具有重要意义。

一、开展幼儿园家长工作的意义

幼儿教育是一件复杂的事情，不是家庭一方面可以单独胜任，也非幼儿园单独完成的，需要两方面共同合作，方能获得满意的结果。

（一）开展幼儿园家长工作能充分发挥家庭教育的优势

家庭是幼儿成长的第一摇篮，父母是幼儿的第一任老师。华中师范大学蔡迎旗教授指出家庭教育具有强烈的感染性、特殊的渗透性、鲜明的针对性、天然的连续性等特点。[①]在借鉴其研究成果基础之上,简要介绍下家庭教育的特点。

1. 强烈的感染性

家庭环境对幼儿发展具有强烈的感染性。幼儿的行为规范和习惯养成很大程度上受家庭环境的影响。首先家庭成员对幼儿来说具有特殊的亲切感和信任感。年幼的儿童又有着较强的模仿能力,家庭成员的一举一动是他们最直接、最稳定的模仿对象。同时由于家长常常具有一定的权威性,幼儿在情感上更倾向于认同与学习。家庭中成员的情感、态度、德行等对幼儿有很大的感染力和影响力。

2. 特殊的渗透性

家庭的氛围深刻地影响着儿童的个性形成和心理发展。家长对幼儿的教育渗透在幼儿一日生活的方方面面。对于家长来说,时时是教育的契机,处处是教育的内容。家长随时随地都能够对幼儿进行言传身教,施加影响,遇物则诲,相机而教。对儿童而言,家长的言行、家庭生活环境等也是一种无形的教育。

3. 较强的针对性

父母养育孩子,与孩子共同生活,对孩子的了解全面且深刻。家庭对于幼儿的影响不仅是无形的,相对于学校教育而言,也有一定的针对性。家庭教育通常是家长和幼儿之间的个别化教育,能够做到有的放矢、因材施教。

4. 天然的连续性

家庭教育一般发生在家庭环境中,较学校教育而言,没有明显的教育阶段,因而具有较强的连续性。在家庭中,家长可以按孩子的身心发展规律,循序渐进地提出要求,教育孩子。家长对孩子而言是最早的一位老师,他们在与家长的相处中耳濡目染习得了很多成人的行为规范和行事准则。

家庭是儿童成长非常重要的环境,但是受家长自身素养的制约,家长对孩子所产生的影响既有正面积极的部分,又有负面消极的部分。现实中很多家长重视幼儿教育,但由于缺乏科学的育儿方法和理念指导,常常在教养子女时有很多不当的做法。通过家长工作,幼儿园可以帮助家长,树立正确的教育观和掌握科学的教育方法以便家庭教育优势得到充分发挥。

(二)开展幼儿园家长工作能使家园配合一致,促进幼儿健康成长

幼儿园教育在很长一段时间里只关注幼儿园之内的各种活动,忽略家庭教育。如果幼儿园教育和家庭教育不一致,很容易出现"5+2=0"的现象。"5"指的是 5 天的幼儿园教育,"2"指的是周末 2 天的家庭教育,"0"指的是幼儿园正向教育被家庭负向教育抵消。幼儿园家长工作能够密切两者之间的联系与沟通,使家园配合一致,消除差异所带来的

---

① 蔡迎旗.学前教育概论[M].武汉:华中师范大学出版社,2006:248

不利影响，促进儿童发展。家庭教育和幼儿园教育在教育功能、教育关系、教育方法等方面存在差异。[①] 两种不同的教养环境需要积极配合，取长补短，协调一致共同促进幼儿健康成长。

1. 教育功能存在差异

家庭教育和幼儿园教育在功能上有所不同。家庭是依靠血缘关系自然形成的生活环境，具有多种功能，教养孩子只是其中的一种功能。而幼儿园则是保教幼儿的专门场所，其一切设施和活动均是为了幼儿发展。家庭教育更多的是个别化的教育，而幼儿园教育则主要采取集体教育形式。在家庭中往往是两个或者多个家长教育一个孩子，这种教育让孩子感受到更多的关注、更多的亲情以及更多的包容。幼儿园的教育环境则是两个或者三个教师和很多的幼儿一起生活学习。孩子在幼儿园中受到关注的频率也没有在家庭中那样高。幼儿园有专门开展的教育活动和相应的材料设施，这种有针对性的教育能够发挥集体教育的优势。同时幼儿园教育也有助于发展儿童的社会性和交往能力，有利于儿童全面发展。

2. 教育关系存在差异

家庭教育中家长与幼儿之间既是教育者和受教育者的关系，更是家长和子女的关系。孩子和父母的关系是有血缘的，父母对孩子的爱具有本能的特性，亲情关系更为突出。父母一般对孩子有着较高的期望，可能对于孩子的发展定位过于理想化、单一化，有时甚至超出了孩子能够承受的范围，对于孩子的教育往往不够理性、客观。

幼儿教师一般取得了合格学历或经过了教育行政部门的业务考核，接受过系统的职业训练，她们的专职就是保教幼儿。孩子和教师之间更多的是亦师亦友的关系。教师对孩子的爱一般比较理性、客观，但对孩子的了解不如家长全面、深刻。

3. 教育方式存在差异

父母教养方式是父母的教养观念、教养行为及其对儿童的情感表现的一种组合。美国儿童心理学家麦考比和马丁在结合前人研究的基础上概括提出了四种主要家长教养方式：权威型、专制型、放纵型和忽视型。不同类型的家庭教养方式会对儿童个性成长产生不同的影响。

幼儿园教育有明确的目标，有详细的教学计划，有步骤地开展教育活动，对幼儿进行全面的影响。此外，幼儿在家中主要是向家长学习，而在幼儿园中不仅可以向教师学习，还可以通过与其他小朋友的互动获得一定的知识和技能。

家庭教育与幼儿园教育要做到密切配合，幼儿园的家长工作就是这两者之间的调适器，对两者的关系起着协调、衔接与沟通的作用。家长工作的顺利开展，能够使得幼儿园教育和家庭教育的优势得到发挥。同时，也利于两者相互补充。这两种教育在教育目

---

① 蔡迎旗. 学前教育概论[M]. 武汉：华中师范大学出版社，2006：247-248

标、内容、方法等方面达成一致，其教育的合力最大。

（三）开展幼儿园家长工作能充分利用家长资源

在幼儿园工作中家长不再仅仅是幼儿园的服务对象，也应该是幼儿园努力联合的对象，是提升幼儿园教育质量的合作者。幼儿园要更新观念，摆正服务关系，做好保教工作，同时加强与幼儿家长的联系，充分调动家长参与到幼儿园保教工作中来，以获得家长对幼儿教育工作的人、财、物等多方面的支持和帮助。

学练结合10-1

家长资源巧开发①

上学期，大班围绕五一劳动节，开展了"我们身边的职业"的主题活动，我们发现真正要实施好这一主题有一定的困难：首先，教师对不同职业了解不够；其次，活动内容涉及谈话的多，探索的少，幼儿兴趣不高，不太好组织。针对以上问题，我们对班级幼儿家庭情况进行分析，并做了问卷调查，发现家长对自己职业的了解，恰恰弥补了教师这方面的不足。为此，我们及时调整了主题的目标和推行步骤，在主题目标上，由原来重点通过教师让幼儿了解几个不同职业的内容，改为通过幼儿"小记者行动"让幼儿自己了解不同家长职业的内容，以发展其社会交往能力。

我们邀请医生、护士、小学教师、摄像师等不同职业的家长到园，和孩子、老师共同进行主题的探究活动。老师向孩子们说明了活动的意图，提出了活动中的要求，孩子根据自己的需要，设计好提问，现场采访家长。孩子提问的兴趣非常高，问题五花八门："到了小学有没有游戏玩了？""小学老师是怎样给小朋友上课的？""医生和护士有哪些不同？""法官在审讯犯人时，为什么要敲小槌？""每天的新闻是怎样到每个小朋友家的？"在这个活动中，幼儿获得了和职业有关的知识，幼儿的不同需求得到了满足，同时交往能力得到了锻炼。主题活动前期的困难迎刃而解。

思考：

1. 请谈谈家长在幼儿园教育工作中的作用。

2. 在开展幼儿园教育工作时，怎样利用好家长资源？

（四）开展幼儿园家长工作有利于提升幼儿园教育质量

俗语说"知子莫若父"，家长能提供有关孩子的具体而可靠资料。与家长沟通交流，有利于幼儿教师更加深入全面地了解幼儿，进而理解幼儿各种行为背后的真正原因。幼儿教师可以通过家长工作，获得宝贵的信息，在此基础上对幼儿进行有针对性的教育。同时，教师也可以通过与家长的沟通获得家长的教子经验和家长对幼儿教育

---

① 魏新华，骆娟.主题活动中运用家长资源的尝试与反思[J].早期教育，2003(2)：18-19

的合理化建议。幼儿教师与家长的相互配合,是促进自身教育行为和改进教育质量的良好途径。

幼儿家长是幼儿园教育的最好监督者。幼儿家长对幼儿教育工作的合理建议,可以帮助教师以及幼儿园改进工作中存在的问题。幼儿家长对幼儿教育工作成绩的肯定和对幼儿教育的支持,有助于激发幼儿教师的职业幸福感。家长对子女教养的关心及对幼儿园教育的殷切希望,为幼儿园教育指明了努力的方向。

学练结合10-2

孩子调班[①]

贝贝是一个胆小爱哭的女孩,开学一个月来,老师花了很多心思来稳定她的情绪。比如:早上入园看到她哭,就抱过来哄着;午饭时哭闹且不吃饭,就一口一口喂她吃;午睡哭闹,就先陪她玩一会,再陪着到睡着……总之,老师对她呵护备至、关爱有加,她的进步也非常大。但是一天早上,家长找到我,要求给孩子调班,理由是"某班有个熟悉的朋友,为了方便一起接送"。

难道家长为了和一个朋友的孩子同班方便接送,就要让这个怕生的孩子重新去适应新班级、新朋友和新老师?让这个孩子刚和小朋友及老师培养的感情因"大人的接送方便"而夭折吗?站在孩子的角度,我这个园长都不忍,而家长就这么忍心吗?难道是这位家长没有考虑到孩子的这些方面吗?是家长不重视环境吗?肯定不是,因为我从老师那里了解到,这是一位很重视孩子教育、特别重视孩子健康环境、很理解教师工作的家长。开学不久,老师忙着安抚哭闹的孩子,她也会帮着一起安抚;碰上个别孩子上厕所,她会热情地帮着护理。那么,家长到底为什么要换班?是对老师有意见?还是有什么误会?这位家长的换班理由太勉强了,这不该是用换班来解决的问题。

从关注孩子成长环境这点来看,这位家长是细腻型的,不会没有考虑到孩子换班后的种种不适,之所以要换班可能是老师对家长的工作还没有做到家,还有一些她没有说出口的原因。作为带班老师,只有对孩子的爱心、耐心和周到的服务是不够的,还得让家长理解老师的工作,了解幼儿园的教育目标和教育方式,配合幼儿园的教育,总之要取得家长的认可。家长要换班,说明老师的工作还有不足之处,即使教师对幼儿的教育做到问心无愧了,但如果与家长缺少沟通,家长也不会认可老师的成绩。认真反思之后,我给老师提了建议:主动出击,真诚家访。我陪着老师上门进行了两次家访。老师与家长面对面地交流,分析入园这段时间孩子的表现和进步,并反思自己的工作方式,诚恳地请家长提出意见和建议。两次家访感动了家长,最终打开心门,道出调班的根源:本班午睡条件太差,孩子挤在一起,还要几个孩子合盖一床被子。老师当即向家长表态:这些问题确

---

① 蒋伍梅.从"孩子调班"现象谈家长工作策略[J].新课程学习,2013(2):162

实存在,也提得很合理,我们回去就努力改正。

通过这次家访,我们得到了家长合理的建议,并根据这些建议添置了一些小床,对午睡室的管理进行了规范。一星期后,我再约见了这位家长,家长表示对老师的工作很满意,还称赞我园是民主的、有责任的、高效率的、值得家长信赖的好幼儿园。

思考:

1. 上述案例反映了家园沟通中存在什么问题?
2. 案例中园长和老师的做法给我们什么启示?

二、幼儿园家长工作的内容

幼儿园家长工作开展的内容比较丰富,涵盖家园联系的方方面面。幼儿园家长工作的根本出发点在于发挥家长的教育作用,调动影响幼儿成长的积极因素,促进幼儿的健康成长。幼儿园家长工作的开展一般从以下几个方面着手:加强幼儿园与家长之间的沟通、帮助家长提高幼儿教育能力、鼓励家长参与到幼儿园保教工作中。

(一)加强幼儿园与家长之间的沟通

加强幼儿园与家长之间的沟通,形成教育合力是提高学前教育质量的有效途径。家园沟通是幼儿园家长工作的一项重要内容,也是做好家长工作的根本。有效的家园沟通,能使家长与教师相互了解、理解,建立起相互尊重信任的关系。教师通过与家长的联系了解幼儿的家庭环境与家长的教养方式等,有针对性地进行教育,同时也能使教师及时获得反馈信息,不断改进工作。另一方面家长也可以及时了解幼儿在园情况,了解幼儿园的教育要求和教育内容等,与幼儿园相互配合对幼儿实施教育。

(二)帮助家长提高幼儿教育能力

幼儿家长的教育水平层次不齐,对幼儿的教育常常存在观念上的偏差,需及时纠正。幼儿园是实施儿童早期教育的专业场所,幼儿园教师作为专门的教育者,可以在了解幼儿家庭教养状况的基础上,有针对性地向家长传播科学育儿知识,介绍或传授具体方法,为家长提供育儿帮助与支持。教师需要通过家长工作,调动家长的积极性,抑制消极因素的影响,以提高教育实效。

1. 提升家长教育意识

家长的教育意识直接影响着他们对子女教养的态度及行为。幼儿园家长工作需要帮助家长理解家庭教育的意义,明确家庭教育在幼儿身心发展中的重要性。同时应帮助家长意识到自己对孩子负有的教育责任和义务。母亲的一言一行和态度对孩子的影响极大。父亲也是孩子成长过程中不可或缺的一员,也应该意识到自己对孩子的认知、情感、社会性、个性等方面发展的独特的、不可替代的作用。在一些双职工家庭,很多孩子与祖辈相处的时间会长一些。祖辈们对于幼儿的影响也不可小觑。因此,也需要注意提升祖辈的幼儿教育意识。

2. 传递科学的教育理念

正确的教育理念是科学教育行为的向导。随着人们生活水平的提高和独生子女家庭的增多,家长对于孩子的教育重视程度不断提升,但是很多家长对于幼儿发展和幼儿园教育存在一些观念上的误区。如一些家长对幼儿园的教育内容、教育方法不理解,家长过于强调知识与技能的学习,忽略游戏的价值等,影响着孩子的发展。

开展家长工作需要帮助家长形成正确的教育理念。首先,帮助家长形成正确的儿童观,让家长了解幼儿的身心特点,理解幼儿身心发展的规律。其次,帮助家长树立正确的教育观,让他们意识到幼儿教育不仅仅是知识与技能的教育,也包括情感、社会性等方面的教育。帮助家长树立可持续发展的教育观,培养儿童学习的主动性。最后,帮助家长树立正确的成才观。

3. 指导家长运用科学的教育方式和方法

一些家长虽然能够意识到教育的重要性,但在面临实际教育问题时,常常无所适从,缺少好的教育办法。幼儿家长在教育子女时应采用正确的教育方式,要让儿童独立去完成他能够胜任的事情。对子女也不能放任自流,不管不顾,要为幼儿成长提供应有的帮助与支持。教育是一门科学,也是一门艺术,幼儿园家长工作可以向家长宣传幼儿心理学和教育学等方面的知识,向家长介绍幼儿教育的具体方法,为家长提出有针对性的教育方案,提高育儿水平。

学练结合10-3

反客为主——循循善诱①

慧慧只要遇上与学习沾上一点儿边的事,就会一脸茫然。我们了解到慧慧的妈妈婚育较早,她自己现在还像个大小孩。慧慧成天都是跟着奶奶走家串户,我不禁替孩子学习习惯的培养着急和担忧起来。可慧慧的妈妈认为孩子上幼儿园只要吃饱睡好就行。等她上了小学再管她的学习也不迟。怎么才能开导她呢?我便以自己的家庭教育为例,讲我如何上班兼顾照料女儿的。听着我的讲述,慧慧的妈妈惊讶得瞪大了眼睛:"哎,我真是太幸福了!可我却没花一点心思在孩子身上。"我又举了以前教过的小朋友的事例,讲他们的爸爸妈妈是怎么对孩子进行启蒙教育的。慧慧的妈妈有点想通了,但把正确的做法坚持下去,对她是个考验。我又把家教的书借给她,还撮合她与住她家附近的浩浩家结上对子,让懂教育的浩浩妈来影响和带动她。此后,慧慧慢慢在变化。她变得喜欢听故事,愿意操作活动,还会主动举手回答问题了。

———————
① 陈俞英,殷玉新.家长工作之三十六计[J].河南教育(幼教版),2013(5):37-38

思考：

1. 案例中,慧慧妈妈的育儿态度存在什么误区?

2. 作为教师,如何帮助家长树立正确的育儿观念?

(三)鼓励家长参与到幼儿园保教工作中

幼儿园家长工作是一项双向渗透、双向服务的过程。家长是幼儿园的重要资源,幼儿园应鼓励家长积极参与幼儿园活动。幼儿园可以从以下方面提升家长的参与水平。

1. 家长为幼儿园提供人力、物力等支持

幼儿园与家长需要建立理解与信任的关系,这是家园有效合作的前提条件。幼儿园需要拓宽家长了解以及参与幼儿园工作的渠道,多多争取家长对幼儿园工作的理解和支持。家长可利用自身优势条件为幼儿园提供一些支持,如某位幼儿的家长是医生,幼儿园开展有关"医院"的主题活动时,可以邀请该家长参与,为幼儿园活动提供一定资源。家长也可以作为自愿者,参与到幼儿园的活动中,提供人力资源支持。同时,家长的参与对幼儿园起着宣传推广的作用。

2. 家长参与幼儿园有关政策和制度的制定

幼儿园通常设立家长委员会。家长委员会是家长联系幼儿园的常规组织。家长通过家长委员会参与幼儿园的课程设置、食谱制定以及其他相关制度的制定等活动。幼儿园与家长的视角存在一定的差别,鼓励家长参与幼儿园相关政策与制度的制定,能使得幼儿园工作更符合实际情况,更能赢得家长的支持,进而提高服务水平。

3. 家长监督幼儿园的保教工作

家长是幼儿园的服务对象,属于幼儿园外部的监督人员。家长从自身的利益及孩子成长角度出发,在监督幼儿园的保教工作时,发挥着特殊的作用。家长通过孩子的言行和凭借自己对幼儿园的观察,能从多个角度对幼儿园工作的改进提出宝贵意见。他们是幼儿园保教质量的最好监管员。家长工作的顺利开展及有效实施,需要依靠健全的制度做保障。家长委员会一般设立管理组、保教组、膳管组,各组分别由相关人员负责,定期针对一些问题做讨论。家长的建议是幼儿园发现问题,解决问题,并积极改进的有效依据。

拓展阅读10-1

家长值班工作制[①]

2011年11月,珠海××幼儿园实行家长值班工作制,该制度规定幼儿园每天应有一

---

① 珠海特区报. 家长参与幼儿园管理的启示[EB/OL]. http://info. zhuhai. gd. cn/News/20120207/6346420163996 28179_1. aspx,2014-01-14

位家长到幼儿园值班,对幼儿园安全、饮食卫生、教育教学进行巡查。"耳听为虚,眼见为实。我通过到幼儿园值班,面对面了解食堂的情况,感到很放心。"对此,许多幼儿家长纷纷表示赞同。

在去年珠海 A 幼儿园被曝克扣儿童伙食费的背景下,××幼儿园实行的这一"家长值班工作制",无疑是加大幼儿园管理透明度的一个有力举措。我们知道,此前 A 幼儿园之所以能长期克扣幼儿伙食费而不被家长察觉,一个重要原因便是,该幼儿园规定,"家长们不得进入园内",对于孩子们在里面吃什么,家长们基本不知情,对于孩子们的伙食,主要依赖幼儿园提供的菜单。

现在,××幼儿园全面向家长开放幼儿园办学情况,而且将家长对幼儿园的管理监督制度化,创建"家长值班工作制",显然有助于从源头上彻底杜绝"克扣幼儿伙食费"事件再度重演的可能性。幼儿家长不仅是幼儿园的外部监督者,更是幼儿利益的最切身相关者,让他们来参与监督幼儿园的伙食状况、维护幼儿饮食权益,监督的公平与效率无疑能得到最大程度的保证。

三、开展幼儿园家长工作的原则

幼儿园家长工作离不开家长的配合与支持。家长工作是一件复杂的事情。教师要本着尊重、平等、合作等原则,争取家长的理解、支持和参与。这是家长工作顺利、有效开展的前提。

学练结合10-4

关心家长,与家长做朋友[①]

刚到新班级,家长总会对老师有诸多不信任,文文奶奶就是其中一个。每天接孩子,她都会反复问老师:"孩子在幼儿园吃饱了没有?""今天出去玩,你给孩子隔背了没有?"满脸写的都是怀疑。每天我都会不厌其烦地告诉她吃了几碗饭,玩耍后都用毛巾给孩子擦汗。有几天文文奶奶都没有来接孩子,文文妈妈告诉我,奶奶得阑尾炎住院了。住院期间,我经常向文文妈妈打听奶奶的情况,并托她带去我的问候。奶奶病好后来接孩子,我也顺便寒暄:"您要多注意休息,带孩子很辛苦""您大病初愈,要多吃点有营养的东西"……文文奶奶就像变了一个人,再也不询问孩子吃饭、玩耍出汗的事了,而是感叹道:"老师,谢谢你的关心,我们带一个孩子都累,你们要带这么多孩子,费心了。"

思考:

1. 案例中教师开展家长工作的做法对你有何启发?
2. 你认为幼儿园家长工作的开展应遵循哪些原则?

---

① 冉江雪.家园沟通小技巧[J].教育导刊(下半月),2011(8):80

（一）平等性原则

平等性原则是指幼儿园的家长工作应面向全体家长,对待家长一视同仁,将家长看作平等的合作伙伴。教师要与家长在平等、尊重的基础上开展家长工作,切实帮助家长解决在育儿过程中遇到的问题。家长往往会通过保教人员对自己的态度来揣测其对自己孩子的态度。如果保教人员与一些家长关系亲密,那被疏远的家长就会怀疑保教人员对自己孩子不好或者一般,对保教人员产生不信任感,从而造成心理上的距离。因此,保教人员对家长应亲切、主动、亲疏一致,平等对待每一位家长。

学练结合10-5

家长需要老师平等对待①

丹丹和晓娟的妈妈是同事,也是邻居,关系很好,两个孩子在同一个幼儿园同一个班级,所以经常一起接送孩子。丹丹乖巧,晓娟有些小毛病。班上的李老师想帮助晓娟改正,就在来园、离园的时候常常找晓娟妈妈谈话,对同来的丹丹妈妈只是笑笑。"六一"儿童节到了,幼儿园排练舞蹈参加比赛,因为要求跳舞的小演员身高都差不多,老师就推荐了身高中等的晓娟。这让丹丹妈妈心生不满。一天中午,天气转冷,丹丹妈妈送衣服到幼儿园,因为工作正忙,老师匆忙地接过东西就转身走了。丹丹妈妈刚出门,门被一阵风刮关上了,声音很响。丹丹妈妈不知情,因而十分恼火,觉得老师不把孩子和自己放在眼里,就告到园长那里。园长当时没有表态,下午找了当班教师了解情况。老师认识到自己的忽视。园长决定不出面,让老师自己做工作。老师主动找到了丹丹妈妈,解释了情况,大家握手言和。

思考：

1. 上述案例中,家长与教师之间存在误解的原因是什么?
2. 在与家长沟通时,教师应该注意哪些问题?

（二）经常性原则

经常性原则是指幼儿园要经常性地开展家长工作,使幼儿园和家庭及时沟通、互助。幼儿园的家长工作不是偶然行为,而应是定期的、常规性工作。幼儿的发展是一个不断变化、动态渐进的过程。幼儿教师与家长应注意利用一切便利条件,围绕孩子的教育与发展情况进行经常的、及时的沟通,互相告知幼儿的情况,以便调整各自的教育对策。

（三）个别化原则

个别化原则是指幼儿园的保教人员应重视幼儿及其家长需要的多样性和差异性,有针对性的开展家长工作。班级中的幼儿成长于不同的家庭环境,形成他们独特的身心特

---

① 陈群.幼儿园危机管理实务[M].北京:中国轻工业出版社,2013:196

征。幼儿家长各有自己的行为习惯和生活背景,对子女的教养也有自己的独特方式。因此,幼儿园家长工作需要针对每个幼儿的实际情况,有针对性地与家长进行沟通,有目的地和家长一起解决幼儿成长中的问题。

学练结合10-6

事实胜于雄辩①

　　臣臣喜欢搞恶作剧,其他孩子看不下去,就去拉他,有时候会不小心伤到他。臣臣妈妈找过我好几次:"老师,孩子在幼儿园经常被同学欺负,他太老实了,从来都不还手,也不告诉老师,这群孩子太坏了,我要找他们的家长评评理。"我告诉家长:"孩子太小,小打小闹很正常。臣臣确实会搞点小恶作剧,有时会影响到其他小朋友。当然,伤到臣臣的孩子肯定做得不对。"臣臣妈妈始终觉得孩子绝对不会搞恶作剧,也不伤人,错都在其他孩子身上。我连续几天在我们班的QQ群上跟臣臣妈妈交流。我也告诉她,可以在适当的时候悄悄观察臣臣在幼儿园的表现,一天早上送孩子入园,她没有马上离开,她亲眼看见孩子把不爱吃的食物往其他小朋友碗里丢,把桌上的餐巾扯得乱七八糟,还偶尔去抱抱旁边的小朋友。小朋友不让,他就用力把别人拉回来……臣臣妈妈越看脸越红,晚上她在QQ上告诉我:"我太自信了,总觉得自己教育的孩子在幼儿园会表现得特别好,没想到他会这样。不是亲眼看到,我一直还不相信你们。我误会老师了,我会好好跟孩子谈谈,配合老师改掉他的坏毛病。"家长最相信的不是老师,而是自己的孩子。我用事实来说话,事实胜于雄辩,让家长亲眼看到,听到,才能信服。

　　思考:

　　1. 案例中,教师采用什么方法让家长了解了真实情况?

　　2. 在日常生活中,教师应如何开展家长工作,获得家长的支持与帮助?

(四)预见性原则

　　预见性原则是指幼儿园依据幼儿身心发展的状况与教育规律,预料可能发生的事情,并主动采取措施与家长配合。如一些幼儿园为减轻新生幼儿的入园焦虑,在幼儿入园之前,预先家访,指导新生家长带孩子来园活动,熟悉园内环境。幼儿在对幼儿园环境熟悉的基础上再来幼儿园生活与学习,有效地减少了新生入园的种种不适应问题,这充分体现了家长工作的预见性。幼儿园家长工作做得越细致,考虑到的问题越多,家长工作的有效性就越高。

(五)互尊互利的原则

　　互尊互利的原则是指保教人员同家长相互尊重,相互学习,并使双方受益。幼儿园

---

　　①　冉江雪.家园沟通小技巧[J].教育导刊(下半月),2011(8):80

家长工作中易出现以下两种情况:一是保教人员过度权威化,以支持工作为名,随意向家长发号施令,对家长缺少尊重。在幼儿成长过程中,家长被幼儿园的各种任务所累,总是忙碌于教师所要求的事情。另一方面是很多家长不尊重幼儿教师的工作,甚至对幼儿教师鄙夷不屑,颐指气使。一些家长在经济条件、政治背景、学历程度等方面具有一定的优势,在与幼儿教师打交道时往往有高人一等的优越感,致使教师处于被动地位。在教育幼儿的过程中,家长与幼儿园是互相平等的两个主体。双方工作的开展要在平等、尊重的前提下进行。幼儿园要尊重家长的需求,满足家长的需要;家长也要充分做好支持工作,一起为幼儿营造良好的成长环境。

学练结合10-7

别让家长的热情"枯萎"[①]

新学期伊始,某幼儿园便将环境创设作为近期工作的重点,在全园大会上,园长宣布了开展环境创设评优活动的决定和进行评比的具体日期。于是,全园各班都开始紧张地忙碌起来。

除了绘制墙饰等工作之外,小(1)班的班长程老师决定要精心布置好自然角的环境,将自然角作为本班环境创设中的亮点。为此,在正式进行评比的前二天,程老师做了深入细致的家长工作,要求每位家长为孩子准备一盆鲜花,在一两天之内必须送到幼儿园。家长们的积极性果然被程老师充分调动起来了,他们都按时将一盆盆鲜花送到了小(1)班的活动室。在五彩缤纷的鲜花装扮下,小(1)班的自然角犹如一个异彩纷呈的花圃。看到班级的环境如此美丽,幼儿和家长们也都很高兴。很多家长都向程老师竖起了大拇指。

全园环境创设评优活动如期举行。当由园领导和各方面代表组成的评比组走进小(1)班的活动室时,他们的目光立即被那个花团锦簇的自然角给吸引住了。这个精心布置的自然角果然帮助小(1)班摘得了全园环境创设的冠军,班级的三位老师也得到了相应的物质奖励和精神奖励。看到本班在开学伊始就取得如此骄人成绩,作为班长的程老师内心感到很满足。由于全园的环境创设工作已经告一段落,包括程老师在内的各位老师都觉得终于可以松口气了。

在接下来的日子里,班级的环境创设工作再也无人问津了。小(1)班自然角里的那一盆盆鲜花也没能逃过被人遗忘的命运。这些被遗忘在角落里的鲜花由于得不到精心照料和养护,渐渐地,曾经娇艳无比的花儿纷纷开始枯萎、凋零了。看到花儿枯死,程老师却并不在意,在她看来,这些花儿早已在环境创设评比活动中完成了自己的"历史使命"。于是,程老师等三位老师就将一盆盆枯死的花儿搬出了活动室。最后,曾经繁花似

---

① 陈迁.幼儿园管理的50个细节[M].福州:福建教育出版社,2011:135-136

锦的自然角里只剩下几个还没有来得及搬走的空花盆了……

后来,在幼儿园开展的其他工作中,早已从家长支持中尝到甜头的程老师还想"如法炮制",将充分调动家长的积极性作为自己班级"获胜的法宝"。可是,不知为什么,程老师的这种工作方法"不灵"了,家长们的热情与积极性明显不如从前了,很少会有家长主动响应班级的号召。见此情景,程老师感到很纳闷:"家长们为何热情不再了呢?"

思考:

1. 上述案例反映了教师在家长工作中存在什么问题?
2. 如何有效地开展家长工作,调动家长的参与积极性?

(六)制度化原则

制度化原则是指幼儿园家长工作应由一定的制度做保障,遵循一定的要求,有步骤、有目的地开展。以条文的形式确立家长工作相关管理制度,确保将家长工作纳入科学规范的管理轨道。健全的家长工作制度是有效开展家长工作的保障。家长工作制度涉及家长委员会制度、家访制度、家长会制度、亲子活动制度等方面。

四、幼儿园家长工作的途径

家长工作的基本途径可以相对划分为日常性家长工作和阶段性家长工作。教师可以根据实际状况,选择切合实际的方法与家长进行沟通,相互了解幼儿的发展状况。

1. 入园、离园交流

幼儿教师可以利用早晚家长接送幼儿的短暂时间与家长接触,进行沟通。早晚接送幼儿是家长和教师相互沟通的一个良好契机,并且具有灵活性、及时性的特点。幼儿教师与家长可以相互了解幼儿在园或在家的行为表现,也可以就幼儿的个别行为交换意见。

2. 电话、手机联络

在通信发达的信息时代,电话、手机已经成为人们常用的联系工具。幼儿教师也需要灵活运用这些通信手段来开展家长工作,以便及时与幼儿家长沟通交流。条件许可的情况下,幼儿园可以每月给教师一定的电话费补助。

3. 网络交流平台

网络交流平台的具体形式主要有 QQ 群、班级博客、幼儿园网页、微博、微信等。网络交流的特点是信息传播快,而且图文并茂,信息量大。教师将孩子在园的生活、学习状况通过文字、照片、视频等多种形式呈现给家长,让家长清晰地看到孩子的情况。家长们可以在网络上相互交流育儿经验,在了解孩子情况的同时,增进相互之间的友谊。这种方法比较受年轻家长的欢迎,也是现在很多幼儿园进行家长沟通的一种常用方法。

　　幼儿园网站是家园联系的重要途径。幼儿园网站往往会设置"班级公告""周活动计划表""班级相册"和"幼儿作品"等子栏目。"班级公告"栏目中,教师根据需要发布活动通知和班级新闻;"周活动计划表"栏目中发布的是班级一周的教学活动内容及安排;"班级相册"栏目主要是通过照片展示幼儿在幼儿园的学习与生活状况。通过及时的信息发布,让家长更为便捷地了解到班级的相关信息和孩子在园的发展情况,让家长更放心地把孩子交给幼儿园。网络交流平台的建立丰富了家长工作的形式,突破了时间和空间的局限,对增强家园互动和合作共育发挥重要作用。

学练结合10-8

网上园长信箱①

　　一天早上,有位小班的家长在班级里找到了我,向我反映她女儿班级的网页上有全班其他孩子的照片,就是没有她女儿的。甚至连班级的集体照上也没有孩子的影子,孩子看了很伤心,父母也很难过。家长认为老师这样做无意中害了孩子幼小的心灵,因而一大早就急于找园长反映此事,可费了好大劲才找到我。听了家长言辞激烈的一席话,我陷入了思考,随着社会发展和家长公民意识的逐渐提高,家长的诉求日益凸显出来。然而由于信息的不对等,家长的诉求有时得不到满足,导致了不满情绪的升级。于是,为了畅通家园沟通的渠道,我们在幼儿园的网站上开设了一个窗口——网上园长信箱,让家长能及时地反映情况并了解幼儿园的教育。

　　思考:

　　1. 案例中反映了什么问题,如何解决?

　　2. 请谈谈幼儿园如何与家长进行沟通与交流。

　　4. 家长园地

　　家长园地是指,幼儿园每个班级在班级门口附近的墙面上或专门的展台上,开辟出一块区域,将每周的教学计划、班级公告等信息呈现给家长的一种交流方式。家长园地,也称家园联系栏。随着信息社会的发展,在保留传统家长园地的同时,很多幼儿园在幼儿园网站上开设了"家长园地"栏目。家长园地是反映幼儿园保教工作的一扇窗户。幼儿教师需要针对本班情况设置家长园地内容,使家长园地的内容更具体、更有针对性。家长园地呈现的信息需要及时更新。家长园地一般由各班教师负责维护和更新。

---

　　① 尤丽娜. 网上园长信箱[J]. 早期教育(教师版),2009(1):44

学练结合10-9

一张纸条的背后①

小一班的家园联系栏里,贴着一张粉色的纸条,上面写着:"2、6、9、13、16、17、26、27号小朋友的自理能力还较弱,请家长在家帮助孩子练习以便尽快提高,谢谢合作。"

小二班的家园联系栏里,也有一张粉色的纸条,不同的是这张纸条贴在了一个粉色的信筒上,上面写着:"如果您的孩子在自理能力方面有了一点进步,请您及时写信告诉老师,谢谢合作!"

两周后,小一班的这张纸条依然在橱窗里飘着。刚开始还有几个家长前往查看,时间一长,家长们都视而不见了。班里幼儿的自理能力也未见有所提高。而在小二班,开始时的一两天,信筒里的纸条很少,没过多久,纸条就多了起来,有只言片语的,也有长篇大论的,每天都在更新。而且班里的孩子们不仅在自理方面进步很快,其他方面也都有了很大提高,老师和家长们看在眼里,喜在心上。

思考:

1. 小一班家园联系栏存在哪些不妥之处?
2. 小二班家园联系栏为什么受欢迎?请分析其原因。

5. 家长开放日

家长开放日是指幼儿园定期请幼儿家长来园或来班参加活动,目的是为了让家长了解幼儿的在园表现、幼儿园的教育情况。家长开放日形式多样,内容丰富,有课堂观摩活动、幼儿园参观活动等。在家长开放日活动中,家长有了直接观察孩子在园生活学习的机会,对幼儿园的教育有了更加直观的认识。开放日结束后,幼儿园可以发放《家长开放日反馈意见表》,了解家长的感受与建议。幼儿园将信息汇总分析,采纳合理化建议。也有很多幼儿园每天都是开放日,只要提前预约,随时欢迎家长来园参观,提高了幼儿园工作的透明度,把家长看作是儿童教育的真正伙伴。也有很多幼儿园的家长开放日活动具有作秀嫌疑。开放日期间,保教人员面对家长,表现优秀;开放日结束后,保教质量大打折扣。家长开放日活动要真诚、真实,才能真正发挥家长的监督作用。家长观察和参与班级的机会越多,他们对课程和评估过程的理解就越深、对家校合作的贡献就越大。

6. 亲子游戏活动

亲子游戏活动是幼儿园为家长创造亲子互动交流的活动。在亲子活动中,父母与幼

---

① 徐丽娟.一张纸条的背后——浅析言语暗示在家园互动中的作用[EB/OL]. http://www.yejs.com.cn/jy-gy/article/id/30297.htm,2015-01-14

儿可以相互交流情感,增进彼此的亲密度,有利于幼儿的健康成长。幼儿园平时可以开展亲子活动,可以抓住重要节日等时机开展亲子游戏活动,如三八妇女节、六一儿童节等。

7. 家庭访问

家庭访问又称家访,是指幼儿教师去幼儿家里,针对幼儿的发展,展开的一种家园联系方式。一般有新生家访和重点家访等形式。开学伊始,幼儿园教师一般对新生进行家访,旨在了解每个幼儿的家庭情况、生活状况、幼儿独立生活能力等,以便做到心中有数。新生家访也有助于幼儿与教师信任关系的建立,减少幼儿入园的焦虑。重点家访主要是访问个别儿童的家长。如优秀儿童,了解其家长的育儿经验,鼓励家长为幼儿园的发展献计献策。而针对一些问题儿童的家访,则更注重的是与家长深入交流儿童的发展状况,共商教育措施。家访能使教师更加全面地了解一个幼儿的发展状况,以便因材施教。

拓展阅读10—2 >>>

新生家访①

新生第一次家访。老师面带笑容进门,亲切地向想想小朋友问好,并与其他家庭成员礼貌地、热情地打招呼。接着蹲下来自我介绍并与小朋友交流:宝宝小名叫什么?还有什么有趣的名字呢?你希望上幼儿园以后老师叫你哪个名字呢?宝宝最喜欢干什么事情?喜欢什么物品或玩具?有没有去过新幼儿园?最喜欢幼儿园的什么大型玩具呢?上幼儿园以后老师带你去玩好吗?表扬小朋友愿意回答老师的问题,贴上一朵小红花作为鼓励。接下来的时间与家长沟通,了解如下问题:孩子上幼儿园后家里谁负责接送?在家里谁和孩子相处的时间最多?孩子上幼儿园以后有什么担心的问题?孩子哪些方面比较突出?有没有什么特殊的习惯和要求?最后介绍班级开学及平时要注意的问题。如开学前几天作息时间的安排、家长要配合准备的物品、关于幼儿园网站的参与、课程的配合实施、座位床铺的轮换等细节问题。对于幼儿园的规范工作,提前让家长知道得越详细越好,这样可避免开学后由于生疏或不知道造成误会。

8. 家长学校

家长学校,也称"家庭学堂",对家长进行教育指导的家长学校是"学习型合作"的新形式。主要功能在于帮助家长学习科学育儿知识,进行讲座、家教咨询和家长培训,提高家长教育子女的科学性、自觉性。幼儿园可以按幼儿年龄将家长分班,或是根据家长类

---

① 朱水莲. 相逢是首歌——做好家长工的八个秘诀[J]. 早期教育(教师版),2011(11):27-28

型分班,有针对性培训能提高教育效果。① 家长学校的对象可以不限于在园幼儿的家长,可以扩大到社区范围内的学前儿童的家长。家长学校也可以利用网络课程的优势,扩展教育途径,提高教育效果。

9. 家长工作坊

家长工作坊是指针对固定议题,采用轻松、有趣的互动方式,进行小组讨论,相互提问、相互交流的一种学习方式。可以根据不同的话题组成小组,也可以根据各小组的兴趣来确定话题。家长工作坊具有即时性和针对性,可以讨论解决当下家长最关注的教育问题。家长工作坊的形式多样灵活,如某幼儿园组建了"母亲会所",其实这也是"家长工作坊"形式上的创新,更新潮。

10. 家长会

幼儿园召开的家长会一般有全园家长会和班级家长会。家长会的召开是幼儿园传达教育信息,了解家长需求的有效措施。全园家长会的开展频率较低。园长一般会在家长会上介绍幼儿园的教育教学概况、幼儿园的办学理念及规章制度等,以便赢得家长的支持。以班级为单位的家长会主要由本班教师组织,频率较高些,在班级家长会上,家长与教师交换孩子的学习情况等信息,目的是共同努力,更好地促进孩子发展。教师可根据班级的情况与家长的需求确定家长会的时间、内容,尽量照顾家长的需要,争取每位家长都能参与其中。此外,在家长会开展中,教师还可以邀请一些有经验的家长为本班家长介绍育儿经验。

11. 家长志愿者活动

为充分发挥和有效利用家长资源,幼儿园可以开展家长志愿者活动,邀请家长参与到幼儿园的保教活动中。家长们具有多种专业知识和技能,是幼儿园宝贵的教育资源。请家长来幼儿园当"老师",给幼儿讲解某一知识或技能,能增强幼儿学习兴趣,丰富幼儿园教学内容,提高教育效果。除了请家长参与教学活动以外,还可以请家长志愿者们参与幼儿园的其他活动,如给老师当助理等等。

12. 家长委员会

幼儿园家长委员会是在幼儿园指导下由家长代表组成的代表全体家长和幼儿利益的常设性群众组织。家长委员会是联系幼儿园与家庭的桥梁和纽带,也是家长直接参与幼儿园教育和管理的组织形式。《幼儿园工作规程(修订稿)》第 50 条提出,幼儿园应成立家长委员会,发挥家长组织的作用,更好地调动广大家长的积极性,参与到幼儿园的教育与管理工作中来。家长委员会由家长推举代表组成,其主要任务有:(1)对幼儿园工作计划和重要决策,特别是事关幼儿和家长切身利益的事项提出意见和建议;(2)发挥家长的专业和资源优势,支持幼儿园保育教育工作;(3)帮助家长了解幼儿园工作计划和要

---

① 邢利娅.幼儿园管理[M].北京:高等教育出版社,2010:218

求,协助幼儿园开展家庭教育指导和交流。

拓展阅读10-3 >>>

教师在开家长会时需要注意的事项①

■ 提供一种舒适的不被打扰的环境。

■ 以积极的语气开始和结束会议。

■ 不要害怕告诉家长你不知道答案或你知道的不多,你要让人们确信自己会努力寻求答案。

■ 保证和家长一样关心他们的子女。

■ 保证有足够的时间用于充分讨论话题,但是不要讨论得太久。

■ 让每个人进行自我陈述,敏感察觉他们感觉舒服的讨论话题。

■ 在讨论会结束时,要有一个总结,简要说说今天讨论的内容和下次要讨论的问题。

■ 安排下次讨论会的时间。

当家长会的议题是汇报儿童的进步的时候,应该:

■ 在确定讨论会时间前先考虑会议内容。准备呈现儿童的进步或取得的成绩,并阐述取得这种结果的典型事件。

■ 如果儿童在某个领域需要提高,应该考虑怎样才能让其达到更高的水平。

要使家长会取的好效果,需要注意如下问题:

■ 记住家长对他们子女都怀有深厚的感情。要重视家长的这种感情,比如说:"我理解这件事发生时您是多么的难过。"

■ 避免给儿童贴标签或夸大其词。不要把儿童称做"麻烦制造者"。

■ 描述幼儿的在园行为或自己的处境,不是为了指责家长或者要让家长承认错误。

■ 允许家长提问或描述他们所看到的孩子的行为。

■ 记住,无论你如何小心和温和,有时候家长也会心存戒备甚至生气。他们会用否认问题存在的方式来回应教师,比如说:"我们在家从来没有看到过这种行为。"家长也可能很主观地认为:"老师不知道怎样与我的孩子相处,这是幼儿园的问题。"

■ 提醒家长,你对他们的孩子只了解一半。

■ 避免用教训的口吻向家长说教,或对家长进行长篇大论的解释。用明确、简练的语言描述儿童的行为并对儿童的发展阶段稍作讲解。

■ 引导家长自己找到解决问题的办法,或描述一下你在园所是如何解决问题的。

■ 不要寄希望于以某种方式能够解决所有的问题。有时候需要给儿童一些时间,以便让他们从一个阶段发展到另一个阶段,或者让他们用自己的方式去解决一些问题行为。

---

① [美]菲利斯·M·科里克.托幼机构管理(第六版)[M].韦小冰等译.北京:北京师范大学出版社,2007:393-395

■ 确定下次讨论会的时间,讨论新的方案是不是奏效,或是否需要采取别的方式。可以跟家长说:"我们两周后再见,看看我们的计划实施得怎样。"

■ 做会议记录(不要在家长面前而要在会议结束后进行记录),并放在儿童的档案里。

第二节　幼儿园与社区

社区是集经济、文化、政治和教育等为一体的地域性的组织形式。随着社会发展,社区服务体系不断完善,社区在人们生活中发挥的作用越来越重要。幼儿园是为一定区域居民的子女提供保育与教育的场所,具有一定的区域性。社区所辖的幼儿园可以充分利用社区资源,通过加强社区与幼儿园的联系,提升幼儿园的办园质量。

1999 年,世界学前教育组织和国际儿童教育协会在瑞士共同主办了 21 世纪国际幼儿教育研讨会,会议通过了《全球幼儿教育大纲》,大纲倡导幼儿园及其他早期教育机构积极加强与社区的合作,广泛利用社区资源开展活动,鼓励"幼儿教师要和心理学工作者、社会工作者、健康卫生人员、工商人员、公共服务机构、学校、宗教组织、休闲娱乐机构等建立合作关系"。幼儿园要走出园门,积极开发和利用社区教育资源。

一、利用社区资源的意义

社区资源贴近幼儿的生活,幼儿比较熟悉,容易引起幼儿的兴趣。社区资源的开发与运用不仅能够丰富幼儿园的课程资源,同时也能够扩大幼儿的活动范围,拓宽幼儿的视野。

(一)丰富幼儿园教育资源

社区拥有一定的资源,既有人力资源,也有信息、物力等方面的资源。幼儿园附近的动物园、邮局、银行、超市、理发店等,都可以成为幼儿园的课程资源。幼儿园应该充分发现社区资源,并加以有效利用。社区内还具有一定的人力资源,各行各业,行行出状元。幼儿教师可以邀请一些专业人员为幼儿园的教学活动提供支持。如消防演练活动中,幼儿园就可以邀请地方消防局的同志给予支持。社区资源具有地方特征,很多资源是其他地区没有的。比如,某幼儿园在一家大型汽车企业社区内,因此,幼儿园开展有关汽车的主题活动相对更容易获取资源。

(二)增加幼儿生活经验

大自然,大社会都是幼儿园课程的重要来源。幼儿教育应贴近现实,应融入生活,应体现其真实性和情境性。教育要突破幼儿园围墙的限制,真正地融入到生活中。幼儿通过直接接触社区的环境获得对周围事物的感性经验。通过社区活动增长知识,也能避免"读死书,死读书,读书死"现象的发生。

学练结合10-10

社区委员会服务幼儿园的案例《眼睛》①

小一班的孩子上了堂"妈妈的眼睛"的美术课。随着对"眼睛"这一主题探索的深入，孩子们的兴趣越加浓厚并不断产生新的问题，如："眼睛里面究竟有些什么？""为什么医生给我们检查视力时要求我们遮一只眼睛？""为什么检查视力时，有的小朋友能把表上的东西全部看清，有的却只能看清上面几行？""为什么老奶奶戴的眼镜叫老花镜？""为什么我看见有的人戴的眼镜上有一个个圆圈？"……

面对孩子们提出的这些问题，小一班的教师只能坦诚的告诉他们："有些问题老师也得去查查资料。"细细分析归纳这些问题后，我发现孩子们主要是对眼睛的内部构造、眼睛与视力的关系、眼睛与眼镜的关系等一系列问题存在很多的困惑。于是我求助于家长委员会和社区委员会，联系了卫生院的眼科医生。家长委员会的家长又把孩子们提出的问题一一告诉医生，并和医生一起商讨约定第二天来园讲课的内容。

就这样，第二天眼科医生带着眼睛的模型和相关图片资料来到了孩子们中间，认真详尽地讲解着关于眼睛的知识，耐心细致地回答孩子们急需了解的问题。

反思：社区委员会的热情帮助促成了这次卫生健康课的成功开展。孩子们对于眼睛的好奇终于在眼科医生那儿得到了答案。从此，他们知道了眼睛的重大作用，再也不乱揉眼睛，而且像宝贝一样的爱护眼睛了。

思考：

1. 案例中的教师是怎样组织社区人员参与幼儿园活动的？
2. 请谈谈如何发挥社区优质教育资源，提升幼儿园教育质量。

二、社区教育资源的内容

幼儿园在利用社区资源之前，首先要对社区的整体情况进行调查和研究。深入了解社区中不同的人员构成、社会机构、文教机构、娱乐设施、商业组织、街道设施等情况，以便从中选取适宜的活动场地、活动内容等资源。幼儿园一般可以从下面一些方面进行资源的开发与利用：

（一）充分利用社区场地、设施

幼儿园可以利用社区的一些场地和设施。这不仅可以解决幼儿园场地有限问题，还可以起到对周围居民宣传幼儿园的作用。如某幼儿园比邻市里的一个开放公园，公园里场地开阔，绿树茵茵。幼儿园通过努力，与公园管理者达成协议，在幼儿园与公园之间专

---

① 宋睿.家、园、社区合作共育的实践研究[D].南京师范大学,2008:21-22

门给幼儿园设立了一个简易小门,以便幼儿出入公园。社区内的图书馆、博物馆、文化宫、电影院等设施也是幼儿教育的重要资源,可以加以利用。

(二)充分调动社区人力资源

幼儿园可以鼓励社区成员或幼儿家长积极参与到幼儿园活动中来,充分发挥社区的人力资源。幼儿园定期向社区居民开放,欢迎他们来园参观,了解幼儿园的保教工作情况。幼儿园可以充分利用家长或社区成员的职业特点,邀请他们为幼儿提供职业体验的机会,让幼儿通过多种形式了解较多的社会知识。如社区有一家理发店,幼儿园可以邀请理发师进班级,帮幼儿体验理发师的工作。

(三)利用社区文化资源

社区文化反映了在特定区域内社会生活共同体的历史传统、风俗习惯、生活方式、价值观念等。幼儿园可以结合本社区的实际情况,开展具有本地区特色的活动。

拓展阅读10-4 >>>

学校资源开发①

中山大学南校区幼儿园位于中山大学南校区校园内,幼儿园附近的社区资源极其丰富。校内社区资源有"超市""银行""邮局""医院""图书馆""电影院""发廊""生物博物馆""小学"等,整座校园绿树成荫、景色怡人。走出校园,就有"报刊亭""书店""服装店""餐馆""车站""加油站""地铁站"等雄厚多样的社区资源。以上这些社区资源为中山大学南校区幼儿园的教育活动提供了坚实的物质保障。如:带领幼儿参观中大西区大球场时,让幼儿亲自尝试在跑道上跑步、在球场上踢球。我们幼儿园大班的小朋友在2005年参与了中山大学80周年校庆运动会在英东体育场上的开幕式群舞表演。在2005年"4·22"世界地球日当天,组织幼儿在中大永芳堂前的宽阔广场上表演宣传"保护地球、人人有责"的集体舞,并向过往路人派发幼儿自制的环保小旗。幼儿在活动中亲身体验了宣传环境教育的快乐!

检 测

一、思考题

1. 幼儿园家长工作的意义。
2. 家庭教育的特点。

---

① 李嘉渝. 试论幼儿园与社区合作公育——以中山大学南校区幼儿园为例[J]. 中山大学学报论丛,2005(6):458-460

3. 幼儿园家长工作的主要内容。

4. 幼儿园家长工作的基本原则。

5. 幼儿园家长工作的基本途径。

6. 社区资源的价值。

二、实践题

班级每人构思一个户外亲子活动方案,然后从中挑选出 5 个方案。班长负责,全体同学共同参与,明确分工。面向学校附近的适龄儿童开展一个户外亲子活动,通过张贴海报等形式邀请家长参与。学会如何开展亲子活动,学习如何与家长沟通。

主要参考文献

［1］陈迁.幼儿园管理的 50 个细节[M].福州：福建教育出版社,2011

［2］李玉柱,李清林.教育管理理论教程（上）[M].南昌：江西高校出版社,2010

［3］张丽.每天读一个管理学案例[M].北京：中国纺织出版社,2012

［4］沈柏梅,于芳.幼儿园管理案例研究[M].上海：百家出版社,2006

［5］陈洪安.管理学原理[M].上海：华东理工大学出版社,2013

［6］李波.教育管理与案例分析[M].上海：复旦大学出版社,2011

［7］刘苏.现代幼儿园管理[M].天津：天津社会科学院出版社,2003

［8］张燕,邢利娅.幼儿园管理案例及评析[M].北京：北京师范大学出版社,2002

［9］罗长国,胡玉智.幼儿园管理[M].北京：高等教育出版社,2011

［10］中国学前教育史编写组.中国学前教育史资料选[M].北京：人民教育出版社,1989

［11］陶金玲.民办幼儿园管理概论[M].天津：天津教育出版社,2010

［12］[美]E·马克·汉森著;冯大鸣译.教育管理与组织行为[M].上海：上海教育出版社,2005

［13］李颖,吴小平,袁爱玲,等.国外幼儿教育考察[M].福州：福建教育出版社,2013

［14］张燕.学前教育管理学[M].北京：北京师范大学出版社,2009

［15］吕英.民办幼儿园的创办与管理[M].北京：学苑出版社,2010

［16］王普华.幼儿园管理[M].北京：高等教育出版社,2005

［17］顾明远.教育大辞典（增订合编本）[M].上海：上海教育出版社,1998

［18］北京市教育科学研究所.陈鹤琴文集[M].北京：北京出版社,1983

［19］虞永平.幼儿园规则教育与幼儿发展[M].合肥：安徽少儿出版社,2011

［20］许卓娅.幼儿园健康教育与活动设计[M].长春：长春出版社,2013

［21］陶金玲.幼儿园班级安全管理[M].北京：中国轻工业出版社,2014

［22］蔡春美,张翠娥,敖韵玲.幼稚园与托儿所的环境规划[M].台北：心理出版社,1992

［23］袁爱玲.幼儿园教育环境创设[M].北京：高等教育出版社,2010

［24］汤志民.幼儿园环境创设指导与实例[M].上海：华东师范大学出版社,2012

［25］董旭花.幼儿园科学区（室）：科学探索活动指导 117 例[M].北京：中国轻工业出版社,2012

［26］张燕.幼儿园管理[M].北京：人民教育出版社,2009

［27］[美]雷夫·艾斯奎斯著;卞娜娜,朱衣译.第 56 号教室的奇迹[M].北京：中国城市出版社,2013

［28］原晋霞.幼儿园规则教育与幼儿发展[M].合肥：安徽少年儿童出版社,2011

［29］北京师范大学实验幼儿园.保育员工作指南[M].北京：北京师范大学出版社,2012

［30］唐惠珍,曹小滢.幼儿园法规与教师道德案例评析[M].南宁：广西人民出版社,2006

[31] 杜素珍.幼儿园一日体育活动整合手册[M].南京:南京师范大学出版社,2010

[32] [美]帕特丽夏·F·荷尔瑞恩,弗娜·希德布兰德著;严冷等译.幼儿园管理[M].上海:华东师范大学出版社,2011

[33] 王绪池,郑佳珍.幼儿园总务管理[M].重庆:重庆大学出版社,2013

[34] 吴邵萍.幼儿园管理与实践[M].南京:江苏教育出版社,2012

[35] 周丹,江东秋.卓越园长21条——幼儿园管理策略[M].南京:江苏教育出版社,2012

[36] 陈群.幼儿园危机管理实务[M].北京:中国轻工业出版社,2013

[37] 叶雁虹,陈庆.学前教育装备指南[M].上海:上海世界图书出版社,2008

[38] [意]玛丽亚·蒙台梭利著;马荣根译.童年的秘密[M].北京:人民教育出版社,2004

[39] [法]卢梭著;李平沤译.爱弥儿(上卷)[M].北京:商务印书馆,2007

[40] 蔡迎旗.学前教育概论[M].武汉:华中师范大学出版社,2006

[41] [美]安·S·爱泼斯坦著;冯婉桢等译.我是儿童艺术家[M].北京:教育科学出版社,2012

[42] [美]Laverne Warner,Sharon Anne Lynch著;曹宇译.幼儿园班级管理技巧150[M].北京:中国轻工业出版社,2011

[43] 陈帼眉.幼儿教育心理学[M].北京:北京师范大学出版社,2007

[44] 王振宇.学前儿童发展心理学[M].北京:人民教育出版社,2004

[45] 黄瑾.幼儿园教育活动设计与指导[M].上海:华东师范大学出版社,2012

[46] 屈玉霞.幼儿园经营与管理[M].北京:科学出版社,2011

[47] 朱家雄.幼儿园课程[M].上海:华东师范大学出版社,2011

[48] 张莅颖.幼儿园管理基础[M].保定:河北大学出版社,2012

[49] 王振宇.儿童心理学[M].南京:江苏教育出版社,2000

[50] 朱家雄.学前儿童卫生学[M].上海:华东师范大学出版社,2006

[51] 王东红,王洁.幼儿园卫生保健[M].北京:高等教育出版社,2012

[52] 王萍.家长工作与幼儿成长[M].长春:东北师范大学出版社,2010

[53] 何桂香.幼儿园家长工作指导[M].北京:北京师范大学出版社,2012

[54] 吴邵萍.家园共同体的建构——幼儿园家长工作的方法与策略[M].北京:教育科学出版社,2011

[55] 程凤春.幼儿园管理的50个典型案例[M].上海:华东师范大学出版社,2011

[56] 周三多,陈传明.管理学原理[M].南京:南京大学出版社,2011